La Globalización PostCovid19

Globalistas contra anti globalistas

EMETERIO GUEVARA RAMOS

To all my professors and classmates from Ashland, Oregon, USA, Granada, Spain, and Canterbury, UK, who shared a vision that contributed to nurture me.

CONTENTS

• PRESENTACION

"Una cosa son las descripciones con
pretensión de exactitud; otra, las
representaciones de la realidad, muchas
veces falsas, para la defensa de los
intereses. Es lo que se ha llamado
ideología. La globalización, según
entiendo, no es ni un progreso, ni una
regresión, ni una ideología, ni siquiera
una política; es una etapa de la historia
de la Humanidad y un proceso que da
una dimensión nueva a los fenómenos
ya presentes."
Joaquín Estefanía:
Hija, ¿qué es la globalización? La primera revolución
del siglo XXI, Editorial Aguilar, Madrid, 2002, p14

La presente edición (tercera) de este libro tiene como
antecedentes 20 años en los que hemos venido discutiendo
en foros internacionales y escribiendo sobre globalización,
pero no se trata de un ejercicio original, otros académicos lo
han hecho también, para nosotros es un intento de exponer
breve y sucintamente las cuestiones principales en el campo
y el modo en que podrían abordarse (Nuestros intentos
previos suman cientos de páginas: véanse Globalización:
antecedentes y perspectivas (1999); Globalización ¿un futuro
posible? (2005); Las contradicciones de la globalización (2007)
y las varias ediciones de Globalización ¿un futuro imposible?
(2011)).

Lo hemos actualizado, profundizado, aunque
mantenemos el punto de vista que hemos explorado en estos
años: lo posible o imposible de la globalización la harán los
gobiernos y las empresas. La globalización como proceso es

neutra y la adjetivación que de ella se haga dependerá de los controles y los cambios que se instrumenten.

En estos 20 años se han dado respuestas a muchas preguntas sobre la globalización y su impacto en las sociedades contemporáneas, sin embargo, muchas interrogantes permanecen abiertas. Asumiendo que es una etapa de la historia de la humanidad, ¿es sólo un fenómeno económico?, ¿cuándo se inició con las características actuales?, ¿qué elementos son característicos de ella y han permanecido a lo largo del tiempo?, ¿sus características son exclusivas de esta época histórica y desaparecerán en el futuro?, ¿cómo surge este fenómeno?, ¿nos afecta a todos por igual?, ¿es un proceso que se nos impone como una fatalidad histórica o podemos los seres humanos incidir en sus contenidos y en su dirección?

Resulta obvio que éstas y otras preguntas que nos podemos hacer sobre la globalización no podrán encontrar una respuesta acabada en estas páginas. En ellas sólo queremos aproximarnos a sus distintas dimensiones y, también, a quienes –desde diversos puntos de vista- han procurado comprenderla. Resulta importante resaltar que la Globalización, como fenómeno histórico y social, es examinado y desarrollado en sus múltiples dimensiones tanto desde una mirada sincrónica, del tiempo presente; como diacrónica, la trayectoria histórica de la globalización. Es un tema polémico, no hay consenso en torno a la dimensión de este fenómeno ni sobre cómo abordarlo. Tenemos a los globalifílicos que la defienden a capa y espada y tienden a verla como un proceso natural y generador de beneficios al que hay que dejar desarrollarse sin restricciones; están también los globalifóbicos que no reconocen sus beneficios potenciales y reales, sólo ven en ella un artificio de los países desarrollados para defender sus intereses, que perpetúa las desigualdades y conduce a un caos generalizado. Entre estas posturas existen, por cierto, todos los matices posibles.

Es un poco decepcionante revisar mucho de lo escrito desde 2013 hasta ahora, porque es muy poco lo que se puede recuperar de avance teórico, lo que se salva son los estudios empíricos que muestran datos para sostener conceptos que son importantes en la discusión sobre la globalización. Es por ello que sólo incluimos lo más relevante de ese período para la actualización de esta edición.

Sabemos que la globalización no sólo es un fenómeno complejo por el hecho de influir, de una u otra forma, en todos los ámbitos de la vida humana; sino también porque difiere profundamente en la manera que afecta a los diferentes países del planeta y a distintos grupos sociales y étnicos que viven en cada uno de ellos. Por lo tanto, para comprender la globalización, es necesario acercarse a aprehenderla teniendo en cuenta los diversos planos y realidades que la condicionan - el político, el económico, el social y el cultural, y sobre los cuales —a su vez— incide, así como también considerar las respuestas particulares que por ello mismo genera.

Antes de la pandemia del 2020, el comercio internacional se había reducido debido a la guerra comercial entre Estados Unidos y China afectando a toda la cadena de suministros. La crisis económica actual, sin precedentes, nos lleva a una realidad. Una realidad que todavía tampoco comprendemos en su profundo impacto sobre la vida y el vivir de todas las sociedades. Será un aprendizaje duro, difícil y con terribles efectos devastadores para los marginados, los pobres que son siempre los que más sufren en estas crisis.

1 PREFACIO

Este libro es un manifiesto en recuerdo de un gran académico (John W. Barchfield (QEPD) con quien debatimos durante más de 10 años sobre el Estado, la explotación, las carencias de la globalización, los procesos organizacionales y la responsabilidad social de las empresas. Pocos sujetos de estudio son tan complicados e importantes para el entendimiento del mundo contemporáneo, y pocos requieren de investigaciones tan cuidadosas, sistemáticas y empíricas como estos temas.

La idea que origina un libro puede surgir de diversas formas. La primera idea de éste comenzó cuando durante las discusiones con colegas del área de economía, encontramos posiciones radicalmente divergentes con respecto a la globalización. Creció así la curiosidad para descubrir los argumentos, referencias, posiciones y conocimiento que producían estas visiones, para analizar más y más a fondo ese tema que empezaba a calentar las mentes de intelectuales y los llevaba a reaccionar con furia inaudita, igual que una parte de la sociedad que repudiaban los procesos y las consecuencias de la globalización.

De esa manera publicamos en el año 2000 el libro

"Globalización: antecedentes y perspectivas" cuyo tiraje de 1000 ejemplares se agotó en menos de siete meses. En ese momento Amazon anunciaba tan sólo 437 títulos relacionados con el tópico de la globalización. Nosotros deseábamos hacer algo más equilibrado en la postura y, sobre todo, más crítico, con la posibilidad de incorporar el factor cambio social, económico y cultural con el área organizacional, la globalización y la responsabilidad social de las empresas. En el año 2007 publicamos un nuevo libro con el título "Globalización ¿un futuro posible?" que se convirtió en el libro del año en varios países sudamericanos. Finalmente, en el año 2011 publicamos "Globalización ¿un futuro imposible?" que estuvo en el lugar 14 de los cien libros en español más vendidos en Amazon. Las bases fundamentales de esos antecedentes se incorporan aquí y añadimos un tema que preocupa a una gran parte de la sociedad: la responsabilidad social de las empresas. A estas y a la globalización se les culpa de todos los males sociales; marginación, pobreza, desigualdad y delincuencia. La crisis económica provocada por la pandemia del Covid19 es una buena oportunidad para repensar que modificaciones deberán hacerse a la globalización y a las grandes empresas multinacionales.

En esas discusiones descubrimos que el cambio puede describirse a lo largo de varias escalas temporales que van desde desarrollos en momentos instantáneos hasta los de mediano y largo plazo. La palabra y el proceso, "globalización" y las consecuencias asociadas a este fenómeno indican cambio y dinamismo sobre el tiempo, en algunos casos, las consecuencias son negativas, sobre todo, para países en vías de desarrollo que con su mano de obra barata y explotada le dan vida a la globalización y a una sociedad de consumo desmedido. Ningún fenómeno o proceso ha cambiado tanto y tan rápidamente las naciones del mundo como la globalización, vinculada a un proceso o a una serie de procesos (económicos, políticos, sociales, de producción, etc.) que no necesariamente progresan en forma lineal y menos paralela, ni lo hacen al mismo tiempo - existen quiebres y retrocesos -ni producen los cambios de la misma manera en todos los países.

Aunque los ciudadanos no lo notan por la sensibilización al mismo, el cambio en las sociedades globalizadas ocurre a una velocidad increíble, sobre todo el cambio cultural, lo que es percibido por los analistas o los visitantes, lo cual aumenta el interés por el tema. Una referencia de ese interés se refleja en que Amazon ahora vincula a la globalización 41,509 títulos (búsqueda al 11-02-20), esa es la magnitud de la importancia que ahora éste tiene.

El cambio fundamental y basal ocurre en la figura, atribuciones y características del Estado –uno de los elementos que la globalización ha transformado, o como lo diría el Dr. Barchfield "casi lo ha desaparecido". El Dr. Barchfield realizó aportaciones que fueron seminales en un grupo de intelectuales de América latina y España, además de San Francisco, California, su ciudad de origen, ideas que compartimos.

El aspecto final que nos empujó a integrar las ideas, que en artículos y monografías exponíamos, fue un viaje que realizamos a Rusia durante el año de 2003. En los inicios de los ochenta nuestra intención de conocer Rusia se vio frustrada por diferentes razones, veinte años después se hacía realidad. Nos impresionó en principio su cultura, aunque en Moscú nos chocó su arquitectura uniforme y gris de los edificios para oficinas o viviendas. La Plaza Roja y el Kremlin capturaron nuestra atención y nos fascinaron por la riqueza de su contenido cultural. Sin embargo, hubo un hecho que generó reacciones encontradas al entrar a centros comerciales que en nada se diferencian de los que encontramos en cualquier país occidental en contraste con las "ciudades perdidas" que a lo largo de las vías del tren empezaron a surgir con una pobreza apabullante. Por otra parte, los jóvenes parecían no verse muy afectados por lo que significó el régimen que gobernó hasta 1991, aunque nuestros colegas si mostraban gran nostalgia por el pasado que les proporcionaron bienestar y seguridad.

Los puestos callejeros en Moscú y en San Petersburgo representaban el encuentro del pasado (una economía centralizada) con el futuro (el libre mercado). Además de mil y un artículos y antigüedades se encontraba la matrioshki, muñecas de madera que contienen otras más pequeñas en su interior representando cientos de personajes. Así como sale una y otra más de la muñeca, así surgían ideas acerca de esos contrastes que discutíamos con nuestra guía e intérprete y con profesores de la Universidad de Moscú.

En Rusia el mercado era una metáfora de aquella sociedad desarticulada y confusa, pero al mismo tiempo revitalizado, en medio de una transición que produce una divergencia enorme en cuanto a riqueza y pobreza. Maestros e investigadores en su mayoría coincidían en una postura: económicamente estaban mejor antes de la caída del viejo régimen. El libre mercado y la globalización los habían dejado solos para competir con los jóvenes y estaban perdiendo la batalla, 250 a 500 dólares de salario al mes para profesionistas con doctorado no los llevaba a ninguna parte. Aunque pensábamos que esa cifra era irreal, ésta fue confirmada una y otra vez. Por otra parte, en Moscú no parecía ser de ninguna manera diferente a lo que ya habíamos observado en Hungría o la República Checa, y después lo observaríamos en Polonia, Estonia, Lituania y Letonia: la destrucción de una estructura social y cultural tradicional nacionalista para ser sustituida por tradiciones "occidentales" que culturalmente los avasallaba y los lanzaba a la deriva.

En ese espacio discutimos demasiadas cosas, algunas veces sin llegar a un acuerdo en la postura adoptada por cada uno, porque se afirmaba que incluso San Petersburgo con su majestuosidad imperial estaba en "decadencia". Algunas de las bellas casas del centro de la ciudad estaban siendo reestructuradas para ser utilizadas como comercios, lo que implicaba realizar cambios sustanciales en las fachadas e interiores, lo que destruía poco a poco la unidad de la imagen arquitectónica: todo para agradar al nuevo dios, el mercado con la "Macdonalización" de sus calles y cultura. Resultado de esas discusiones nació el libro "Globalización, un futuro posible", donde expusimos la cara positiva de este proceso económico, político y social.

Con el paso del tiempo, en casi todos los países socialistas, el marxismo y el control del Estado dieron paso al empresariado pujante y a los gobiernos que reconocieron que (para ellos) el Estado benefactor o Estado de Bienestar había muerto, y que era muy costoso e ineficiente el mantenerlo. En Rusia, esa transición fue la hizo surgir la inseguridad de los ciudadanos antes acostumbrados a tener la protección del Estado, inseguridad y desesperanza por el precio que debían pagar al establecerse la economía de mercado: el desempleo y la pobreza.

Los choques y crisis nacionales de América Latina en 1995 y las de los países del sudeste asiático a partir de 1997 les había dado a sus ciudadanos el primer latigazo de la globalización y el neoliberalismo descarnado (México, Chile, Brasil, Argentina, España, Indonesia, Malasia, Singapur, Tailandia, Corea del Sur y Japón): en promedio en los países involucrados pierden el treinta por ciento de su capacidad adquisitiva. Para ponerlo en forma más clara; de la noche a la mañana los ciudadanos se despiertan siendo 30 por ciento más pobres por una situación que ni siquiera se derivó al interior de sus fronteras nacionales. Rusia viviría su propia crisis en el año 2001. Y todavía estaba por venir la más grande de todas las crisis desde la gran depresión del 32, fue en 2008 cuando los bonos chatarra condujeron a la caída de todas las economías del mundo, iniciando en Estados Unidos extendiéndose rápidamente a Grecia, España, Portugal, Inglaterra e Irlanda. Después todos fueron afectados y hoy, cuando aún no se superan las pérdidas en muchos países, llega otra crisis mayor a todas las crisis conocidas en tiempos de paz. Nuestro pronóstico se quedó corto, en 2011 preveíamos que para el año 2020 se superaría la crisis. Ahora, con la llegada de la nueva crisis, podemos decir que probablemente se haga en el 2030. Será otra década perdida para las nuevas generaciones, vendrán los globalifóbicos a decir que la globalización a destruido al mundo y que se deben hacer ajustes radicales.

Y tendrán razón. Los excesos de un sistema capitalista

y la globalización llevaron a excesos que hay que revisar y corregir. Pero la globalización no es el Lobo y la sociedad no es Caperucita Roja. El mercado sólo se encargó de surtir las demandas desenfrenadas de una sociedad en el éxtasis y frenetismo del consumismo.

La refinación de las primeras ideas y las experiencias vividas en los diferentes países nos llevaron a vincularnos con distintas organizaciones, para fundar en Guanajuato, en el año de 2001, el Consorcio de Economía del Conocimiento (Knewledge Economic Consortium) apoyado por la UNESCO, lo que nos permitió el acceso a financiamiento para realizar una ponencia cada año en una ciudad de un continente diferente cada vez. Todo lo anterior se orientaba a seguir estudiando y analizando la contradicción que observábamos y que nos había impresionado: la existencia de un impacto positivo y otro negativo de la globalización y la ausencia de responsabilidad social empresarial con sus respectivas sociedades.

Así, con el entretejer de las actividades de vinculación, pudimos descubrir la importancia de otros elementos vinculados al proceso de globalización: el cambio organizacional, las asimetrías y heterogeneidades tecnológicas y organizacionales entre las empresas grandes y pequeñas y entre los países desarrollados y aquellos en vías de desarrollo. El análisis realizado incrementó nuestro interés por desarrollar una visión más integral y sistémica de la globalización.

Hoy, a más 20 años de esos primeros trabajos, existe la exigencia por una rigurosidad para mejorar el análisis de esa realidad económica, utilizando categorías más apropiadas como las de "cambio", "entorno", "cultura", "responsabilidad social empresarial (RSE)" y "globalización" como elementos para estudiar los cambios económicos, políticos, sociales y culturales en el mundo global.

¿Por qué el movimiento de los países hacia el mercado? ¿Por qué la crítica exacerbada del Estado de Bienestar? Por qué tantos excluidos de los beneficios de la globalización. Estas eran preguntas que nos intrigaban y que

6

intentábamos responder en los foros a los que acudíamos. Fueron los congresos sobre globalización en Tokio (2000), Montreal, París, Londres, (2001), Bilbao, Bruselas, Berna, Frankfurt (2002 y 2004), Lisboa, Luxemburgo y Rusia (2003), Abuja, Nigeria, Viena (2004), Corea del Sur, Eslovenia, Eslovaquia (2005), Tailandia y Taiwán (2006), Indonesia, Malasia, y Singapur (2007) y Los Emiratos Árabes Unidos (Dubái) en 2008 y Vietnam en 2018. Todo ello nos permitió conocer, madurar, y discutir las posturas internacionales sobre el tema y, al mismo tiempo, relacionarlo con la innovación, las ciudades culturales y los procesos de integración global. Esas experiencias nos sirvieron para recoger testimonios y experiencias de los ciudadanos de esos países en torno a los beneficios y perjuicios del proceso globalizador. Ello enriquecía una visión que incluía diferentes aportaciones y algunas aristas de la globalización no muy aceptadas o desconocidas por muchos de los teóricos de la globalización hasta ese entonces, como lo es la innovación, las ciudades de la ciencia, el desarrollo urbano regional y las ciudades- región globales.

Asistimos tres años consecutivos a Corea a los foros de la World Technopolis Association (WTA) donde la ciudad se estudia al mismo tiempo que la economía para descubrir los efectos innovadores empujados por la globalización.

Conocer el paraíso de los países nórdicos completó la visión, durante el período de 2003 a 2006, visitamos Suiza, Suecia, Finlandia, Noruega, Dinamarca, donde nos impresionó Suecia con ciudades que lucen como paraísos terrenales, donde la discusión sobre los efectos negativos de la globalización pareciera no caber. ¿Cómo han podido estos países combinar el Estado de Bienestar y el libre mercado? ¿Cómo pasamos en los otros países del control de las "alturas del poder" político a dejar en manos del mercado estas decisiones?

Para muchos, la respuesta a las anteriores preguntas está en que los gobiernos se volvieron excesivamente arrogantes. El abandono de las alturas del poder económico es quizás la mayor línea divisoria entre el Estado del Siglo XX comparado con el nuevo que emerge en el siglo XXI. Tampoco hicieron mucho para incluir a los "indignados", esas personas que son perdedoras en el proceso de la globalización, que en su mayoría le dieron el triunfo quien les vendió el sueño de la recuperación: Grecia, España, Portugal e Irlanda fueron los primeros en pagar el precio de la estafa: los populistas no tenían instrumentos para enfrentar las fuerzas del mercado o estaban equivocados en su diagnóstico, después vendrían Donald Trump, Bolsonaro, López Obrador o los ministros del Reino Unido quien les prometieron a los ciudadanos nuevas y mejores oportunidades: el Brexit. Trump, Bolsonaro y López Obrador, la tercia de populistas ven caminos encontrados, mientras dos de ellos establecen medidas nacionalistas y restrictivas al comercio internacional, Bolsonaro es un adorador del mercado. Los primeros quieren poner fin a la globalización, aunque ello conlleve a Estados Unidos al aislacionismo y a decadencia de su poder como líder mundial. El último sueña con un Brasil que puede volver a ser la economía número 8 del planeta, para ello cuenta con el mercado. Vendrán otros populistas elegidos por la falsa promesa de resolver todos los problemas de la sociedad, desde Castillo en Perú, Fernández en Argentina y otro más en Bolivia.

En este siglo - la palabra globalización, puesta en boga en la década de los noventa- es la responsable de explicar todos esos cambios que mencionamos, tanto los positivos como los negativos. En ella subyace la idea que los principios keynesianos han llegado a su fin y que las ideas de la llamada "Escuela de Chicago" las reemplazarán en forma absoluta y total con modificaciones y nuevos principios.

El neoliberalismo ha llegado para gobernar dicen los gurús. El inicio de la primera ficha del dominó del cambio la pone Margaret Thatcher en 1979 quien a poco de asumir el mando de Primer Ministro de Inglaterra dijo "No debemos esperar que el Estado aparezca disfrazado de hada buena en todos los bautizos, de locuaz acompañante en todas las etapas de la vida y de llorón anónimo en todos los funerales". Ella quería reemplazar lo que llamaba el "Estado -niñera" y su sobreprotección de la cuna a la tumba, por los riesgos y las recompensas inherentes a una "cultura empresarial". Sus propuestas causaron furor por su viraje económico y la novedad de las propuestas, además de los resultados positivos - en el corto plazo - de su programa de privatización. Sus políticas y programas fueron acompañadas en la arena mundial por las mismas políticas aplicadas por Ronald Reagan a partir de 1981 en Estados Unidos. Y el mundo nunca volvió a ser el mismo, se convirtió entonces en un mundo neoliberal abriendo las brechas para la consolidación de la globalización.

Esas ideas derrumbaron los muros físicos, ideológicos y económicos y se propagó el paradigma de una nueva forma de hacer política y economía. Incluso el 9 de noviembre de 1989 caería el último símbolo de ellos: el muro de Berlín. Claro que otros factores contribuyeron, pero la idea de libre mercado fue la punta de lanza para acercar los Estados nacionales del mundo. Con ello se inició el ocaso de la "Estrella Roja" y del socialismo real además de la decadencia de "las barras y las estrellas" e inició el ascenso de la "Estrella Asiática".

Sin embargo, el mejor alumno de la "nueva teología económica"; de las nuevas ideas; estaba un poco más lejos de los escenarios tradicionales. En la segunda mitad de la década de los ochenta y a principios de los años noventa se inicia un experimento radical en una región remota del Pacífico: Nueva Zelanda. Envuelta desde tiempo atrás en un manto socialdemócrata, Nueva Zelanda era un laboratorio improbable pero importante de la liberalización económica. Como uno de los países más ricos del mundo a comienzos del siglo XX, Nueva Zelanda había desarrollado una economía mixta clásica durante los años de la posguerra, cuyo objetivo era hacer realidad el sueño socialdemócrata de la "seguridad de la cuna a la tumba, sin incertidumbres económicas".

Nueva Zelanda pasa de una economía enormemente protegida y regulada a una liberalización exitosa, y aunque no se convirtió en el paradigma en el mundo político, su programa de cambio ciertamente tuvo un impacto significativo en el mundo de las ideas económicas. Todavía existen creyentes fieles-entre los cuales nos encontramos – de la frase que se convirtió en el lema del cambio: "No se puede tener justicia social si no se tiene una economía fuerte y desarrollada".

Muchas ideas impulsan el cambio que desplaza a los Estados y dirige las sociedades hacia los mercados. Después tendríamos la oportunidad de conocer el milagro asiático: Corea, Taiwán, Singapur, Malasia e Indonesia que nos proveyeron y nutrieron de la visión tecnológica y la pureza económica. De esos países resalta Singapur que siguiendo los pasos de Nueva Zelanda se convierte en el segundo país modelo del "nuevo desarrollo": ley y orden, eficiencia económica, transparencia y rendición de cuentas en el gobierno, y la justicia social como paradigma de los beneficios del desarrollo. Con ello quedaba claro que Estados Unidos se había rezagado en la evolución de sus sistemas social y económico, y muy, muy lejos en su rezago en sistema cultural.

Sin embargo, las promesas del neoliberalismo y de la globalización de una mejoría en el nivel de vida de los ciudadanos, avanzaron en forma más lenta que la concentración de los grandes capitales en unas pocas manos. Los ricos se hicieron más ricos, los pobres avanzaron, pero a un ritmo mucho más lento que el que las expectativas habían generado. Empezó a cundir el desánimo y la frustración con el nuevo sistema. Seattle en 1990 sería la arena donde se manifestaron muy prontamente los "indignados" que pedían el fin de la globalización. De las promesas cumplidas o no por parte de los mercados dependerá la credibilidad en los mismos, nuestra posición es que nunca serán lo suficientemente eficientes para proporcionar justicia social. Sólo el Estado puede atemperar los efectos nocivos del neoliberalismo.

En este trabajo tratamos de proporcionar un marco ideológicamente neutro, aunque muy crítico, para que los lectores arriben a sus propias conclusiones. En la medida en que la sociedad esté mejor informada tomará las mejores decisiones, pero, sobre todo, podrá valorar en su justa dimensión los beneficios y los perjuicios de la globalización.

Esa justicia social que no llega a gran número de ciudadanos es la responsable de que ahora, en tiempos postCovid19, empecemos a hablar de la muerte de la globalización.

En medio de una crisis financiera y económica causada por las empresas y el neoliberalismo, la crisis de 2008, la más grave de la historia -hasta ese momento- después de la depresión del 29-32, ahora la crisis de 2020 pone otra vez en el banquillo de los acusados al modelo neoliberal, por ello, creemos que es tiempo de hacer un alto en el camino para revalorar los procesos nacionales y repensar de una manera diferente la globalización y el neoliberalismo. Allí se siembra la semilla del descontento de millones que perdieron en 2008 en un mes el patrimonio de toda la vida, y para otros, la calidad de vida desciende a sus niveles mínimos. En la crisis de 2020 fueron 21 meses de confinamiento y de un paro total en la economía lo que dejó en la pobreza a más de 200 millones de personas en el mundo. Justo cuando se celebraba la disminución de la pobreza y avances sustanciales en la reducción de la desigualdad, viene un golpe mortal, y esta vez, es la naturaleza la que se encarga de segar sueños.

En ese repensar, debemos valorar el papel de las empresas que se desenvuelven en un entorno en el que la presión competitiva se caracteriza por la exigencia de grupos de interés acerca del respeto al medio ambiente y que las empresas sean socialmente responsables, además de los retos de la reducción del ciclo de vida del producto, los altos costos de investigación y desarrollo, el rápido cambio tecnológico y la incertidumbre estratégica asociada a la globalización, entre otros factores. Esa presión ha propiciado que surjan nuevas formas de organización de la producción y patrones de competencia que descansan cada vez más en las ventajas asociadas a la producción flexible y a las economías de escala, lo que ha dado lugar a procesos de integración vertical y a distintas modalidades de cooperación con los grupos de interés. La home office obligada por la pandemia incrementa el uso de las telecomunicaciones y las tecnologías de la información para avanzar más en esa sociedad globalizada.

El incluir los procesos de manufactura como un medio de la fábrica global para extender sus tentáculos en todos los países del planeta, sirve en este acercamiento, fundamentalmente, para explicar la globalización desde una perspectiva que incluya (a) la producción y el intercambio económico (ámbito fundamental en esta forma de coordinación de recursos económicos, productos y servicios), (b) las características de la tecnología y el cambio organizacional, y (c) la importancia del fortalecimiento de la innovación y el trabajo conjunto en el aprovechamiento de la oportunidad productiva para ser competitivos en un mundo globalizado. Como consecuencia de ello, el medio laboral cambia y al hacerlo cambia toda la sociedad en su conjunto.

Ya dijimos que la globalización, como cualquier otro proceso social, es un fenómeno complejo cuya comprensión involucra elementos de índole diversa, por lo que difícilmente puede ser explicada desde la perspectiva de una teoría, ya que, debido a su complejidad, una sola teoría resulta insuficiente para dar cuenta de su naturaleza (qué es y cuál es su especificidad), su forma (cómo se presenta), su función (qué efectos tiene), sus características principales y su evolución.

En este sentido, son varias las razones por las que en este trabajo se seleccionaron los planteamientos de la teoría unitaria, los de la teoría del conflicto, el institucionalismo y la teoría de sistemas para avanzar en la comprensión de este tipo de acciones y programas, esas razones tienen que ver con (a) el nivel en el que interesa analizar la globalización; (b) los elementos que cada teoría puede aportar, dada la especificidad de este tipo de relación y, (c) la complementariedad y conexión que puede haber entre las teorías. A continuación, se profundiza al respecto.

(a) Debido a que la decisión de los trabajadores al interior de la empresa para cooperar con la administración es una resolución de carácter económico, para explicarla se requieren razonamientos que contribuyan a dar cuenta de las decisiones a ese nivel; sin embargo, se reconoce que los acuerdos de cooperación pueden estudiarse en distintos niveles (Ernst, 2019).

En este marco, se excluyen los análisis de relaciones laborales en los niveles macro y mesoeconómicos, así como los centrados en agrupaciones de geográficas de empresas o que involucran la interrelación de más agentes económicos que las empresas, así como también lo referente a los aspectos de cambio organizacional derivado de la teoría de la innovación a través de sus planteamientos de los sistemas de innovación (D. Sachs, 2020). Véase también las grandes contribuciones que siguen siendo una referencia para estos temas: Lundval, 1992 y 1997; Freeman, 1995; Edquist 1997; Malerba y Orsenigo, 1997; Breschi,2000); los desarrollos relativos a la geografía económica (Scott, 1999; Storper, 1997), los distritos industriales (Rabellotti, 1997; Schmitz, 1999) y los clústeres (Porter, 1998 y 1999; World Development, 1999; OCDE, 1999.

(b) En el plano de la economía y considerando el tópico específico que interesa estudiar, fueron tres los elementos iníciales que llevaron a incluir de cooperación que involucra necesariamente la interacción entre las partes, para explicarla se requiere la consideración de los elementos y los costos que ésta implica.

Es pertinente señalar que el estudio de las relaciones de colaboración ha coincidido con el resurgimiento de la teoría de la organización, lo que en buena medida explica que la mayoría de los estudios recientes de la cooperación entre empresas partan precisamente de las tres teorías aquí consideradas, normalmente retomando algún concepto fundamental de una de las teorías (Baylis, 2021).

(c) Además de los elementos anteriores se buscó incluir teorías que pudieran complementarse y cuya vinculación fuera posible dados los supuestos fundamentales que cada una maneja; asimismo, que permitieran abordar la relación de cooperación, la del conflicto y el énfasis en los sistemas (Lechner, 2021).

Es así como se dejaron de lado, en general, las teorías de corte ortodoxo, ya que, por ejemplo, en el planteamiento neoclásico la empresa se concibe como un agente maximizador de funciones de utilidad y las oportunidades tecnológicas están dadas exógenamente y se expresan como la función de producción o la de costos. Adicionalmente a este hecho, los tres enfoques teóricos manejan supuestos y razonamientos heterodoxos y, como se muestra en este trabajo, las diferencias en los mismos no resultan incompatibles.

Esperamos que el viaje por comprender este fenómeno resulte ilustrativo.

EMETERIO GUEVARA RAMOS

Otoño de 2021

2 ANTECEDENTES: LA GUERRA FRÍA

1. INTRODUCCIÓN

En el presente capítulo realizaremos una descripción de las características, antecedentes, definiciones, efectos y críticas vinculadas con la globalización y la Guerra fría y analizaremos las afirmaciones de organismos internacionales en el sentido de que los efectos negativos de la globalización – principalmente las acciones de las grandes corporaciones en los países en proceso de desarrollo – han sido el factor motivante para emprender una serie de cambios organizacionales no sólo orientados a incrementar la efectividad organizacional en un entorno complejo, sino para darle también un rostro humano a la empresa y a la globalización. Obviamente, la tarea no es sencilla, pues recorrer en forma paralela tres líneas diferentes de discurso (Responsabilidad social empresarial, globalización y cambio organizacional), de suyo ya complejas, con las múltiples intersecciones entre ambas, es una tarea difícil.

El discurso, la crítica o la apología, de la globalización se realiza en un campo en el que convergen los planteamientos científicos, las tendencias y los intereses económicos, políticos, sociales y culturales, así como las orientaciones hacia algunos aspectos específicos de los beneficios y perjuicios que provoca.

También existe convergencia de planteamientos en el orden ambiental y organizacional. Ambas orientaciones son polémicas, y aún se debaten vehementemente sus aspectos positivos y negativos. Es realmente complejo analizar la totalidad de los elementos que configuran el proceso de la globalización, igualmente complejo lo es el delinear, para la segunda década del tercer milenio, algunas de las tendencias que los vincularán al cambio e impacto en las sociedades.

Para que las personas afectadas por el proceso de globalización puedan vivir y adaptarse a los cambios, la época actual establece como requisito básico que entiendan los cambios políticos, económicos, tecnológicos, culturales y sociales que la propia globalización ha generado, de manera implícita o explícita, en diferentes países. Para ello necesitan adentrarse en la abundante información sobre el proceso de globalización y sobre sus causas y efectos; en caso contrario, les será difícil ir al fondo y comprender las variables que determinan los cambios más significativos que están ocurriendo en estos tiempos.

El planteamiento axial del proceso de globalización es la configuración de un mundo en el cual los flujos financieros, el desarrollo de la tecnología de la información y la comunicación, y la actividad económica y comercial, están desdibujando las fronteras de los países insertos en dicho proceso, aun cuando el impacto del cambio sea diferente de un país a otro, según su grado de desarrollo, las diferencias estructurales y los movimientos de los flujos financieros. La pandemia incrementó los procesos de flujos financieros realizados electrónicamente.

En el pasado, los escritos de los globalistas más abiertos a las dimensiones sociológicas, políticas, culturales e historiográficas, parecían describir un mundo futurístico ideal inalcanzable construido en base a este proceso, sin percatarse que la globalización no es un término neutro y descriptivo, sino uno cuya connotación y simbología lo acerca a la categoría de modernidad en un sentido amplio, un término plagado de contenidos ideológicos no exentos de contradicciones. Hoy, la noción de que algo fundamental está sucediendo, o ya sucedió en el mundo es generalmente aceptada, conjuntamente con la confusión del cambio, la aceleración de la incertidumbre y el incremento de la complejidad.

Como ocurre con frecuencia, se procura justificar una ideología y convencer de ella al ciudadano medio recurriendo a frases impactantes que sean fáciles de asimilar para que las hagan suyas. La carga ideológica se manifiesta con claridad cuando se asumen posturas extremas, al afirmar, por ejemplo, que el sistema global es irreversible y que no puede ser cambiado, lo cual, desde luego, es falso. Si bien no es posible cambiar la tendencia, sí lo es modificar los matices de sus características. Eyal, (2021) describe de una manera deslumbrante y precisa la forma en que la comunicación y la desinformación acerca de la globalización puede empujar la protesta de masas de descontentos hasta lograr las grandes manifestaciones en contra de este fenómeno.

Mientras el desarrollo de las fuerzas productivas no ha sido, ni lo será a nivel mundial, homogéneo, sí hay uniformidad en la pretensión de lograr un mundo con países sin fronteras, capaces de atraer las inversiones y mejorar su posición en el ranking internacional. Por ello, si a mediados del siglo XIX se asustaba al mundo con la frase "un fantasma recorre al mundo: el fantasma del comunismo", después de la reunificación alemana en 1989, con el mismo afán se podría parafrasear: "dos realidades recorren el mundo: el neoliberalismo y su efecto…el desempleo". Ahora, en tiempos postCovid19, la frase será "matemos la globalización y el neoliberalismo, cambiemos de modelo".

Según el punto de vista que se adopte, determinado en gran medida por las expectativas de cada uno, para algunos la globalización será sinónimo de "progreso" donde se engloba mayores niveles de bienestar, aumento en la esperanza de vida, ruptura de fronteras que aíslan y confinan; para otros significará pérdida de identidad, desaparición de la riqueza cultural que da la pluralidad, destrucción de los ecosistemas por el afán desmedido de producir. Lo más asombroso es que para la gran mayoría la "globalización" es aún un concepto vacío, carente de significado. Adicionalmente, la defensa y la oposición se complementan con la indiferencia.

Más allá de estas tres posturas básicas, nos corresponde a los académicos la responsabilidad de analizar críticamente y con detenimiento el fenómeno, derivando tanto sus consecuencias positivas como negativas, habida cuenta que, los rasgos y características que vinculan entre sí a las economías mundiales y los procesos a través de los cuales se da la interrelación de los sistemas financieros nacionales e internacionales, pueden contribuir tanto a la consolidación como a la destrucción de las economías nacionales, con el agravante que el impacto negativo siempre será mayor en los países en vías de industrialización.

Los gobiernos de los países con grandes empresas globales impulsaron reformas en los países destino como precondición para establecer la fábrica global, para producir algunas de las partes de su cadena productiva creando clústeres en esos países. Las sinergias que producen los clústeres se basan en la interdependencia comercial, explicada por la proximidad de las empresas que realizan actividades diferentes, pero interrelacionadas en la cadena de producción, que reducen los costos de producción asociados y hacen posible la interacción entre empresas. En la década de los noventa, Amin y Thrift (1994) enfatizaban que las bases socioculturales de la aglomeración conducen a la reducción de los costos, y por ende, de los precios finales de los productos, constituyéndose en la base de las empresas globales. Lo mismo ocurre con las grandes cadenas de aprovisionamiento que hacen que los precios se reduzcan de maneras drásticas (Lechner, 2021).

Los argumentos anteriores –aunque parcialmente falsos - y las imágenes de cambio, derivado del proceso de globalización, son tan poderosas que han cautivado a analistas y además han captado la atención de políticos y gobernantes. La reacción de los ciudadanos ante propuestas económicas y políticas esquizofrénicas es una mezcla de escepticismo y optimismo acerca de las posibilidades de controlar la economía internacional y las políticas y estrategias nacionales para alcanzar un desarrollo nacional que de alguna manera recompense las pérdidas que ha sufrido el bolsillo de los ciudadanos comunes.

Los estudiosos y analistas que durante décadas sostuvieron que la realidad en cuanto tal, sin limitaciones ni simplificaciones, no podía ser afrontada ni comprendida sin tomar en cuenta la dimensión internacional, hoy, al igual que los futurólogos, pueden cantar victoria en su afirmación, pues la realidad se ha internacionalizado tal como lo pregonaban; ha rebasado las fronteras de los Estados desde casi cualquier perspectiva: la política, la económica, la cultural, la social, la médica, la jurídica, etc. La internacionalización ha dejado de ser un mero punto de vista y se ha vuelto una realidad de cuyos efectos, positivos o negativos, ningún Estado escapa a ello.

Tanto la desaparición o el aislamiento de los diferentes "ismos" - socialismo, comunismo, capitalismo pregonado por los globalistas y la radicalización del fundamentalismo - como la paralización de las reformas radicales nacionales, que se habían visto como inviables a la luz de los juicios y sanciones de los mercados internacionales, en cuanto efecto de la globalización han determinado, lo que Francis Fukuyama llama "el fin de la historia" y que puede llevarnos al "fin del hombre", con el nacimiento del nuevo dios único al que hay que adorar: el mercado. El socialismo ha muerto, ¡viva el libre mercado!, claman los pregoneros del neoliberalismo. El más peligroso de cualquier "ismo" es el islamismo. Los embates ideológicos y la pobreza y falta de oportunidades para los jóvenes que busquen empleo después de 2021, será causa de su radicalización y de su incorporación a movimientos extremistas.

En contraparte, la sociedad organizada ha impulsado

una corriente contraria basada en la desesperación de verse aislados o engañados con las promesas de la globalización y han ido surgiendo el fundamentalismo islámico, ISIS, el fundamentalismo cristiano norteamericano, el nacionalismo en Estados Unidos y el Reino Unido, los nacionalismos de la modernidad tardía que terminaron por fragmentar a la Unión Soviética y Yugoslavia, el movimiento Zapatista en México, el culto de Aum Shinrikyo en Japón, los movimientos ecologistas y feministas, la hermandad musulmana en Egipto, movimientos gay, etc. Todos ellos expresan identidades de resistencia de colectivos que resienten la pérdida de control sobre sus vidas, sus trabajos y sus países. Como se puede notar, estas identidades son múltiples y muy diversificadas; además, pueden ser progresistas o reaccionarias, y utilizan cada vez más las tecnologías de la comunicación. En todas partes estas nuevas identidades desafían la globalización y al cosmopolitismo, reivindicando el particularismo cultural y el control de los pueblos sobre su vida y su entorno ecológico.

Para Castells, la globalización y la lógica dominante de la sociedad de redes han engendrado sus propios desafíos que han tomado la forma de identidades colectivas de resistencia, o, lo que es lo mismo, ha determinado el paso de las identidades de legitimación a las identidades de resistencia. En este contexto, Castells apuesta a la formación de identidades progresistas y prospectivas bajo la forma de movimientos sociales de resistencia a la globalización.

Por ello, a pesar de los cambios tan acelerados, para los globalistas extremos, la globalización seguirá siendo un mito en el primer cuarto de siglo del tercer milenio. Lo será porque una economía altamente internacionalizada ha existido desde que se inició la industrialización y se generalizó la transferencia de tecnología y también, porque sólo hasta que todos los países adopten la globalización con la forma que ya ha asumido en los países más desarrollados, sólo entonces, la globalización será una realidad mundial. En la actualidad, cuarenta y cinco países globalizados no son todo el planeta, aun cuando ahí se concentre el noventa por ciento de la riqueza mundial. Sin embargo, la brújula apunta en esa dirección y en el mediano o largo plazo, la globalización generalizada será una realidad. No se vislumbra otra opción, si bien la mitad de la población actual no la verá.

La contradicción que no será entendida por el aumento de los resentidos sociales que deje la crisis del 2020, es que los países más globalizados y de una alta libertad económica (neoliberales) serán los primeros en dejar la crisis, debido a la rapidez en la reactivación de sus cadenas productivas y de comercialización. La gran paradoja: el demonio neoliberal servirá para que países como China, Estados Unidos, Alemania y otros países avanzados, salgan de la crisis en menos de dos años, mientras que los países que se oponen al neoliberalismo no lo harán en diez años.

Contrario a otros estudiosos, los globalistas le dieron al fenómeno la importancia que merecía porque, en sentido estricto, eran los únicos realmente ocupados en problemas globales. El resto (como el filósofo o el administrador), se movían en un terreno completamente incondicionado o se situaba por completo en alguna región específica del saber. Uno de los problemas globales, el de la guerra, del que el internacionalista reivindica la preeminencia, hace coincidir a todos por la obvia razón de su posible manifestación nuclear. Hoy, la guerra en Siria, y la de Irak y Afganistán en el pasado reciente, un poco atrás en la historia, la de Kosovo, Kenia y Zimbabue, nos muestran esa realidad que une a todos los países.

Por todo lo anterior, las explicaciones que economistas y políticos dan a la decadencia del mundo actual terminan siempre con una palabra: globalización. Afirman que las tecnologías de la información y las telecomunicaciones, los bajos costos de transporte que permiten que la empresa global se ubique en cualquier país y el comercio libre ilimitado, son factores que fundirán al mundo en un solo mercado. Las empresas de países industrializados --da lo mismo si hablamos de Alemania, Inglaterra, Francia, Suecia o Bélgica que de China, Taiwán, Vietnam o la India-- están creando empleos en el extranjero, donde los salarios son más bajos. La empresa global les permite redefinir su quehacer empresarial en un mundo global donde lo importante es la reducción de costos de producción y operación y el máximo incremento en las utilidades. Cada vez más, los ejecutivos de estas empresas se están enfocando a una mayor reducción de los costos mediante otra reducción: la del personal.

Las exigencias para que los trabajadores renuncien se han vuelto una cacofonía. Todo para favorecer al libre mercado. El Estado de bienestar se ha vuelto una amenaza para el futuro, un plus de desigualdad es inevitable, claman los ministros de economía o del trabajo (Martin y Schuman; 2000: 1-17).

Otros, como el expresidente Trump, ven la globalización como una amenaza a su seguridad nacional, por ello, intentan regresar al mundo cerrado al comercio como el de antes de los noventa. Según encuestas de agosto, si hoy se celebraran elecciones Trump obtendría el triunfo sobre los demócratas. Y con los pobres que se sumarán con esta pandemia, la elección de 2024 estará "caliente".

En el sentido de las definiciones, la coyuntura de los conceptos es reciente, pero, en cambio, es intensa. Por eso no es de extrañar que no existan todavía definiciones únicas más o menos aceptadas de los conceptos de globalización, que sólo con poca frecuencia aparezcan referencias recíprocas por encima de las barreras del idioma, y que los conceptos sean usados frecuentemente de manera arbitraria que se propone "avanzar en este proceso de construcción de un consenso público hacia un mundo que funcione para todos". (Mander, Cavanagh et al, 2003,16).

2. LA GUERRA FRÍA.

En su fase inicial, la globalización se deriva del proceso de la Guerra Fría. En su malignidad ensangrentada, la Guerra Fría fue psicológica, física, filosófica, armamentista. La proliferación y venta de armas de destrucción masiva sirvió para que los pueblos enteros se mataran unos a otros. Los impactos de esta guerra de baja intensidad se sintieron en países latinoamericanos (Nicaragua, El Salvador, Panamá, Colombia), asiáticos (Corea, Singapur), africanos (casi en todos), del medio oriente (Líbano, Palestina y Pakistán) y parte de los europeos (Yugoslavia, Rumania), siendo presa fácil para las grandes potencias, principalmente los Estados Unidos (EEUU) y la entonces Unión de Repúblicas Soviéticas Socialistas (URSS).

Se ha dicho que el honor, el miedo y el interés son las razones que arrastran a los pueblos a la guerra; pero la globalización encontró sus propios motivos: el control geopolítico y el control económico; supo, además, aprovechar para su propaganda a los tres primeros, disfrazando las verdaderas razones que son la lucha por el poder, por los mercados, por el petróleo, por la búsqueda de intereses materiales y estratégicos y el perpetuo tirón emocional sigue vigente, inclusive en el mundo de los microchips, teléfonos satelitales e Internet.

El nuevo sistema internacional implica nuevos incentivos y otras restricciones, en éste interactúan lo nuevo, la globalización, y lo viejo, expresado en las pasiones y ambiciones por el poder, la dinámica del cambio requiere que la comprensión de lo que día con día acontece en el mundo considere estos fenómenos del entorno y de los impulsores de la acción humana.

Dos rasgos fundamentales caracterizaron la Guerra Fría: el control mundial por dos superpotencias, los Estados Unidos y la Unión Soviética, y su lucha por la ventaja estratégica, los mercados, los recursos y el honor, en la que el beneficio de una representaba el perjuicio de la otra. Ante este escenario, los países se alinearon a una u otra potencia, en función de sus recursos o de la posición estratégica que asumieran. La Guerra Fría alentó conflictos regionales como parte de la competencia global de las superpotencias, haciéndolos ver parte de una preocupación global. Al temor de las superpotencias de perder alguna posición que trajese consigo la pérdida de otras, se le conoció como la "teoría dominó" de la geopolítica y ésta, sólo con el fin de la Guerra Fría, hubo de experimentar un cambio radical. En la era de la globalización las guerras no serán entre Estados, ni las líneas de batalla se definirán entre pro-estadounidenses y pro-soviéticos.

La guerra será cultural e ideológica de los "civiles" proglobalizadores y los antiglobalizadores -o como se dijera el presidente de México, Ernesto Zedillo, en el World Economic Forum del 2000 en Davos, los globalifílicos contra globalifóbicos -se convertirán en los nuevos protagonistas del conflicto a escala regional y mundial. Los enfrentamientos se darán entre los globalistas de cada sociedad y los localistas de esa misma sociedad; entre los que se benefician gracias al nuevo sistema y los que se sienten desplazados, en otras palabras, entre perdedores y ganadores. Las crisis políticas en Argentina, Perú, Venezuela, Ecuador, Nicaragua, México, Brasil, Chile, Bolivia, lo demuestran claramente.

Las causas tradicionales del conflicto serán sustituidas por otras de índole cultural, ideológica o económica, prevaleciendo la primera, todo ello en un entorno geopolítico diferente.

En síntesis, la lucha entre el capitalismo, representado por los Estados Unidos de Norteamérica y el capitalismo de Estado, encabezado por China y la ex Unión de Repúblicas Soviéticas Socialistas, por la supremacía mundial, cuya resultante era un cierto equilibrio de fuerzas que daba cierta tranquilidad al resto de naciones, al desaparecer inicia una etapa de lucha y recomposición que ha sido llamada la Guerra Fría.

Las ideas dominantes de la Guerra Fría eran el choque entre el comunismo y el capitalismo, la no alineación por un lado y Perestroika por el otro. Sus tendencias demográficas eran el desplazamiento de personas del Este hacia el Oeste, para salvar lo "inhumano" de un sistema simbolizado en la Cortina de Hierro, el otro sistema pregonaba la libertad. Durante casi cuatro décadas el desplazamiento del Sur al Norte era un flujo más permanente. Su perspectiva sobre el planeta radicaba en un mundo dividido en el bando comunista, el capitalista y el neutral, en los que se encajonaban todas las naciones. Sus tecnologías y la medición de fuerza eran las armas nucleares y la segunda revolución industrial

Al tener un claro vencedor de la Guerra fría, con su propia cosmovisión y dinámica, la globalización vino a establecer una nueva era. Su rápida expansión reconfiguró la lógica de la dominación y, con ella, las relaciones exteriores y la geopolítica. Si la regla no escrita en la Guerra fría era que ninguna potencia traspasaría los límites para invadir el área de influencia de su contrincante, en aras del mercado, la globalización la inmoló. En la globalización todo ocurre en función del mercado y éste todo lo hace posible.

La globalización fue responsable de aniquilar la carga ideológica de la Guerra Fría. Era claro que, si el tren estaba en marcha, más valía no quedarse abajo, así lo entendió Gorbachov al aplicar la Perestroika y la Glasnost. La reacción tardía dio el triunfo al mayor y más poderoso contrincante: los Estados Unidos de Norteamérica. El perdedor del poderío militar sólo mutó, se transformó, en la actualidad se recupera en otra arena: la económica y la política; y con otro nombre: Rusia.

Si bien es cierto que la Segunda Guerra Mundial devastó a la economía mundial y creó una línea divisoria en la historia de la humanidad, después de la Guerra sufren un cambio radical tanto los diferentes niveles de integración, como la configuración de los Estados nacionales, sus interrelaciones y la internacionalización de la política (Stubbs y Underhill, 1999). Ahora, las líneas divisorias las establece la globalización y divide en dos a los países: los inmersos en ella y los que se encuentran aislados.

La idea rectora de la globalización es la economía de libre mercado: cuanto más se permita dominar a las fuerzas del mercado, cuanta más apertura exista en la economía al libre comercio y propicie una mayor competencia, más eficiente y floreciente será. Subyacen también la idea de propagación del libre mercado a virtualmente todos los países del mundo y un conjunto de reglas que giran en torno a la apertura, desregulación y la privatización de la economía.

A diferencia de la Guerra Fría, la globalización tiende a homogeneizar la cultura. En otras épocas ésta se restringía a la región, como lo hizo la helenización del Cercano Oriente y del Mundo Mediterráneo bajo el dominio de los griegos; la Turquificación de Asia Central, África del Norte, Europa y Oriente Medio por los Otomanos; la rusificación de Europa Oriental y Central y partes de Eurasia, de los Soviéticos. Con la globalización la "americanización" de la cultura en una escala mundial es el signo del cambio, o para decirlo en términos de Fukuyama, es "el fin de la historia". El libre mercado impone una nueva aspiración a todos los pueblos que se dejan atrapar por sus encantos: sólo queda el *american way of life* como estilo de vida y como patrón cultural. Mucho contribuyen a este propósito ciertas tecnologías inherentes a la globalización: la informatización, la miniaturización, la digitalización, las comunicaciones satelitales, la fibra óptica y la Internet.

Si la Guerra Fría ponía el énfasis en la "división", la globalización lo pone en la "integración"; si el símbolo de la primera era el muro, el de la segunda es la red mundial de comunicaciones, que une a todos; si el documento típico de la Guerra Fría era el "Tratado", el de la Globalización es el "Trato"; si la medida de aquella era el "peso y alcance de los misiles", para ésta es la "velocidad del comercio, los viajes, las comunicaciones y la innovación"; si la Guerra Fría se basaba en la "ecuación de Einstein": la energía es igual a la masa por la velocidad de la luz al cuadrado, la de la globalización es la "Ley de Moore": el poder de computación de los chips de silicio se duplicará cada dieciocho o veinticuatro meses y su precio se reducirá a la mitad.

Durante la Guerra Fría, la pregunta más frecuente era: "¿Qué tamaño tiene su misil?", en la globalización es "¿Qué rapidez tiene su módem?". Del lado del comunismo, la economía se inspiró en los postulados marxistas; del lado del capitalismo el inspirador fue John Maynard Keynes. Los economistas de la globalización Joseph Schumpeter y el exdirector general de Internet Andy Grove prefieren liberar el capitalismo. Durante la Guerra Fría se echaba mano de la línea privada entre la Casa Blanca y el Kremlin, signo de división, pero donde dos potencias aseguraban el equilibrio; en la era de la globalización se acude a Internet, un símbolo de conexión, sin que nadie esté a cargo del proceso de comunicación. El sistema de defensa típico de la Guerra Fría era el radar, el de la globalización es la máquina de rayos X.

En la era de la Globalización la estructura de poder es mucho más compleja que la anterior debido a que los equilibrios operan en tres esferas: el tradicional entre naciones, el de los mercados globales y el de los individuos y las naciones. Por su relación sistémica, cada esfera afecta y es afectada por el resto incrementando la complejidad y el caos.

En este ir y venir, en la década pasada, la guerra fría aparentemente había terminado, con Obama vuelve a renacer y con Trump y su acercamiento a Rusia se logró la distensión. Con Biden tendremos, posiblemente, otra vez, más de la guerra fría.

• 3 EL LIBRE MERCADO

1. EL LIBERALISMO: SUS ORIGENES

Los primeros antecedentes del cuerpo doctrinario conocido como liberalismo surgen en el siglo XVIII, de la mano de su teórico más importante conocido como el padre de la economía, Adam Smith (The Wealth of Nations). Surge en un entorno de restricciones feudales al comercio y la producción, por ello, hace énfasis en la crítica económica al patrimonialismo y a las barreras para la libertad de intercambio de trabajo por salarios, propone cambiar el impulsó y la transformación de la producción simple en acumulación simple y ampliada de capital.

El liberalismo se difundió rápidamente y fue la ideología dominante en los países de desarrollo industrial temprano, la revolución industrial nacida en Inglaterra es el ejemplo de la aplicación de políticas liberales; sin embargo, en el siglo XIX fue resistido por las naciones de despegue industrial tardío, como Estados Unidos, Alemania, Japón, que impulsaron políticas proteccionistas y de impulso al consumo y mercados internos, desarrollando y ampliando la industrialización y la masificación del mercado interno por medio del trabajo asalariado. Más adelante, en la década de los 60's y 70's los países de Asia seguirían el mismo camino.

Lo que hoy conocemos como neoliberalismo surge en la posguerra. En la Primavera Suiza de 1947, el 1º de abril, W. E. Rappard preside la primera sesión de la conferencia de la Internacional Neoliberal, la Mont-Pelerin Society, con financiamiento de industriales y financieros suizos y con la referencia de intelectuales que se consideran fueron quienes instituyeron las bases del neoliberalismo, como L. Von Mises, F. Von Hayek, M. Friedman, K. Popper, W. Eukpen, W. Lippman y otros, quienes se lanzan a dar "una batalla de ideas en un círculo restringido!(Anderson, 1988).

Keynes propuso una orientación económica para salir de la Gran Crisis y se había extendido su uso de políticas fiscales y de gasto público para lograr el crecimiento. Por esas propuestas y su éxito se le conoce como el padre de la economía moderna. En algunos círculos empezó a haber resistencia a este enfoque. La resistencia al auge del Keynesianismo se organiza en torno a las instituciones educativas como: la Universidad de Chicago, el London School of Economics y el Instituto Universitario de Altos Estudios Internacionales de Ginebra. Dada la entrada del capitalismo en su "edad de oro" los argumentos por la implantación de un capitalismo duro y libre de reglas no encuentran un eco muy amplio, sus argumentos acerca de los valores positivos de la desigualdad social y el desempleo estructural, sonaban solamente en círculos reaccionarios muy limitados.

Otras influencias derivan de la admiración por el Maltusianismo y el social darwinismo, ambos del Siglo XIX (D. Sachs, 2020). Sin embargo, una obra seminal, en un clásico del pensamiento neoliberal "El camino de la servidumbre" Von Hayek define que "es la sumisión del hombre a las fuerzas impersonales del mercado la que, en el pasado, hizo posible el desarrollo de una civilización que sin ello no habría podido desarrollarse; es mediante esta sumisión como participamos cotidianamente en la construcción de algo más grande de lo que todos nosotros podemos comprender plenamente"

(Von Hayek, 1984).

Los ejes del pensamiento neoliberal, como vemos se expresan en la sumisión "a las fuerzas impersonales del mercado" considerando toda lucha como una rebelión contra "un sistema de coordinación neutro, impersonal, benéfico universalmente y que traduce un conjunto de mecanismos que funcionan espontáneamente" (Audry, 1998). No existe racionalidad posible frente a "algo más grande de lo que todos podemos comprender plenamente", o más bien, permite cualquier irracionalidad e inhumanidad como producto.

Políticas principales del neoliberalismo

a.   En lo económico
i. Libertad absoluta de mercados: limitando la reglamentación e intervención estatal al mínimo, desregulando los mercados en especial el financiero, e impulsando el abandono de criterios de sustentabilidad ecológica a favor de criterios de rentabilidad.
ii. Privatización y/o liquidación de los servicios y/o monopolios estatales.
iii. Intervención sobre las variables macroeconómicas para evitar déficits presupuestarios y comerciales; reducción de inversiones sociales (salud, educación).
iv. Contención de los salarios en busca de una competitividad internacional y aumentar la tasa de ganancia del capital.
v. Contrarreforma fiscal, aumentando los impuestos indirectos, principalmente sobre el consumo (IVA) y disminuyendo los directos sobre los ingresos altos; promoción de políticas fiscales atractivas para el capital financiero internacional especulativo.
vi. Promoción del comercio orientado hacia las exportaciones.

b. En lo ideológico

i. Mercantilización de derechos y conquistas de los trabajadores; conversión de estos en bienes y servicios a ser adquiridos en el mercado. La salud, la educación y el seguro social, dejan de ser derechos indiscutibles de la dimensión humana de los ciudadanos y se convierten en mercancías, al margen de las funciones estatales.

ii. Identificación de lo estatal con todo lo malo, corrupto e ineficiente y al mercado con lo eficiente y bueno.

iii. Imposición de un sentido común neoliberal, con gran penetración en las masas, apuntalada por la liquidación de todo pensamiento alternativo en los grandes medios de comunicación y por una declinación paralela de la contracultura revolucionaria. En palabras de Noam Chomsky "se manufacturó un consenso" para "mantener la chusma a raya".

iv. Potenció en el seno de las organizaciones populares y de izquierda a la corriente posibilista, que no encuentra alternativa alguna y se convierte en portavoz del pragmatismo derrotista que no vislumbra nada fuera de la atenuación de los rasgos extremos de la política neoliberal.

v. Desarrolla una esfera del consumo virtual, a través de la televisión fundamentalmente, donde su carácter simbólico no disminuye su capacidad de legitimar al neoliberalismo como sistema de vida y reproducción de las relaciones sociales.

vi Apropiación del vocabulario de las fuerzas progresistas, donde ayer "reforma", "cambio estructural" tenían connotaciones positivas y en la tradición revolucionaria remitían a una opción social avanzada; hoy aluden a retrocesos y contrareformas, hacia una formación social donde la hiperexplotación del trabajo asalariado es vista como "el orden natural de las cosas" y no como producto de la contraofensiva económica y política del capital. Esta perversión lingüística se traslada al terreno de los mensajes electorales, donde los recortes en salud, educación y seguridad social son presentados como "reformas económicas estructurales" para ocultar su carácter socialmente regresivo. Existe una alienación absoluta entre forma y contenido, tanto en lo económico como en lo político.

vii. Caracterización como ilusoria, fantasiosa y utópica, a toda opción de organización social diferente y alternativa.

La abstracción que domina el discurso neoliberal se basa en la tesis de Hayek, que la tomó de Smith, que implica que el sistema capitalista se mantiene equilibrado por una "mano invisible" que actúa con neutralidad, natural y espontáneamente, donde los individuos, y subrayo individuos, se manejan competitivamente en la búsqueda de maximizar su producto. Sin embargo, la realidad social, económica y política muestra que los que confluyen en el mercado, se agrupan en torno a intereses de clase (capitalistas y trabajadores) y que la opción por las políticas refleja correlaciones de fuerza entre las clases y fracciones de éstas. Son los capitalistas organizados en corporaciones e instituciones internacionales (BM, FMI) los que demandan en nombre del "mercado".

La intervención estatal ha cambiado de signo, no ha desaparecido; los estados intervienen para privatizar, antes que, para nacionalizar, intervienen para socializar las deudas de los banqueros (caso quiebres bancarios del 2008) repartiendo sobre toda la población el rescate de los ahorristas defraudados.

La desregulación se trasladó de protagonistas, en vez de regular para la sociedad, se regula para los sectores afines empresariales y contra los trabajadores y campesinos. Se limita el consumo local para priorizar el despegue de los sectores agroexportadores. La privatización no liquida los monopolios, solo los cambió de signo; de público a privado, frecuentemente, en procesos viciados con características de corrupción y arreglos para privatizar a favor de los amigos.

Las consecuencias sociales del neoliberalismo son extremadamente graves. Los procesos de fragmentación social avanzan y se consolida el desempleo estructural, que convierte a los proletarios en informales, autoempleados y lumpen. Las ciudades y los campos se pueblan de villas de emergencia, y las sociedades se polarizan entre muy ricos y muy pobres, liquidando paulatinamente a la clase media.

El Estado y el individuo excluidos de la producción (y por consiguiente del consumo) se relacionan en un ámbito político restringido, el cuarto oscuro del voto, donde la representación que se genera cumple un rol legitimador formal. El lumpen no delega representatividad en el sentido activo y participativo que las democracias liberales propugnan, a lo sumo se encuentra pagando las dádivas que el mismo no tuvo más alternativas que aceptar, es lo que algunos denominan "clientelismo de sobrevivencia" (Weffort, 1995).

Esta virtual pérdida de la calidad de ciudadano, por la apatía política y la forma perversa de apropiarse de su representación, genera los procesos de pérdida de referencias en la llamada democracia representativa, llevando a las masas a la violencia y la marginalidad, por la falta de respuestas a sus demandas, que objetivamente convierte a la democracia en su enemigo de clase.

ANTECEDENTES DEL ACTUAL LIBRE MERCADO.

La mayor parte de los estudios acerca de la globalización se inician reconociendo el carácter impreciso e indefinido del término. Una especie de comodín que se emplea sin demasiado rigor científico. En palabras de Beck es "la palabra (...) peor empleada, menos definida, probablemente la menos comprendida, la más nebulosa y políticamente la más eficaz de los últimos –y sin duda también de los próximos– años" (Beck; 1998:40; Polanyi, 2001, D. Sachs, 2020).

Bernardo Subercaseaux advierte que "la globalización es, entonces, un fenómeno altamente complejo y contradictorio, con múltiples variables, lo que debe precavernos de miradas simplistas o de concepciones ideológicas o fundamentalistas, ya sea que se pronuncien obstinadamente a favor de la misma, fetichizándola como una nueva panacea, o la critiquen en bloque, demonizándola y culpándola de todos los males habidos y por haber" (2002:10).

La globalización se soporta y desarrolla en una economía de libre mercado reforzada durante y al terminar la Guerra fría, y que su base ideológica es el neoliberalismo y la ideología de éste es su oposición a la intervención del Estado en materia económica. Por ello la Guerra fría explica parcialmente sus orígenes. Este capítulo lo dedicaremos al análisis de los efectos del libre mercado. Partimos de la convicción de que muchos de los males que se le achacan a la globalización no provienen de ésta, sino del neoliberalismo, su primo cercano.

En su práctica, el neoliberalismo siempre ha estado asociado con la integración económica. Su tesis es que el peor de los mercados es mejor para la economía que cualquier intervención del Estado. Con la aplicación de las ideas de Milton Friedman, los gobiernos elevaron a dogma sus directrices de política económica y los aplicaron desde los años ochenta. Desregulación del control estatal, liberalización del comercio y del flujo de capitales, así como privatización de las empresas públicas, han sido las armas estratégicas de los gobiernos que creen en el mercado y en las organizaciones económicas internacionales dirigidas por ellos, el Banco Mundial (BM), la Organización Mundial de Comercio (OMC), el Fondo Monetario Internacional (FMI), etc.

Sin duda no falta quien ha entendido mal los conceptos de Estado de bienestar y de globalización, ya que no se trata de que en tiempos de crisis todos se sacrifiquen, pues la eliminación de beneficios sociales, el incremento de la productividad, y el descenso de los salarios reales, ya no son formas de luchar contra la crisis. Lo que hacen los reformadores a nombre de la globalización es más bien renunciar al contrato social no escrito de la República, para mantener la desigualdad dentro de ciertos límites mediante la redistribución de arriba abajo. El "Estado de bienestar", dicen, es demasiado caro si se le compara con su primo el "Estado neoliberal". Los trabajadores despedidos en cualquier parte del mundo lo entienden muy bien. Es el downsizing, les dicen los directores de personal cuando los hacen firmar su renuncia/despido.

De Lisboa a Copenhague y de Canadá a Tierra del Fuego, se escucha la misma justificación, asentándose en Grecia, Irlanda, España, Portugal, Brasil y México: los países han estado viviendo por encima de sus posibilidades y se ejemplifica con estos países cuyos déficits fiscales los llevaron al colapso económico en la primera década de este siglo XXI. La receta del FMI y el Banco central Europeo ha sido la misma de siempre; una nueva ola de ahorro, reducción del gasto social y recortes de la burocracia lo que ahonda la desigualdad al interior de los países. Estás políticas producen marejadas de indignados que más pronto que tarde se inclinarán hacia políticas populistas de izquierda o de derecha.

Los mecanismos de mercado fueron tomados por legislaciones, regulaciones, acuerdos colectivos, sistemas fiscales y la reactivación de las funciones del banco central. Si bien hay que reconocer el impresionante récord del accionar del libre mercado --en términos de asignación y eficiencia estática de los recursos allí donde son necesarios (esto es generalmente admitido), y más aún, de eficiencia dinámica como generadora de innovación y creación de empleos, lo cual es frecuentemente no aceptado) --, también conviene reconocer que en la última década del Siglo pasado no se resolvieron los problemas de niveles de bienestar que planteaba el mundo. En la primera década de este Siglo, la falta de regulación condujo a la más grande de todas las crisis de la era moderna de la cual aún no salimos, y ya estamos en otra que será la peor de los últimos 100 años.

Aunque, en efecto, las acciones del libre mercado no están muy alejadas del concepto de Smith de "la mano invisible", formalizado posteriormente por la moderna teoría del equilibrio general, constituyen un sistema en el que cada radical o potencial disturbio social enfrentado puede, finalmente, canalizarse de forma positiva en la reestructuración básica de instituciones y organizaciones. Ello ha despertado reminiscencias en torno a que "es preferible el peor de los

Estados al mejor de los mercados", aunque los globalistas lo rechazan planteando que "el peor de los mercados es preferible al mejor de los Estados".

En la sociedad contemporánea, la visión del mercado omnipotente como mecanismo co-orientador tiene sus ventajas; pero entre sus desventajas está el riesgo de que disminuyan los niveles de bienestar y se ejemplifica con la crisis mundial del 2008 como la Gran Crisis del 29. El sistema de mercado es realmente eficiente sólo cuando se lo incluye en un sistema de desarrollo del Estado, o de instituciones privadas, en el cual el gobierno juegue un papel regulador. En cualquier caso, un acuerdo colectivo es claramente necesario para implementar mecanismos de mercado. Creemos que en el futuro los mecanismos del libre mercado serán diferentes: tendrán importancia, pero no un rol exclusivo dentro de los modelos de regulación "emergentes". Los gobiernos del mundo desarrollado se darán cuenta de la necesidad de intervenir para cerrar la brecha entre los perdedores y los ganadores en la globalización a riesgo de revueltas contra las instituciones que harán pagar caro a los que detentan el poder económico.

En este siglo veintiuno muy probablemente habrá un genuino compromiso social y político con los mercados, con las redes de trabajo, con las asociaciones y comunidades locales, y una renovada intervención del gobierno. Esta es la tarea política prioritaria del gobierno que no puede ser sustituida por cualquier mecanismo de mercado, ya que éste es ciego y, generalmente, incapaz de conciliar su lógica con otras exigencias sociales que son cruciales en las economías modernas (King, 2017).

2.   LOS AJUSTES DEL MERCADO.

En general, todas las formas de organización social, organizacional, económica y política, que se estructuraron entre los años 50s y los 70s, se han transformado. En el ámbito económico, la competencia de los precios se convirtió en el mecanismo convencional para resolver la pugna competitiva entre las organizaciones o empresas globales y las pequeñas o medianas organizaciones.

Debido al recurrente exceso de capacidad y a las políticas de austeridad en el gasto público y los salarios moderados, muchos negocios comenzaron a vender fuera de sus países toda la producción. Este auge atrajo cambios en los procesos y en la alta tecnificación (por ejemplo, componentes electrónicos, transportación aérea, telecomunicaciones). Actualmente muchas organizaciones trabajan mediante contratos de corta duración con flexibilidad de horarios y salarios, tratando así de hacer que el mercado de trabajo funcione como un mercado convencionalmente cómodo.

El mayor desbalance generado por el surgimiento de la inflación de los 60s y los primeros años de los 70s, el shock financiero asociado con el incremento de los precios del petróleo y la emergente competencia entre los bancos por captar créditos y conceder créditos, para ello promovieron la invención de una genuina y sofisticada estructura financiera que produjo transformaciones en los regímenes nacionales e internacionales. Sin embargo, el propósito de las autoridades financieras era todavía unir las previamente fragmentadas instituciones crediticias y organizar un mercado global implementando más competencia.

Esto expresaba la creencia en un gran mercado autorregulado de productos, trabajo y dinero. De acuerdo con este acercamiento del "laissez faire", las empresas del gobierno se privatizaron bajo la premisa de que, por naturaleza, los gerentes privados son mejores que los burócratas gubernamentales. Segundo, los grupos de empresarios vieron el sistema de prosperidad del gobierno como incrementador de la flojera, la ineficiencia y las bajas ganancias.

De acuerdo con este punto de vista conceptual, el principio del salario debe ser desafiado y reemplazado por el objetivo de un seguro privado. Tercero, se argumenta que el Estado debería remover las regulaciones que impiden que las organizaciones o empresas, los trabajadores y los banqueros lleguen a acuerdos beneficiosos para todos. En este punto, cualquier limitación en la formación del precio es vista como un detrimento de la prosperidad de la sociedad. Así, se cometió el peor de los pecados que ahora ponen en riesgo la sobrevivencia de la globalización: las utilidades se concentraron gracias al detrimento de los salarios, convirtiendo a las ciudades industriales en campos de ejércitos de frustrados, resentidos e indignados con las promesas de la globalización, listos para votar por aquel que les ofrezca la promesa de un nuevo amanecer: el populismo.

En ese orden de ideas, con relación al viejo modelo de ordenamiento y planeación económica, el libre mercado hizo crecer muchos desbalances, frustraciones e inequidades que, desde el punto de vista marxista, se ha llamado la "anarquía de los mercados". Después de todo, el mercado puede ser un velo que cubra nuestra ignorancia acerca de la forma en que se establecen los precios, pero también, de la inequidad del proceso. El mercado debería ser usado como una herramienta para la transformación ya que creer en la omnipotencia de los mercados es francamente no entender los procesos actuales de crisis, desigualdad, marginación y pobreza. La justificación para adoptar los mercados se presenta en cuatro categorías.

1) El argumento de la mano invisible otra vez de moda. Esta establece que los mercados son el único mecanismo que propicia la independencia y libertad de las estrategias individuales por satisfacer sus intereses. Este proceso libera el uso eficiente de los recursos existentes y los talentos --ejemplos del óptimo de Pareto-, la satisfacción de un agente no puede ser mejorada si no empeora la de otro. En contraste, mientras más sofisticados son los planes centrales estos dejan de ser eficientes, y se incurre en un costo mayor en información gerencial y en una menor respuesta a las necesidades de la cadena de consumidores.

2) La socialización y el esparcimiento de información es la segunda categoría y el mayor atributo de las economías de

mercado. El punto más importante del mercado es no solamente la organización de las transacciones, la fijación de precios y los ingresos, sino el esparcir los conocimientos y beneficios de los accionistas de las organizaciones al resto de la sociedad --vía suministros y demandas-- y la optimización de la formación de precios. La planeación central no está capacitada para recolectar en forma eficiente la información de las funciones de los consumidores y organizaciones o empresas.

3) La estimulación de los cambios tecnológicos y la innovación es precisamente el tercer factor por el cual en este sistema económico rige una fuerte competencia asociada con la difusión de los mercados, como importante mecanismo co-ordenador.

4) La selección entre organizaciones alternativas e institucionales es otro punto en los mercados. Si el modelo de desarrollo es claro, el rol de los mercados será simplemente de co-ordenador descentralizado.

3.   CONFIGURACIONES DEL MERCADO.

En el nivel de la simple comodidad, el mercado es una institución que coordina estrategias de muchas organizaciones competitivas inicialmente independientes, pero finalmente en interacción, a través de la formación del precio. Además, un libre mercado supone productos bien definidos, en aspectos como calidad y cantidad en transacciones repetitivas, regularmente organizadas y centralizadas o por lo menos compatibles con pequeños ajustes. En las economías existentes cualquier simple mercado se inserta en un complejo conjunto de otros mercados, organizaciones e instituciones.

Contrario con la idea de los mercados de competencia perfecta y pura, caracterizados por Adam Smith, elaborados por Alfred Marshall y generalizados por Leon Walras, la interacción entre un limitado número de comerciantes con desigual riqueza y poder en el mercado puede derivar en estructuras de mercado contrastantes y a la distorsión de los precios.

Tanto las modernas economías industriales, como las micro organizaciones de cambio tecnológico e innovación, exhiben un espectro en la configuración del mercado: competencia, monopolio completo o parcial, cartel o coalición, oligopolio, mercados disputados, mercados perfectamente disputados, competencia pura y perfecta, monopolio completo o parcial, etc. y esta es únicamente una lista parcial de las formas de competencia. Así pues, la noción de economía de mercado como una única configuración es poco relevante y largamente contradictoria por la comparación internacional entre el norte y el sur, el este y el oeste. Así, un sistema económico, donde el mercado tiene un rol importante, debe caracterizarse por una definición cruzada entre varios factores:

1) La lista de instituciones, organismos, legislaciones y asociaciones que organizan el funcionamiento de varios mercados con descripciones detalladas de su responsabilidad, objetos, herramientas, o incentivos (directores).
2) La serie de mercancías, proveedores y de demandantes, regulados por instituciones de mercados, en posible interacción con mecanismos de coordinación alternativos (Agentes).
3) La caracterización de las formas de competencia; de acuerdo con el número de comerciantes, la distribución de los dominios, del poder de mercado, de posibles mecanismos de coordinación, y con objeto, por ejemplo, de resolver problemas de sobrecapacidad o para responder a sorpresivos y/o estructurales cambios.

El punto para los científicos sociales debería ser entonces fijar la variabilidad -y no tanto la eficiencia- de cada compleja jerarquización de los principios constitucionales, institucionales, esquemas de incentivos y organismos, ya que el mercado es incapaz de comerciar eficientemente con bienes colectivos como educación, salud, vivienda popular, parques y jardines, museos y el medio ambiente, por mencionar solamente algunos. Todo mundo desea que los bienes colectivos estén disponibles, pero nadie pagaría en lo individual para que existieran. Consecuentemente, los mecanismos de mercado deben ser reemplazados por otros co-ordenadores como, por ejemplo: regulaciones, requerimientos, organizaciones civiles, delegaciones proveedoras del servicio. Consecuentemente, el mercado fracasa con relación a su inhabilidad para distribuir bienes públicos llevando al Estado u organizaciones privadas a su intervención, la cual sin embargo se enfrenta a muchas otras clases de fracasos (Polanyi, 2001, Frieden, 2006, Piketty, 2016, Rodrick, 2011., King, 2017).

4.   MERCADOS, INNOVACIÓN Y EFICIENCIA.

La obra de Ricardo Smith, La Riqueza de las Naciones, libera una paradoja: la estabilidad del orden monetario induce la difusión de los mercados en torno a permitir la división del trabajo y rendimientos crecientes a escala. Pero la teoría del equilibrio general rompe esta teoría: si los rendimientos a escala son superiores a uno, entonces el equilibrio no podrá ser sostenido por una economía de competencia pura (Debreu, 1972). Esto nos demuestra que, ante el avance de los rendimientos a escala, o externalidades positivas, el crecimiento de cualquier economía nacional se agota a sí misma.

Las configuraciones económicas deficientes --implican conceptos concernientes a la lealtad y justicia social-- pueden y deben ser aceptadas; no obstante, algunos teóricos argumentan que la justicia y la jurisprudencia al aspirar a incrementar el superávit o el bienestar de la economía (Posner, 1983) a través de las instituciones dedicadas a la implementación de la justicia, encadenan la eficiencia.

Análisis históricos sugieren que las fallas del mercado se deben precisamente a la impotencia de los mecanismos para contender con el concepto de justicia social. Por ejemplo, durante las primeras jornadas de la Revolución Industrial, la eliminación de las desigualdades fue la responsable de flujos políticos y sociales, que terminaron por dañar la eficiencia económica.

Cuando la globalización crea un mercado mucho más abierto y unificado para muchos servicios y productos, y un país se conecta con el sistema, el resultado es que quienes tienen la habilidad o el talento de vender sus productos o servicios en dicho mercado global unificado, pueden obtener altos beneficios económicos, porque pueden vender a una plaza cuyo tamaño es el mundo entero (D. Sachs, 2020).

A medida que la globalización remplaza al sistema de la Guerra Fría, en los países industrializados la brecha entre los ingresos de ricos y pobres se amplía notablemente, después de varias décadas de permanecer relativamente estable, aunque la pobreza en términos absolutos puede disminuir.

Ocurren masivos desplazamientos demográficos de áreas rurales a áreas urbanas, rápidos cambios tecnológicos que progresivamente recompensan más a los trabajadores capacitados sobre los que no lo son. Quienes hoy obtienen utilidades en la producción de un bien o servicio en cualquier campo, su beneficio es mayor porque pueden vender en este enorme mercado global, mientras que los que son menos talentosos o no están capacitados en absoluto, se ven limitados a vender en el mercado local y, por lo tanto, ganan menos, mucho menos que aquellos.

Al reducirse considerablemente los costos de los viajes, al desregularse los mercados y al diseminarse libremente y a bajo costo la información a través de las fronteras se está creando un único mercado global unificado de muchas industrias y profesiones. Además, se contribuye también a un mercado abierto de subasta global. Si sumamos todos estos factores tendremos una situación en la que cualquier producto o servicio, cualquier cantante o compositor, cualquier actor o autor, médico o abogado, atleta o académico, puede desplazarse de una punta a otra del planeta.

Mientras que a los ejércitos electrónicos (los buscadores de oportunidades de inversión en cualquier lugar del planeta a través de medios digitales) les puede ir de maravilla en este mercado global, a los que poseen sólo una capacidad marginalmente inferior les irá menos bien, y a los que carecen de esa habilidad les irá mal.

Cuando más mercados diferentes se globalizan y se convierten en espacios donde el ganador se queda con todo, más se expande la desigualdad entre los países e, inclusive, dentro del mismo país. Gracias a la democratización de las finanzas, al colapso del comunismo y al fin de muchas barreras a los viajes y al comercio, se creó una enorme plaza mercantil para toda clase de productos de consumo. Las empresas que desean vender en esta plaza están muy dispuestas a asociar sus productos a un símbolo global capaz de ser vendido a través de muchas fronteras y husos horarios, a la vez.

Pero la diferencia, cada vez mayor, entre ganadores y perdedores en la economía global, reflejada, por ejemplo, en los salarios de los deportistas, tiene repercusiones sociales. Cada vez más, ricos y pobres viven existencias separadas, envían a sus hijos a colegios diferentes, compran en tiendas diferentes y van a acontecimientos deportivos diferentes o, lo que es peor, no van. Sabemos que durante gran parte de la historia de los países industrializados una economía así fue lo normal y corriente y que el surgimiento de una gran clase media fue, en realidad, un fenómeno de mediados del siglo XX. Pero no porque así sucedió tenemos que repetir el esquema, si éste puede ser cambiado.

En países donde la clase media tiende a ser mucho más pequeña y donde las leyes antimonopolios y otras de equiparación de salarios son menos rigurosas, las diferencias cada vez más pronunciadas de salarios contribuyen a alimentar la reacción negativa, o de plano se genera el rechazo absoluto, hacia la globalización. A la larga, si estas diferencias salariales siguen ampliándose, podrían terminar siendo el talón de Aquiles de la globalización y no por culpa de esta sino del sistema económico de libre mercado. En un mundo cada vez más estrechamente vinculado por la tecnología, los mercados y las comunicaciones, y cada vez más diferenciado en lo social y en lo económico, al parecer hay algo inherentemente inestable en el sistema. Siempre los mejor preparados serán los ganadores y aquellos con poca preparación, serán los grandes perdedores.

El informe de desarrollo humano para el año 2021 de la ONU observa que gracias a la globalización, los investigadores de mercado actualmente tratan de vender sus productos a "la elite global", "la clase media global" y "los adolescentes globales", porque no importa dónde vivan, ahora siguen algunos de los mismos patrones básicos de consumo, demostrando preferencia por las mismas "marcas globales de música, videos y camisetas". ¿Cuáles son las consecuencias? Primero, se ha abierto una cantidad de opciones de consumo a muchos consumidores, pero muchos no pueden acceder a ellos debido a la falta de ingresos; segundo, las presiones para una manera competitiva de gastar aumentan y se desea tener tanto o más que el vecino (el mismo nivel de consumo significaba antes igualdad), tratando de imitar el estilo de vida de los ricos y famosos, representados en las películas y la televisión. Y aunque el informe admite que el desarrollo humano mejora, lo hace a un ritmo más lento en los países con grandes desigualdades.

En los viejos sistemas económicos, como en Europa del este, donde tanto el comunismo como el socialismo han fracasado, se adopta como sistema el libre mercado, en virtud de no tener otra opción; en este sistema sobreviven los más competitivos y requieren de un gobierno de unidad nacional. La idea del surgimiento del libre mercado sin la intervención de los burgueses, donde el gobierno fuese el que planificara, financiara y distribuyera la riqueza, no funcionó, concluyéndose que el sistema más efectivo para generar un mejor nivel de vida y distribuir los ingresos en forma eficiente y equitativa, es la economía de libre mercado. Los dramáticos incrementos de los niveles de bienestar de Hungría, Polonia, los países Bálticos y otros de Europa del este confirman que el libre mercado y las regulaciones gubernamentales pueden hacer la diferencia. Cuando un país así lo reconoce y decide adoptar y respetar, se dice que se ha puesto el "ropaje global", que es el atuendo político- económico definitorio del neoliberalismo. Al hacerlo, deberá observar las siguientes reglas:

a) Impulsar el sector privado, para que constituya el principal elemento de su crecimiento.
b) Mantener una tasa baja de inflación y estabilidad de precios.
c) Ajustarse a su presupuesto.
d) Abrir sus industrias a la inversión extranjera directa.
e) Abrir su sistema de bancos y telecomunicaciones a la propiedad privada y a la competencia.
f) Eliminar la corrupción gubernamental, sobornos y subsidios.
g) Permitir a sus ciudadanos elegir entre diversas opciones jubilatorias.
h) Impulsar el uso eficiente de los recursos.

Sin embargo, la adopción del sistema tiene sus costos de oportunidad y sus beneficios, ya que modifica en algunos grupos su nivel de vida y crecimiento; aunque lo más importante es que genera muchos beneficios, si se lo sabe usar y hay un buen acoplamiento al mismo.

No todos los países adoptan el "ropaje global", en forma total; algunos lo adoptan a medias, eliminando algunos elementos y aquellas reglas que consideran restrictivas. El gobierno es el que establece las regulaciones para quitarle un poco lo "salvaje".

5.   EL CAPITALISMO SALVAJE.

A finales del Siglo XX nace una clase nueva de economía de libre mercado alrededor del planeta y sus consecuencias económicas y sociales podrían estar generando una serie de resultados negativos. Se advierte que el libre mercado ha ido creciendo hasta convertirse en un tobogán. Los índices migración, desigualdad y de pobreza están aumentando y continuarán haciéndolo en las regiones más pobres del planeta. Igual ocurre con los índices de criminalidad y de desempleo, especialmente en los países en vías de desarrollo, que carecen de los sistemas políticos y legales con que cuentan los Estados desarrollados. A esta economía descontrolada, con un libre mercado sin controles institucionales, con consecuencias extremadamente negativas para los países que no pueden oponérsele, le llamaremos "capitalismo salvaje".

A diferencia de la economía de libre mercado --controlada y considerada benigna-- que imperó desde la década 40´s hasta la de los 90´s, este nuevo capitalismo está generando un trastorno social tremendo, al permitir que la brecha de desigualdad en la distribución de los ingresos entre las diversas clases sociales se ensanche.

Más allá del creciente interés que despierta el discurso sobre la globalización, hay ejemplos de los efectos dañinos del capitalismo inherente a la misma. Ahí está el desempleo masivo involuntario de la década anterior en empresas como la Boeing, General Motors, Chrysler, American Airlines, City Corp, etc., mientras los sueldos de los altos ejecutivos se incrementaban de manera desorbitada. Hoy se paga el precio de la ineficiencia y son las compañías norteamericanas, precisamente, con sus problemas económicos las que hoy trastocan las bases de las economías nacionales donde se asientan las grandes empresas ensambladoras.

Es pueril el argumento de que con tecnología avanzada se logrará el rescate de miles de trabajos nuevos para el personal, tanto obrero como el de cuello blanco. Estas esperanzas se han llamado "El espejismo de Microsoft". El capitalismo salvaje despierta preguntas importantes para líderes de empresas y negocios. Este pensamiento es una crítica rigurosa de un sistema que nace y evoluciona, pero que a la vez puede contener desplomes de la misma magnitud en la medida de sus excesos, el año 2009 fue testigo de la caída más abrupta y brutal del capitalismo salvaje, cundo los bonos "chatarra" que respaldaban las deudas hipotecarias empezaron a caer, y se terminó la burbuja de la especulación financiera que involucró a la mayoría de los países del mundo.

Sabemos de sobra de las apelaciones fundamentales del mercado, la innovación, el entusiasmo, el cambio constante y de la recomendación de la libertad económica para incrementar a la innovación. El dios del mercado que celebra las glorias del capitalismo salvaje toma las bases de Adam Smith, quien llenó su trabajo con excepciones, exclusiones y reservaciones a la regla que del libre mercado que lleva hasta el máximo el bienestar común. En cuanto al mercado específico del comercio libre entre países- una religión verdadera predicada por la flor y nata de las instituciones financieras americanas y británicas, hay un riesgo de sus restricciones en la situación actual, primero con Trump, después con Biden, y el Brexit en el segundo caso. Hay un resultado del capitalismo salvaje que no se puede ocultar en cualquier otra cosa; la gran inestabilidad de empresas y trabajo es mucho más que el flujo de la economía, igual que en otros tiempos de gran prosperidad, tal inestabilidad es causada por el acelerado cambio estructural de la desregulación, dejando por otro lado cambios tecnológicos y la promoción de la reglamentación. Cada día de la semana, en la práctica del capitalismo salvaje, empresas grandes y pequeñas se unen a economías de equilibrio y supuesta eficiencia y eliminan la duplicación de empleados de la oficina principal y hacen múltiples recortes en sus plantas foráneas.

El capitalismo salvaje ha estado barriendo el mundo desde la década de los 80´s, lo que ha resultado en grandes y espectaculares incrementos en la productividad por la revolución que ha causado el uso de la computadora y las tecnologías de la información que permiten la automatización de los procesos de producción, y ha propiciado el incremento de la acumulación de capital en pocas manos surgiendo las personas super ricas. ¿Pero ha sido una cosa buena para la sociedad en total?, esta es la pregunta debatida y que compromete a este capitalismo salvaje. La respuesta es no necesariamente. Si esas ganancias espectaculares no se invierten en la economía real, la burbuja especulativa tarde o temprano se reventará, y eso es lo que está aconteciendo en nuestros días.

El resultado es que no solamente los grandes especuladores perderán su riqueza, sino que el efecto dominó en los países globalizados sufrirán los embates de la crisis. Eso lo veremos en el año 2022, cuando termine el actual ciclo de crecimiento, y está demasiado cerca como para tener tiempo para evitar el efecto dominó ((Polanyi, 2001, Frieden, 2006, Piketty, 2016., King, 2017).

En esta crisis financiera y económica que se aproxima quedan expuestos de manera incisiva y polémica los efectos escondidos del mercado libre actual, la empresa privada es liberada de la regulación del gobierno, de los sindicatos efectivos, que concierne a empleados o comunidades, y de las restricciones de impuestos o inversión. Los ganadores en esta libertad se convierten en más ricos, mientras los perdedores se hacen más pobres (D. Sachs, 2020, Lechner, 2021)

Dirigido por los Estados Unidos, seguido de cerca por Japón, Alemania y Gran Bretaña, el capitalismo salvaje se esparce rápidamente a través de Europa, Asia, y el resto del mundo. Es un sistema legal poderoso y las órdenes rigurosas de un calvinismo americano y las causas que generan injusticias, el descontento y la ansiedad que pueden resultar como consecuencia de ello. Pero también, de la misma manera, cuando explote la crisis norteamericana se expandirá en esos países.

La gran equivocación fue tomar al libre comercio como el destino final, sin desviaciones ni cauces de salida. Pero, aunque es claro que los cambios pueden ocurrir rápidamente, será difícil para directores y empleados prepararse para su adaptación a un mundo en crisis. No existe un aumento rápido en la instrucción a trabajadores de conocimiento; el cambio lleva generaciones. Si se permite que el capitalismo salvaje se inserte en sociedades que no están capacitadas para anticiparse a los cambios, existirá una pequeña elite de ganadores, una masa de perdedores variará de la clase media a la pobreza y los pobres serán más pobres en términos relativos. Dejar que se desintegren sociedades en una crisis donde la flor y nata de pequeños ganadores navega en el barco de la abundancia mientras que una gran masa de perdedores cae al abismo de la pobreza, es algo a lo que debemos rebelarnos.

Una forma de protegernos es a través de las alianzas estratégicas entre países con nuevas agrupaciones regionales y nuevas perspectivas para promover las políticas al interior de los países como lo hacen ya los países del medio y lejano oriente. Amin y Thrift describieron hace mucho tiempo los beneficios de alianzas y los clústeres y la forma como estos procesos se mueven para materializar los sistemas complejos de integración económica regional. Otra forma de protección es el método chino, la diferenciación de zonas de libre comercio y otra bajo el estricto control estatal; además de la prohibición de inversión especulativa.

Pero resistirse al cambio pensando en sus eficiencias distributivas en una economía competitiva de primer mundo puede resultar sólo en un improvisado progreso para una nación en su globalidad, pero con desigualdades en su conformación donde tristemente se menguan las perspectivas para los jóvenes quienes son el dilema y la oportunidad de nuestros tiempos, pues no están encontrando empleo y les será difícil encontrarlo en el futuro.

En el capitalismo salvaje, se advierte que el control del mercado ha ido mejorando, pero no existe una intervención coherente, unida, armoniosa y lista por parte de los gobiernos para establecer políticas sociales que satisfagan las necesidades de las mayorías que no pueden acceder a ese mercado laboral o no reciben sus beneficios como para tener un estándar mínimo de bienestar. Así, tendremos los grandes barrios de pobres conviviendo al lado de lujosas áreas habitacionales de los grandes distritos industriales del mundo. El control falla en la inversión especulativa y en el flujo de capitales donde a lo más, hay un enlace entre los bancos centrales, pero ellos sólo controlan la norma monetaria, así que tenemos una contradicción aquí: tenemos un sistema financiero y una economía sin mecanismos de control, por lo tanto, un choque de trenes es algo que se dará tarde o temprano…al tiempo.

Sin embargo, también en todo el mundo se levanta la voz contra esta tendencia y los defensores del Estado de bienestar luchan en una guerra perdida contra el neoliberalismo, aun cuando algunos de los argumentos de los neoliberales son falsos. El resultado último es el recorte de los gastos del Estado en desarrollo social, descenso de los salarios y prestaciones sociales: el programa neoliberal es esencialmente el mismo desde España hasta Italia y en toda América Latina.

En un movimiento global de pinza, el capitalismo salvaje desquicia Estados enteros y su actual ordenamiento social. La amenaza de buscar mejores lugares les abre las puertas a los subsidios a las empresas, esos subsidios que se le han negado a los trabajadores van al eslabón más fuerte de la cadena en lugar de apoyar al eslabón más débil. La lucha para ofrecer a las grandes empresas subsidios para que se establezcan en los países cada día es mayor pensando que la retribución vía generación de empleos es mayor a los subsidios. Un ejemplo es el de Kia Motors que busco una locación en América latina y se la pelearon 5 países, finalmente eligió a México donde los subsidios alcanzaron más de 5 mil millones de dólares (donación de tierra, construcción de infraestructura vial, encausamiento de agua potable, subsidio para la construcción de la planta, capacitación a los futuros trabajadores y eliminación de impuestos por diez años).

Las palabras de los portaestandartes del capitalismo salvaje hacen creer que todo esto es un proceso natural, resultado de un incesante progreso técnico y económico. La realidad es que es, además de ilógico, absurdo, dado que es un proceso diseñado y aplicado por el hombre, con políticos que han aprobado las leyes de la desregulación y han creado ese estado de cosas que ya no pueden controlar. Una vez establecida la tendencia la bola de nieve va cuesta abajo incrementando su tamaño hasta hacerse imparable.

Hemos pasado del sueño marxista de la dictadura del proletariado a la realidad de la dictadura del libre mercado mundial. En el proceso de instauración del nuevo dios se destruyen los fundamentos del mercado institucionalizado: un

Estado capaz de funcionar estableciendo controles que eviten los daños a las mayorías y una estabilidad democrática que evite la corrupción y los favores las grandes empresas internacionales. Esta orientación ha divido a los países en unos pocos ganadores y una mayoría de perdedores. Ese es el proceso que elimina las clases sociales medias para sólo dejar dos bandos: ganadores y perdedores del proceso global y una gran desigualdad.

El libre mercado, como se nos recuerda con frecuencia, es el sistema económico de mayor éxito que se haya creado jamás. "La economía de libre mercado ha venido a dominar las economías del mundo puesto que ningún otro sistema ha podido generar crecimiento económico a largo plazo en los doscientos años transcurridos desde comienzos de la revolución industrial", dice Thurow. Esto no lo discutimos. Sin embargo, la economía de libre mercado es, o debería ser, sinónimo de democracia económica, puesto que la libertad de empresa, cuando funciona bien, ofrece a todos oportunidades económicas. La virtud espiritual de la justicia, la estructura espiritual de la democracia y el flujo espiritual de la abundancia son los ingredientes fundamentales del condimento secreto de la empresa libre dentro de un marco de regulación (Eyal, 2021).

La crítica se enfoca a los que atacan la globalización ya que les encanta "hablar de comercio libre para referirse a todo este proceso, pero lo que realmente quieren decir es libertad para las empresas globales y supresión de las libertades de las comunidades o naciones para regular o, si no, mantener unos valores fundamentales, como el medio ambiente, la salud, la cultura, los puestos de trabajo, la soberanía nacional y la democracia" (Mander, Cavanagh et al, 2003, p37).

Existen al menos tres razones importantes por las cuales el capitalismo salvaje con su enfoque va a sufrir un cambio definitivo: Primero, la creciente espiritualidad crítica y el también creciente involucramiento de los individuos y de las ONGs en los problemas comunitarios, habiendo llegado a constituirse en una masa crítica, que se está convirtiendo en corporativa; segundo, la crisis del neoliberalismo exige una nueva ideología. Estas dos tendencias, el poder del espíritu crítico y el surgimiento del capitalismo humanista o consciente, están convergiendo para transformar la libre empresa, pero podrían no triunfar sin un factor adicional; tercero, el cambio dramático en la demografía de las empresas.

Con estos tres factores entrelazados, en Europa, África, Estados Unidos, Canadá y prácticamente en toda América Latina, gana impulso la búsqueda de una economía de libre mercado más humana con empresas con responsabilidad social, esto es, que contenga valores que propicien el desarrollo de los individuos y de las sociedades, que tome en cuenta a los marginados, con fuertes bases de integridad, honradez y administración austera, lo mismo que con las más altas normas sociales y ambientales. Las acciones de ONGs están despertando la conciencia, renovando la esperanza y disponiendo el escenario para que la libre empresa pueda evolucionar a una nueva etapa. Para todos los involucrados en este movimiento los resultados están a la vista, se está dando a luz una nueva y más sabia versión de la economía de libre mercado, que intenta reconciliar las utilidades con los valores más apreciados socialmente, y ya se ven señales de progreso en todos los ámbitos derivados de una cruzada popular, descentralizada, de ancha base, para curar los excesos del sistema de capitalismo salvaje con valores humanos trascendentales (Lechner, 2021).

La percepción creciente es que el desarrollo económico del mundo en el futuro puede estancarse o puede incrementarse con el concurso de empresas multinacionales que impulsen la innovación y la competitividad en países como China, Brasil, India, Rusia, México y Sudáfrica. Cualquiera de estos dos escenarios es posible, sin embargo, cuál de ellos ocurrirá será "determinado primariamente por un factor: la voluntad de las grandes multinacionales de entrar e invertir en los mercados más pobres del mundo" (Prahalad y Hammond, 2003, P3)

Con respecto a la aparición de la organización socialmente responsable, para algunos ésta representa "la adopción de una nueva perspectiva de política corporativa y una nueva forma de pensar acerca de la ética en los negocios... la empresa como una entidad orgánica intrincadamente coherente afecta y se ve afectada por su entorno, siendo apropiadamente adaptativa a las demandas de conducta responsable como del servicio económico" (Goodpaster y Matthews, 2003, P146). La responsabilidad que se les asigna ahora a las empresas es tal que "en el Japón de nuestros días, muy pocos políticos, son capaces de resolver problemas globales. El manto de liderazgo ha recaído en los hombros de las empresas" (Kaku, 2003, 117).

En la mayoría de los países el enfoque de la gestión empresarial supone un nuevo modelo de gobierno de las externalidades empresariales en lo económico, social y medioambiental, como respuesta a la creciente atención pública y a las demandas por parte de la sociedad civil respecto al impacto de la actividad empresarial sobre la sociedad y el medio ambiente. Este enfoque canaliza las demandas sociales de nuevas prácticas empresariales articulándolas a través de mercados de producto (consumo responsable) o de capitales (inversión socialmente responsable) (Benbeniste y otros, 2004, p4) en lugar de intermediarias a través del Estado.

Estas preguntas se han ido aclarando conforme ha ido avanzando el Pacto Mundial. Cuando aún estaba dando sus primeros pasos, las duras protestas en contra de la cumbre de la Organización Mundial del Comercio en Seattle volvieron a poner sobre la mesa el tema de los desequilibrios de la globalización y su relación con el mundo empresarial. El episodio de Seattle justificó aún más el nuevo vínculo entre Naciones Unidas y la Responsabilidad Social Empresarial. Las empresas no sólo debían comportarse de manera ciudadana sino vincularse con una ciudadanía global (Sorrells,2021).

Seattle también inspiró la decisión de incorporar a las ONGs y a los sindicatos en el Pacto Mundial. En el año 2000, la agenda propuesta por la Declaración del Milenio, a través de los Objetivos de Desarrollo, constituyó una nueva oportunidad de ligar el trabajo realizado con las empresas a la agenda de desarrollo global. La inclusión de una visión integral del desarrollo, así como de tal variedad de actores a nivel mundial le imprimió muy rápido un carácter único al Pacto.

Es previsible que las personas de los diferentes países tomen decisiones distintas. El interés internacional ha de reducirse a garantizar que tales decisiones se tomen democráticamente, que las relaciones económicas entre los países sean justas y equilibradas, y que cada economía nacional esté segura frente a las intervenciones predadoras de naciones y empresas extranjeras (Mander, Cavanagh et al, 2003, p23).

Las empresas globales tienen muchas menos oportunidades si las poblaciones locales o los países pueden satisfacer sus necesidades interna o regionalmente que si la actividad económica se diseña para poderla desarrollar a través de los océanos, exportarla, importarla, o recomponerla de nuevo para exportarla otra vez, con miles de barcos que se utilizan todas las noches. Así se "construye el crecimiento económico mundial, y se abren oportunidades para las actividades corporativas globales. Pero ¡ay!, también así se destruye más deprisa el medio ambiente, y hace que los países dependan de unas fuerzas externas que no pueden controlar" (Mander, Cavanagh et al, 2003, 41-42; Polanyi, 2001, Frieden, 2006, Piketty, 2016, King, 2017)). El Acuerdo de París de 2015 significó un gran avance -en teoría- aunque en la práctica poco se ha hecho para detener las emisiones de CO_2.

Pero a ese mar se le enfrenta el dique que los populistas quieren construir. Cerrar las fronteras a las exportaciones para que sean los estados los que produzcan los bienes y servicios para su sociedad, ésta es la visión más miope e ignorante que hemos visto en el siglo XXI.

Sin embargo, como se apresuraron a señalar los economistas, el exportador no es quien paga los aranceles. Con algunas reservas menores, en esencia, son los compradores quienes los pagan, es decir, un arancel impuesto a los productos mexicanos sería un impuesto a los consumidores estadounidenses.

No obstante, ese no era el único problema. Estados

Unidos forma parte de un sistema de acuerdos —un sistema que construimos la comunidad internacional— que establece reglas para las políticas comerciales y una de las reglas clave es que los aranceles que se había acordado disminuir en las negociaciones previas no se pueden elevar unilateralmente.

Si a Estados Unidos se le ocurriera romper esta regla, las consecuencias serían graves. El riesgo no tendría tanto que ver con las represalias, aunque también está eso, sino con la imitación: si despreciamos las reglas, los demás harán lo mismo. El sistema de comercio en su totalidad podría comenzar a desbaratarse, con efectos tremendamente perturbadores en todos lados, incluyendo, en gran medida, la manufactura estadounidense.

¿De verdad la Casa Blanca planea tomar ese camino? Al concentrarse en las importaciones de México y China, se dio esa impresión; sin embargo, también se dijo que estaba hablando sobre "una reforma fiscal integral cuya finalidad era cobrar impuestos a las importaciones de países con los que tenemos un déficit comercial". Esta pareció ser una referencia a un ajuste propuesto a los impuestos corporativos, que incluiría "impuestos fronterizos ajustables".

El cambio propuesto a los impuestos corporativos, aunque en cierto sentido difiere del impuesto al valor agregado, tendría, de igual modo, un efecto neutral en el comercio.

Pero ¿no se supone que el gobierno estadounidense entendería bien las cosas antes de lanzar lo que suena como una declaración de guerra comercial?

En resumen: para Krugman, la Casa Blanca dio lugar a una crisis diplomática al intentar proteger al presidente de hacer el ridículo en cuanto a su fanfarronería, hecha tan a la ligera. En el proceso, demostró que nadie con autoridad sabe de economía básica. Después trató de recular en casi todo lo que dijo.

Todo esto debería interpretarse en el más amplio contexto de la credibilidad en picada de Estados Unidos.

Podemos concluir que el comportamiento de los principales indicadores económicos y sociales permite afirmar que el capitalismo salvaje en el mundo lejos se encuentra de propiciar que se retome la senda del crecimiento, llevamos 10 años esperando el tan ansiado repunte, a pesar de que se ha venido afirmando que ya será el siguiente año, y con lo que se busca minimizar los alcances de la crisis y la severidad de sus impactos a escala planetaria. Aunque se está en presencia de un hecho que se encuentra en pleno proceso de despliegue y cuyo desenvolvimiento específico puede presentar variados recorridos, hasta el momento no hay nada que indique que estamos saliendo de la crisis. Si ese fuera el caso, la mayoría de las estimaciones indican que se asistirá a un largo período depresivo, o a una muy lenta recuperación que, en el mejor de los casos, permitirá alcanzar, en algunos años más, los niveles de producción anteriores a la crisis ((Polanyi, 2001, Frieden, 2006, Piketty, 2016, Rodrick, 2011., King, 2017).

En materia social, la situación es dramática y demuestra que los principales afectados son los trabajadores y sectores sociales empobrecidos, pues se sostiene la tendencia al aumento del desempleo y subempleo, al deterioro del ingreso y, en general, a la precarización del trabajo y una pauperización creciente que deteriora la calidad de vida de millones de personas de menores ingresos. Los olvidados del sistema ahora llamados "los indignados" están encontrando en candidatos populistas de izquierda y de derecha, una salida a sus frustraciones y lo ven como una esperanza.

La crisis iniciada en 2008-09 reafirma los fundamentos de una reproducción del capitalismo salvaje a nivel mundial, basada en la explotación del trabajo, y muestra —en forma descarnada y violenta— sus límites para ofrecer respuesta a las demandas económicas, políticas, sociales, ambientales y culturales del ser humano; así mismo, desvela su gigantesca capacidad destructora de riqueza material e inmaterial. Dados su carácter y sus alcances geográficos y sectoriales, la actual crisis pone en evidencia que no se trata de una simple disfuncionalidad transitoria —sectorial o geográfica — de los mecanismos de reproducción del sistema y liquida el dogma sobre el fin de la historia que se había pretendido imponer durante las últimas dos décadas.

Como ya lo dijimos, estamos en presencia de una crisis del capitalismo salvaje con desarrollos desiguales y diferenciados, de distinta intensidad sectorial, geográfica y social. Más allá de matices, no hay país del mundo que haya escapado a ellos. Los países asiáticos pueden ser la excepción en esos matices. En aquellos países, en los que el proyecto del capitalismo salvaje logró implantarse con mayor intensidad, apuntalándose además con un correspondiente marco jurídico-institucional de tipo neoliberal, los efectos de la crisis se han sentido antes y con mayor severidad, sobre todo, en el empleo. Tal es el caso de Indonesia, Brasil, Malasia, México, Chile y Colombia.

La crisis ha producido por lo pronto una profunda reorganización del capital, acentuado los procesos de concentración y centralización del capital. Las políticas hasta ahora implementadas apenas alcanzan a suavizar y a diferir impactos más severos de la crisis. La crisis del capitalismo salvaje despliega objetivamente nuevas condiciones para el análisis crítico que contribuya al cambio, lo cual se torna crucial para pensar e impulsar alternativas. En la medida en que la crisis de la pandemia interpela al capitalismo salvaje y hace evidentes sus límites, se despliegan nuevas posibilidades de instalar propuestas político-económicas que controlen los excesos y se desarrollen políticas públicas para paliar sus efectos (Baylis, 2021).

El proceso de la salida de la crisis ha pasado por aceptar que los desequilibrios generados por las políticas del capitalismo salvaje abrieron camino para un gigantesco sistema financiero sostenido por la deuda pública, generada por el déficit fiscal permanente de los países involucrados. Este sistema no puede mantenerse sin la transferencia colosal de recursos del sector productivo a un mundo económico financiero artificial sostenido por el Estado. La crisis del 2008-09 puso de manifiesto la necesidad del capitalismo contemporáneo de garantizar con miles de millones de dólares estatales su funcionamiento. Aún no está claro cuánto tiempo aún la sociedad está dispuesta a sostener esta política estatal, ocultada por el capitalismo salvaje, hasta que tuvieron que explicitarla claramente cuando esos desequilibrios alcanzaron niveles intolerables para el modelo institucional existente. Obama transfirió 700 mil millones de dólares a las instituciones financieras norteamericanas para evitar el colapso del sistema financiero internacional, de esa magnitud fue la crisis. A partir de la lección que deja la crisis, la intervención estatal y la regulación que faltaron en el reino neoliberal será sustituida por unas nuevas intervenciones y regulaciones al servicio del equilibrio anti- cíclico.

En esta fase de transición se abrirán las puertas para experimentos políticos cada vez más creativos, hasta que se inicie una nueva fase negativa de los ciclos largos, que llevará el capitalismo mundial y su dominio a una crisis de larga duración de gravedad colosal. Esperemos que esta vez, los saltos para soluciones económicas y sociales superiores, post-capitalistas, sean suficientemente fuertes para inaugurar un nuevo sistema mundial, asentado en una civilización planetaria, plural, igualitaria y democrática, que detenga los efectos brutales de largo plazo que unificará la crisis estructural del capitalismo a una nueva coyuntura depresiva de largo plazo.

Podemos esperar que los próximos 10 años serán de avance social y económico, con mayor o menor avance político, dependiendo de la conciencia de las fuerzas sociales emergentes y de la capacidad de sus liderazgos políticos de expresar y sintetizar sus necesidades y aspiraciones.

• 4 MERCADOS Y ESTADOS

1. INTRODUCCIÓN.

Hemos dicho que el estado moderno es un fenómeno relativamente reciente, y la "soberanía" en su forma moderna es un reclamo político altamente distintivo al exclusivo control de un territorio definitivo con los acuerdos entre Estados para resguardar la soberanía, considerado como factor importante para establecer el poder del Estado sobre la sociedad.

La nota más característica de las relaciones de poder, en la Europa de la Edad Moderna, la constituye la disolución de la unidad del imperio medieval en una multiplicidad de Estados independientes, nacionales y territoriales.

Es con el Renacimiento cuando empieza a desarrollarse el pensar empírico, también en lo político.

El moderno Estado soberano nace pues, de la lucha de los príncipes territoriales para la consecución del poder absoluto dentro de su territorio, contra el emperador y la Iglesia, en lo exterior, y con los poderes feudales organizados en estamentos, en lo interior. La cuestión de las relaciones entre el poder espiritual y el temporal pasa a un segundo plano, y el problema que se plantea entonces y que viene siendo, hasta hoy, el fundamental, tiene carácter político inmanente, y es el de la disputa por el poder entre el soberano y el pueblo.

El análisis del papel del Estado se basa en un juicio de valor, al que se llega a través del consenso de que la sociedad pretende hacer el mejor uso posible de sus recursos dirigiéndose hacia la eficacia relativa de los diferentes arreglos institucionales económicos, políticos y sociales.

Es Montesquieu quien, por primera vez, realiza, al menos de un modo programático, el intento de explicar el estado y la actividad política por la totalidad de las circunstancias concretas, naturales y sociales. La doctrina de Hobbes según la cual el fin del Estado constituía la ley suprema de éste, así como la concepción kantiana del contrato político como piedra de toque para determinar la juridicidad de todas las instituciones del Estado, tenían que dar lugar a una crítica racional de los poderes políticos existentes.

Sintiéndose en dificultades en el ámbito interno y viendo hacia afuera un horizonte "ilimitado", el Estado se dirige a una sociedad amplia que se muestra pronta a recibirlo: para cualquier Estado el resto del mundo, que durante un buen tiempo representó su límite (lo contenía o lo comprimía), hoy se ha vuelto simplemente "un espacio más grande", en el que podrá reencontrar su libertad de acción. Este mecanismo parece ser más verdadero para las empresas globales que para las autoridades estatales.

El Estado Liberal alcanza su esplendor durante el siglo XIX, John Locke, el Barón de Montesquieu, Juan Jacobo Rousseau, Emmanuel-Joseph Sieyes, Thomas Paine (1737-1809), Adam Smith y Edmundo Burke, fueron sus ideólogos. Surge de la idea de que el monarca debe apoyarse en el consenso de sus vasallos para gobernar, contribuyendo a extender los procedimientos de elección y representación. Igualmente colabora en la aparición del Estado Liberal la rivalidad entre el rey y los nobles, que todos los días pedían la existencia de contrapesos al soberano, para disminuir o eliminar los abusos cometidos contra las libertades individuales.

A. La incrustación Mutua de las Esferas Económicas y Políticas.

En contraste con la postura ortodoxa que afirma la coexistencia, en la sociedad liberal, de dos esferas funcionales y normativamente distintas y autocontenidas, la crítica desenvuelta en la previa sección conduce a la conclusión de que las "esferas" deben verse sólo como componentes integrales e interdependientes de un conjunto más grande. La "economía" --específicamente la división social del trabajo, la composición del producto social y su reparto entre los varios actores económicos--no es en cualquier sociedad avanzada la consecuencia de ninguna "cooperación espontánea" sino una creación generada de fuerzas netamente políticas. Más allá de quizá estaño por pescado, sal por papas o lana por plátanos u otros productos naturales, lo que se intercambian en los mercados depende inherentemente de las respuestas a tres cuestiones: ¿Cuál es la estructura de los derechos de la propiedad? ¿Cuál es la estructura de los impuestos para pagar los gastos imprescindibles aun para el gobierno mínimo que se límite al mantenimiento de esta estructura de propiedad? ¿Cuáles la naturaleza de estos gastos?

Puesto que, por una parte, cada uno de estas cuestiones se integran al cálculo que plasman los mercados--establece las funciones de demanda y oferta de los diferentes factores de producción y las mercancías y servicios potenciales--, y por otra parte, que ninguna de estas tiene una respuesta "objetiva" o "apolítica", resulta innegable que el desenlace económico no puede desligarse del juego político aun en la teoría liberal: las decisiones procedentes de la esfera política inherentemente mandan "flechas" que estructuran la esfera económica.

Al volver de la teoría pura al mundo real habitado por actores que comprenden su interdependencia efectiva, se encuentra que las líneas de causación entre las dos esferas casi siempre también se reflejarán en "flechas" apuntándose de la esfera económica a la política. Aunque esta relación se concreta a través de dispositivos formalmente establecidos sólo en el sistema corporativo--la planeación indicativa en Francia y sistemas similares en Japón y (anteriormente) en Argentina, Brasil y México--; solamente en un ambiente político dominado por una clase gobernante comprometida a su autodestrucción podría haber una insensibilidad total ante las exigencias del sector productivo. Aun en el contexto de una sociedad que adhiere a los principios del "Estado mínimo" de los sueños liberales, habrán presiones procedentes de los distintos grupos sociales para reformular los derechos de la propiedad y reestructurar los impuestos, y en las sociedades que conceden un papel más amplio al gobierno en la economía--todavía virtualmente todos--también presionarán los grupos sociales distintos respecto a la naturaleza y extensión de la infraestructura económica, los servicios públicos y la promulgación de dispositivos especiales. Aunque varían la forma e intensidad de los estímulos con el contexto económico, político (como se destacará abajo, ideológico) prevaleciente, en todo caso existirán.

Dados los valores para estos factores, los grupos que integran la esfera económica tienden de inyectarse en el proceso de tomar decisiones en la esfera política mediante una combinación de "zanahorias" y "palos" que incluyen contribuciones a campañas electorales, "gratificaciones" y otros alicientes informales, organización política expresada en huelgas de trabajadores o propietarios pequeños, huelgas de capital, votos electorales, entre otros.

En resumidas cuentas, aun en la sociedad que más corresponde a la teoría liberal, la naturaleza de la economía se determina por condiciones establecidas necesariamente dentro del seno del aparato político, a la vez, aunque en forma menos mecánica o predecible, los integrantes de la sociedad civil actuando como propietarios, trabajadores y consumidores de servicios públicos, se inyectan en la esfera política. El resultado es la determinación mutua de las dos esferas y, de ahí, lo que debe entenderse como la existencia de una gran esfera económico-político de la cual el mercado y el dispositivo político son solamente componentes.

En un mundo globalizado la capacidad del estado para gobernar ha cambiado y en muchos aspectos se ha debilitado visiblemente, aunque permanece como una institución para crear las condiciones efectivas para un gobierno internacional. Debido a las nuevas formas emergentes de gobernación de mercados internacionales y los otros procesos económicos que involucran a los gobiernos nacionales importantes el Estado jugará un nuevo papel: funcionará menos como entidad "soberana" y más como un componente clave de una política internacional que provea de legitimidad y asegure la responsabilidad de mecanismos de gobernabilidad.

Acaso convendría decir que las primeras tuvieron mayor rapidez y facilidad para moverse con velocidad en el nuevo escenario global; pero basta considerar que la globalización ha incidido mínimamente en la disminución las desigualdades mundiales (para entendernos mejor, me refiero a la desigualdad entre países ricos y pobres; incluso dentro de los países del sudeste asiático la riqueza no se ha redistribuido como se esperaría) para comprender que los ganadores en la globalización continúan siendo los Estados que le dieron vida, no los que fueron alcanzados por ese imprevisto ventarrón de capitalismo salvaje. Más claramente, el TLCAN (NAFTA), TMEC o USMEC, el Tratado de Maastricht o los programas de la OMC no han alterado significativamente las diferencias entre países o grupos de familias ricas y pobres, sino que las han mantenido y en algunas áreas se ha incrementado la diferencia.

Podríamos decir que mientras algunos países han sacado un gran provecho de la globalización, otros en cambio la han sufrido (quizá luego lentamente ganando algo); pero esta circunstancia pone en evidencia que la globalización no es entonces el fruto espontáneo de los tiempos, sino una respuesta extremadamente sofisticada a las dificultades de los tiempos, o por lo menos de su novedad. Sí, es verdad que en la globalización los Estados pierden hegemonía fiscal, pero también adquieren otras ventajas económicas resumidas en la diferencia creciente entre las riquezas consumidas en su interior y las no consumidas en los países "explotados".

Una situación así requiere de una estructura de tipo liberal como la adoptada por la concepción benévola de la globalización, de acuerdo con la cual los movimientos de bienes y capitales, la ampliación de los mercados y la homogeneización de los servicios financieros son manifestaciones positivas hechas posibles por la victoria de la concepción liberal de la economía internacional. Podríamos incluso resucitar el viejo liberalismo de la primera parte del siglo XIX para decir que el comercio rinde beneficios mayores que las guerras y, por tanto, es mejor comprar y vender en los mercados que bombardearlos (en Cobden, Saint-Simon, James Mill y N. Angell la música siempre es la misma). Pero para convencerse de esto, los Estados debieron recibir la expectativa razonable de que la guerra no es solamente un negocio que ya no rinde gran cosa, sino que incluso se ha vuelto una eventualidad más bien pequeña (más claramente, las guerras africanas cuestan muy poco en términos de "complejo militar industrial" como para que grandes Estados se involucren en ellas, comparados con los 70 mil millones de dólares que Bush pidió al congreso para la guerra de Irak tan sólo para el año del 2007).

Así y todo, sostener que el Estado, entendido en términos tradicionales, está en decadencia no implica algo catastrófico, sino más bien que ese Estado en cinco siglos desarrolló y consumió todas sus potencialidades, después de haberse extendido a todos los niveles y al límite de su actividad y de penetración. Hoy ya no tiene, como tal, innovaciones que proponer; solamente puede repetirse en sus funciones. Esto no quiere decir que la historia se haya frenado, sino simplemente que la situación "final" del Estado es la de su coparticipación en una sociedad globalizada. De esta manera, al final de un proceso de esta envergadura emerge una "sociedad civil internacional", unificada por su lengua franca, por la disponibilidad de los mismos productos en cualquier establecimiento, por el carácter apátrida de los capitales, y por todas las dimensiones que son asignables al proceso de globalización.

Sin embargo, hay una realidad que no se ha vuelto apátrida, la de los habitantes del planeta: ellos todavía "pertenecen" a Estados, o más bien dicho, han quedado como el único "bien" ubicable (tan es verdad que las estadísticas sobre la desocupación continúan siendo compiladas por país). Es verdad que el mercado de trabajo a su vez se va globalizando y que es verosímil que un joven europeo del año 2019 trabajará indiferentemente en una de las partes (ex Estados) de Europa; pero esto, no sólo está todavía por suceder, sino que podría no resolver los problemas planteados por los comunitaristas (o agudizarlos), quienes insisten en los vínculos territorial afectivos; no es casual que los problemas de las minorías étnicas en otros países se vayan volviendo cada vez más graves, principalmente en África.

Dicken (1998:79) estableció hace tiempo un punto importante al afirmar que "la gobernabilidad de la economía internacional fue sinónimo de gobierno en los Estados nacionales al ejercer ellos su poder de control legítimo sobre sus territorios soberanos". En nuestros días ese control legítimo se deteriora y la gobernabilidad se pierde, aunque sea sólo en aquellas regiones donde los Estados están realmente insertos en el proceso globalizador.

Para poner las cartas sobre la mesa de la manera más clara y simple posible, el problema está en el hecho de que el proceso de globalización no es en realidad "global", en el sentido de que favorece solamente a algunos Estados, regiones o núcleos y no a toda esta nueva "sociedad civil planetaria". Es extremadamente verosímil que el gobierno brasileño (hasta donde pueda) y sus grandes capitales (hasta donde alcancen) entren en el circuito de la globalización, pero no creemos en absoluto que puedan percibir alguna ventaja de esto los niños de la calle o los millones de inquilinos de las favelas porque los ciudadanos, en su gran mayoría, se quedan dónde están. Lo mismo ocurre en México con empresas que se ubican en casi todos los países desarrollados compitiendo exitosamente, y junto a ello, la marginación y pobreza de más de la mitad de la población no ha disminuido en términos absolutos, no sólo no ha cambiado, sino que se agrava en términos relativos. Desde esta perspectiva resulta que en realidad también las dimensiones globales de la globalización son falsas, se trata de un proceso que atañe a un poco más del tradicional "Primer Mundo", y que, por consecuencia igualmente, el engranaje de la globalización no escapa de las manos de los Estados (económicamente más fuertes). Cuando nuestros industriales dicen que Italia, México, Brasil o Argentina deben "encarar el desafío de la globalización" ¿acaso se refieren exactamente a lo mismo?

De todo esto se colige que la globalización es el principal problema de la época en la que las relaciones internacionales "explotan" penetrando en cada rincón del planeta, partiendo en el lugar de la guerra los problemas del trabajo, así como a los de la salud en el de la ecología y la igualdad. Sin embargo, no hay que olvidar que la globalización también puede ser la solución a los problemas de los países,

LA GLOBALIZACIÓN Y LOS ESTADOS.

Ante la tesis difundida que los Estados han sido rebasado en casi todas sus funciones tradicionales y deben desaparecer, tenemos que afirmar que ello es falso. En todo caso los reubica de acuerdo con una jerarquía distinta con respecto a la ponderación del pasado. Esto no quita que el Estado territorial decline o pueda declinar, - pero las razones de una eventualidad de esta naturaleza deben ser buscadas en otra parte. El caso europeo es buen ejemplo: aunque en cada Estado las facultades son disminuidas ante los tratados para integrar la Unión Europea, éstas se trasladan a las instituciones comunitarias que por sí mismas se están convirtiendo en otro Estado, pero de dimensiones mayores.

En primer lugar, es preciso no olvidar que la condición suficiente de la globalización (la condición necesaria fue el desarrollo histórico del "espíritu del capitalismo") fue la victoria de Estados Unidos sobre la URSS, o sea, de su modelo socioeconómico de economía de libre mercado; esto ningún otro Estado puede modificarlo. Que su orientación económica de libre mercado, (junto con el alemán y el japonés) sea el más vital y agresivo es la demostración de esta aseveración: así como fueron capaces de derrotar al socialismo ¿no serán también capaces de imponer un nuevo umbral al sistema de libre mercado?

Aquí entra en juego otro, y muy importante, elemento, constituido por la integración entre la sociedad y el sistema político estadounidense (es igual para Japón y Alemania). Para decirlo con una fórmula bastante conocida: los gobiernos americanos son los "comités de negocios" de un sistema económico libre de obligaciones. Basta con observar, en contraste, las tensiones existentes entre el Estado y la sociedad en Italia (y también en Francia y Alemania) para percibir el peso de la diferencia. También desde este punto de vista reencontramos, pues, la no desaparición del Estado que, al contrario, permanece como un elemento fundamental de coordinación.

La superioridad de algunos Estados (y en la práctica de Estados Unidos) produce una consecuencia importante en el plano social internacional, esto es, que las normas universales de comercio (pero no porque sea la única variable significativa, sino sobre todo porque el comercio internacional es el nuevo verdadero médium o, mejor dicho, el *business* más grande que existe) y de un nuevo derecho privado planetario provienen de algunos Estados y van hacia todos los demás Estados, los cuales no pueden más que plegarse a esta situación. Tan es así que el principio fundamental de las relaciones internacionales ya no es la soberanía (el derecho a la autonomía, a la independencia) sino la participación, es decir, la admisión en el juego de las grandes potencias financieras.

Paradójicamente (como valor de prueba contrastante) el principio de soberanía es defendido ya solamente por los Estados pobres y de cualquier forma excluidos de la "buena sociedad". También lo hacen los gobiernos populistas del mundo. Esto puede ser tomado como otra vía para explicar el fundamentalismo anticapitalista o antioccidental.

Para todo ello existe un mecanismo, inventado por las grandes instituciones bancarias del mundo (Banco Mundial, Fondo Monetario, Banco Central Europeo etcétera) ya desde hace muchos años para "condicionar" los apoyos a los países pobres de acuerdo con determinados requisitos. Debemos dar a este hecho un valor especial: estas instituciones no son estrictamente estatales, no obstante, se dirigen a los propios y verdaderos Estados. Antes la regla de oro para dar ayuda a los países era el anticomunismo, hoy es la aceptación de las reglas del neoliberalismo y de la globalización.

La condicionalidad se ha vuelto un excelente instrumento de control social internacional; probablemente ésta es la verdadera clave de la globalización. Condicionalidad significa, en términos prácticos, presión desde el exterior sobre un gobierno con el propósito de que ese gobierno homologue el comportamiento económico de su país a los requerimientos externos, dictados por las exigencias globales.

El caso más evidente e importante en la actualidad en la Unión Europea está representado por la "condicionalidad de las cláusulas de Maastricht", las cuales facultan al consejo de ministros hacendarios (o al Banco Central) para intervenir en la vida interna de uno o más de los países miembros con el fin de imponer determinados parámetros de conducta fiscal, económica y financiera. El actual gobierno de Grecia o Irlanda no están respondiendo a las exigencias de sus ciudadanos, sino a las condiciones impuestas como a cualquiera que quiera participar en la fase final de la integración europea (Polanyi, 2001, Frieden, 2006, Piketty, 2016, Rodrick, 2011).

El euro como moneda común es entendido, a su vez, como la respuesta europea a la globalización, y la participación de los Estados europeos en la moneda común es su respuesta al desafío de la globalización. Todos están condicionados por algo: ¿quién estableció el contenido de todo esto? (no faltan los ejemplos: así sucede con el NAFTA .TEMEC, lo mismo que para el sistema generalizado de préstamos internacionales y de la negociación de los servicios de las deudas contraídas).

De aquí resulta que no sólo el papel del Estado no ha desaparecido, sino que éste permanece como un instrumento necesario en la época de la globalización pero sólo para asegurar una inmensa serie de "facilidades": la procuración del orden público (que siempre es territorial); la administración de la infraestructura social y económica; la negociación con otros Estados de las condiciones medias del mercado de trabajo; el mantenimiento de una situación de paz social (que no es otra cosa más que la conservación de ese "monopolio de la fuerza física legítima" que es un requisito para la existencia de cualquier Estado), de la que depende, a su vez, la paz internacional, porque los Estados continúan, de cualquier forma, siendo "reguladores" de comportamientos y, por consiguiente, productores de normas sociales para todo lo que, viviendo en una situación internacional, requerimos de leyes.

La realidad es una "construcción" nuestra: la anarquía existe si nos comportamos de manera anárquica; no existe sin comportamientos anárquicos. Para decirlo en su forma más simple, la existencia de los Estados se justifica, y se garantiza, si trabajan para el *"establishment"*. Por lo anterior, los Estados continúan siendo importantes y que, antes bien, sin ellos no habría globalización. Pero esto también pone en evidencia que el peligro mayor que corren incluso los Estados más desarrollados es el de empeorar su calidad democrática al representar los intereses de la globalización en lugar de los de sus ciudadanos.

Reiteramos en primer lugar que el Estado (en cuanto "comité de negocios") es la correa de transmisión fundamental de la globalización, por el simple hecho de que ésta no se dirige a un ambiente sin fronteras, sino, hoy por hoy, a uno que está hecho de Estados, de manera que hacer como que los Estados ya no tienen continuidad parece como un truco encaminado precisamente a producir la imagen de lo inevitable y de lo omnicomprensivo de la globalización; pero la globalización no lo es por naturaleza.

Cualesquiera que sean las formas de Estado vigentes,

la globalización no es para nada indiferente ante ellas, tan es así que la globalización no mostró ser indiferente cuando todavía existían los Estados socialistas.

Se da el caso de que la mayor parte de los Estados protagonistas de la globalización (ricos y desarrollados) están regidos por sistemas democráticos (así como los entendemos comúnmente). Si es verdad que la condicionalidad es la nueva forma de la opresión internacional, no podríamos dejar de encontrar efectos de esa opresión también en los estándares democráticos de los países que la sufren. Son dos las posibles situaciones:

a) que el carácter democrático de los países ricos experimente lentos, y sólo aparentes e insignificantes, deslizamientos hacia abajo justificados en términos de la necesidad de una mayor eficiencia ejecutiva, precisamente por la exigencia de rapidez de decisiones frente a la globalización. Todos los regímenes políticos de los países más avanzados van a marchas forzadas hacia una forma de bipartidismo.

b) Lo que sucede en los países que no tienen tradición democrática y que, sin embargo, han entrado en el juego de la globalización (esencialmente los países del sudeste asiático, pero el modelo también vale para los más avanzados entre los países del ex Pacto de Varsovia aún no incluidos en el Unión Europea y para Rusia, México, Chile y Brasil) es una prueba contrastante de lo sustentado en el apartado a). Ellos, efectivamente, no experimentan ningún impulso particular hacia formas de democracia más madura, ni sus socios extranjeros los están impulsando hacia allá.   Dicho de otro modo, no hay ninguna condicionalidad democrática para poder ser admitidos en las ventajas de la globalización. Aunque aquellos que ingresaron a la Unión Europea si sufrieron de la condicionalidad y avanzaron enormemente en su esfuerzo democrático. Lo cual implica que no es necesariamente la globalización el factor impulsor sino la búsqueda de los beneficios en el proceso global.

De esta forma sería desmentida, por lo demás, la tesis

clásica de la teoría de la modernización, según la cual "mientras una nación es más rica, más aumentan las probabilidades de que ella sostenga un régimen democrático". Estados Unidos después del "11 de septiembre del 2001" ha sufrido un retraso significativo en su democracia y el respeto de los derechos humanos anualmente criticados desde entonces por los organismos internacionales. Obama realizó increíbles avances en el sentido democrático y ha recibió una andanada de crítica del calibre más vitriólico de los republicanos que asusta el pensar que no quieran esos avances. La respuesta de la sociedad la vimos en 2016 con el Triunfo de Trump. Veremos en las urnas en este 2024 de si es capaz de triunfar sobre un demócrata lo que representaría algo excepcional en la historia de ese país.

Si hay una exigencia que los "tigres" del sudeste asiático no captan, siendo tan ricos como son, es la democrática. Lo mismo ocurre en China. La única excepción es la India. Pero es evidente que esta coyuntura muestra cuánto del carácter democrático interno de los Estados depende de condiciones internacionales o globales: en primer lugar, porque el tipo de intencionalidad que la globalización promueve no tiene necesidad de la democracia, sino de regímenes estables y fuertes (si son democráticos es simplemente un agregado), de suerte que está en riesgo de frenarse (si no es que ya se ha detenido) la "tercera ola" de la democracia (como la llama Huntington) en segundo lugar, porque una contracción democrática de los Estados democráticos también podría incidir en la fórmula mágica de las "zonas de paz" porque son pacíficas en cuanto también son democráticas. Pero entonces ¿si se reduce su democracia, no se pone en riesgo también la paz?

Es verdad que hoy la globalización no es global, en el sentido de que aún estamos muy, muy lejos de un mundo en el que todos estén conectados a la Red. Sin embargo, la globalización es global en el sentido de que casi todos ahora sienten -directa o indirectamente- las presiones, las constricciones y oportunidades de adaptarse a la democratización de la tecnología de la información y las comunicaciones, a las empresas globales, a las finanzas internacionales y a los flujos de capitales, y a la información que están en el corazón mismo del sistema de la globalización. Es en este sentido que el mundo se está globalizando.

La política ya no es local. Ahora, la política es global. La teoría del dominó que expusimos anteriormente se aplica al caso de Túnez y Egipto y los que sigan (pueden ser Argelia, Sudan, etc.). No todos los países pueden sentirse parte del sistema de la globalización, pero, directa o indirectamente, todos los países están siendo globalizados y configurados por el sistema. Y por eso no fue un accidente histórico que Alemania Oriental, la Unión Soviética, el capitalismo asiático, las industrias brasileñas -propiedad del estado- el comunismo chino, General Motors e IBM, o se derrumbaban o eran forzados a reestructurarse radicalmente más o menos al mismo tiempo.

Todos fueron afectados por la misma enfermedad básica que tiró abajo el Muro de Berlín y todos los muros que definían la Guerra Fría. Todos fueron golpeados por la enfermedad denominada el síndrome de la deficiencia estructural de mecanismos de ajuste a la globalización que es la enfermedad política típica de la era de la globalización. Puede atacar a cualquier compañía o país, grande o pequeño, de Oriente a Occidente, de Norte a Sur. Puede afectar a cualquier sistema abotagado, excedido de peso o esclerótico, en la era posterior a la Guerra Fría. Es contraída generalmente por países y empresas que no se vacunan contra los cambios provocados por la democratización de la tecnología, finanzas e información, que crearon un mercado mucho más rápido más abierto y complejo, con gran eficacia.

Los síntomas del síndrome aparecen cuando un país o compañía pone de manifiesto una inhabilidad consistente para aumentar la productividad, salarios, nivel de vida, uso de los conocimientos y competitividad, y se vuelven demasiado lentos para reaccionar ante los desafíos del mundo veloz. Los países y empresas con el síndrome tienden a ser administrados sobre la base de modelos corporativos de la Guerra Fría, en los que una o unas pocas personas en la cumbre tienen toda la información y toman todas las decisiones, mientras que las personas en el medio y de abajo sólo ponen en práctica esas decisiones, utilizando únicamente la información necesaria para hacer su trabajo.

La única cura conocida para los países y empresas afectadas por ese síndrome es la "cuarta ola de la democratización". Esta es la democratización del flujo de la toma de decisiones y la información, y la desconcentración del poder, de manera tal que se permita a un mayor número de gente compartir los conocimientos, experimentar e innovar con rapidez. Esto los capacita para mantenerse a la par de un mercado en el que los consumidores demandan productos más baratos y servicios que se encuadren específicamente en sus necesidades. El síndrome puede ser fatal para aquellos países y empresas que no reciben a tiempo un tratamiento apropiado. En este mundo globalizado existen sólo las empresas rápidas y las muertas.

Hay muchas maneras de resumir lo que la Revolución de la Información y la triple democratización hicieron al mercado, pero todo se reduce a dos conceptos simples: hicieron bajar en forma considerable las barreras que dificultaban el acceso a casi cualquier negocio, y, al hacerlo, incrementaron la competencia y la velocidad en que un producto, que se iniciaba como innovación, se convertía en mercadería de consumo general.

Estas fuerzas hicieron bajar las barreras de acceso porque, con una solo computadora personal, tarjeta de crédito, línea telefónica, módem, impresora de color, conexión a Internet, sitio en la Web y cuenta para correspondencia con Federal Express, cualquiera podía desde el sótano de su casa empezar su propia editorial, negocio al por menor, comercio de catálogos, diseño global o firma consultora, diario, agencia de publicidad, distribuidora, firma de corretaje bursátil, casino de juego, tienda de video, banco, librería, venta de coches o salón de exhibición de moda. Podía hacerse de la noche a la mañana a muy bajo costo, y la compañía tenía la posibilidad de competir globalmente al día siguiente.

Cuando este tipo de cosas empieza a suceder en la economía de todo el mundo, eso significa que cualquier producto o servicio puede ser transformado, con mucha mayor rapidez, y pasar de una innovación -que sólo uno o dos pueden hacer y posee un componente de alto valor agregado y enormes márgenes de ganancias- a un producto de consumo generalizado. Este es un producto, servicio o proceso que cualquier cantidad de empresas pueden hacer, y el único factor distintivo entre estas empresas es quién lo hace más barato. Ver que el producto o servicio de uno pasa a generalizarse no es muy divertido, porque esto significa que los márgenes de ganancia se reducirán dramáticamente, habrá docenas de competidores, y todo lo que uno puede hacer es rebajar el precio del producto o servicio y venderlo más barato que el vecino o perecer.

En el sistema amurallado de la Guerra Fría este proceso de transformación sucedía a 10 kilómetros por hora, porque las barreras de acceso a los negocios eran mucha más altas. En el mundo de la globalización, con las barreras mucho más bajas, o desaparecidas, este proceso tiene lugar a mil kilómetros por hora. Y a medida que evolucionamos hacia una economía cada vez más definida por Internet, el proceso de acelerará a 3 mil kilómetros por hora.

Como lo ha señalado Edward Yardeni, economista principal del Deutsche Bank, la Internet es el modelo que más se aproxima, en el mundo actual a la competencia perfecta. En el modelo de la competencia perfecta "no existen barreras contra el acceso ni protección contra el fracaso para las empresas improductivas, y todos (consumidores y productores) tienen libre y fácil acceso a toda la información. Estas tres son las características principales del comercio por Internet…

La Red baja a cero el costo de comparación de costos. Cada vez más, el consumidor puede encontrar el precio más bajo de cualquier producto o servicio con rapidez y facilidad. En la ciber economía, el productor con bajos costos ofrece el precio menor y proporciona esta información gratis a todos los clientes potenciales de todo el globo.

En la economía de baja tecnología, el costo de buscar el precio menor resultaba relativamente alto. Había que trasponer toda clase de murallas y viajar a grandes distancias para conseguir lo más conveniente, lo que daba una ventaja incorporada a las empresas y tiendas locales o tradicionales. Ahora fabricantes, proveedores de servicios o minoristas de todo el mundo pueden hacer negocio en cualquier parte del mundo. Por eso resultará maravilloso ser un consumidor en la era de Internet, pero arduo y difícil ser productor.

Con la computadora personal se hizo mucho más eficiente facultar a personas, que podían obtener más información y tomar más decisiones, en lugar de una persona encima de ellos que tratara de dirigirlo todo.

Obviamente, el marco de referencia descrito en este apartado enfatiza tanto la permeabilidad del estado y "también la naturaleza policéntrica del sistema político global" Por ello se afirma que la globalización está redefiniendo el papel del Estado como un administrador efectivo de la economía nacional. En ese sentido, el Estado se está alejando de su función social y se convierte en un mecanismo receptor de las necesidades del mercado dando respuesta a las mismas.

Y todavía nos falta ver la democratización de las decisiones ultrasecretas, la tercera década del siglo XXI seguro se conocerá como la de la generalización de los wikileaks.

EL EJÉRCITO ELECTRÓNICO.

La Globalización no es una opción más, es la realidad, querámoslo o no, sólo existe un mercado global, y la única manera de crecer a un ritmo constante es conectándose con los mercados globales de valores y bonos, atrayendo a las empresas globales para que realicen inversiones en el país, y vendiendo al sistema global los bienes que se producen en las fábricas.

La verdad básica de la globalización es que nadie está al mando, ni los financistas como George Soros, ni las grandes potencias, ni el secretario del tesoro de los Estados Unidos, por lo tanto, nadie la inició formalmente, ni nadie puede detener la globalización, a menos que se esté dispuesto a pagar el costo con su economía y su crecimiento, y aun así no se lograría detenerla. En forma simple, cada vez que las personas compran o hacen sus pedidos de mercancía una empresa pone en funcionamiento una cadena de aprovisionamiento, casi siempre global, lo que hace que se refuerce la globalización. Si se quiere parar la globalización la receta es simple, sólo compre lo que su país produce.

El mercado global en la actualidad es un ejército electrónico de inversionistas y empresas globales anónimas de acciones, bonos y divisas, bienes y servicios, conectados mediante pantallas y redes. Por su forma de invertir, el ejército no hace excepciones, no reconoce circunstancias excepcionales, solo obedece sus propias reglas, el del ropaje global, es decir, el apegarse a sus disposiciones con un único fin, el pecuniario. Si se le execra al grupo electrónico, se corre el riesgo de que éste le castigue, deje de invertir y retire sus inversiones (Frieden, 2006, Piketty, 2016, Rodrick, 2011., King, 2017).

En este momento (aproximadamente) el ejército se alimenta en 180 países, haciendo juicios rápidos acerca si se está viviendo según sus reglas, y recompensa con generosidad a aquellos países que actúan con transparencia. Con el nacimiento de la moneda digital (bitcoins) ni siquiera se requiere de la participación de los bancos, mucho menos de las regulaciones del gobierno.

Pero el ejército no es infalible, también comete errores, reacciona exageradamente, y dispara demasiado lejos, pero si el fundamento de la economía es sólido, el ejército regresará, a la larga, siempre reconociendo el buen gobierno y la buena administración económica. Las democracias votan por su gobierno cada dos, cuatro, o seis años, pero el ejército vota cada minuto de cada hora del día, los 365 días del año. Los países no pueden prosperar hoy, sin unirse al ejército electrónico, y no pueden sobrevivir a menos que aprendan a obtener lo mejor del ejército sin ser abrumados o atacados por sus inevitables impulsos.

El ejército electrónico lo integran dos grupos:

1.- El ejército del corto plazo: incluye a todas las personas que se ocupan de compra y venta de valores, bonos y divisas en todo el mundo, y que pueden mover su dinero en poco tiempo; Casas de cambio de divisas, los fondos mutuos y pensión, fondos especulativos de valores, empresas de seguros, secciones bancarias de inversiones e inversionistas privados, a todos los que con un ordenador y un módem pueden hacer negocios por la Red desde su casa.

2.- El ejército de largo plazo: Son las empresas globales involucradas en mayor grado en hacer inversiones directas en el extranjero, que construyen fábricas alrededor del mundo o hacen tratos de producción a largo plazo o constituyen alianzas con otras fábricas para manufacturar o armar sus productos. Se les denominó así porque deben tomar compromisos a plazos más largos cuando invierten en un país.

El sistema de la globalización se basa en el equilibrio entre Estados y al interior de los Estados, el ejército electrónico y los supermercados. El ejército electrónico de hoy lo integra cada persona que utiliza la Red para comprar bienes, servicios, bonos y acciones y el tamaño, velocidad y diversidad se da en una proporción nunca vista en la historia. En la primera era de la globalización, el ejército electrónico se mueve y cambia de forma (Rodrick, 2011, King, 2017).
Llama la atención la increíble diversidad de productos financieros con que puede alimentarse, la cornucopia de valores y bonos, mercancías y contratos futuros, opciones y derivados que se ofrecen desde una veintena de países

mercados diferentes de todo el mundo significando que uno puede apostar a casi cualquier cosa.

El efecto neto, es que la globalización ha abierto títulos por un valor de billones de dólares, títulos que antes no eran nunca negociados o que nadie pensaba que podían ser convertidos en bonos, y ahora lo son. Y los países pobres, con grandes necesidades de inversión, ya no se sienten paralizados por la falta de capital. Los ahorradores no están confinados al mercado interno, sino que se pueden buscar oportunidades para invertir que ofrezcan los beneficios más altos en cualquier parte del mundo.

Para ganar dinero en un mercado de este tipo, el ejército de corto plazo no sólo necesita una pequeña ventaja, sino que debe hacer apuestas cada vez mayores. Ha surgido una nueva clase de participantes institucionales, se distinguen por su énfasis sobre el comportamiento de inversiones a corto plazo y su gran uso de préstamos para suplir las inversiones, su habilidad para entrar y salir del mercado se ha de acceder a tasas de interés variable, bonos, divisas o mercancías, siempre que exista la posibilidad de que los beneficios sean mayores.

Los más prominentes de estos nuevos jugadores son los fondos especulativos de capital, que reúnen grandes sumas de efectivo de personas e instituciones acaudaladas, luego aumentan la suma tomando prestado dinero de los bancos para hacer apuesta de alto riesgo con altos dividendos sobre divisas, acciones y bonos en todo el mundo. La globalización de los mercados crea la ilusión de que todos los mercados son eficientes, líquidos y simétricos, y que en cada mercado hay información perfecta y transparencia (Sorrells, 2021).

El ejército no es una fuerza exógena, no está compuesto simplemente de fondos de dinero de lugares lejanos, inversionistas del extranjero por Internet y supermercados distantes, sino que está compuesto por personas de todos los países, también los nativos pueden unirse, el mayor secreto no difundido del ejército electrónico es que la mayoría de las estampidas no comienzan con un fondo especulativo de capital de Wall Street, empieza con un banquero local, un financiero o un administrador local de fondos que saca su dinero de un país al convertir su moneda local en dólares o apostando en contra de la divisa del propio país. Cuando el ejército electrónico inicia la estampida, el primero en hacerlo siempre es el local.

El capital puede moverse por todo el mundo, y los costos de transacción y los de transmisión son virtualmente de cero, y la velocidad instantánea. Cuando la inversión se dirige a un lugar, puede hacer llover miles de millones de dólares sobre las acciones y los mercados de bonos o sobre las fábricas y plantas, pero cuando por razones políticas, económicas o sociales, los mercados de un país se tornan inestables, el ejército electrónico convierte en una perdida brutal algo que simplemente era un ajuste de baja.

Compuesto por empresas globales, que se ocupan de inversiones extranjeras directas, no únicamente invierten en bonos y acciones, sino que invierten en fábricas, servicios, plantas de energía, etc. Son operaciones que insumen tiempo para planearlas y realizarlas, y que no pueden hacerlo de la noche a la mañana. Este ejército tuvo un incentivo para construir fábricas en el exterior, el que había un solo mercado global abierto, el ciberespacio, que permite vender cualquier cosa en cualquier lugar.

Las empresas globales necesitan cada vez más expandirse hacia afuera, ya que esa es la única forma de ser un productor global. Gran parte de las inversiones de este tipo se dedican a desarrollar alianzas con fábricas locales, que sirven como afiliados, subcontratistas y socios, buscando los mejores arreglos impositivos y fuerzas laborales de menor costo y mayor eficiencia.

Hoy, todos los mercados están conectados directamente. La totalidad de los datos de cotización de todas las plazas bursátiles pueden ser consultados al instante en cualquier lugar del mundo y desencadenan en sus receptores compras y ventas cuyo valor de cotización es a su vez enviado inmediatamente, en forma de bytes y bits, a dar vueltas al planeta. Convertidos en Euros e invertidos en yenes a elevados tipos de interés, los créditos baratos en cualquier moneda del mundo se transforman en ingresos garantizados sin riesgo.

En su trabajo, los cazadores de beneficios se mueven a la velocidad de la luz por una red de datos con múltiples ramificaciones a escala mundial... una utopía electrónica cuya complejidad es mucho más inabarcable que la complicada matemática que subyace en las distintas transacciones. Del dólar al yen, después a francos suizos, luego una recompra de dólares....en pocos minutos los traficantes de divisas pueden saltar de un mercado al siguiente, de un socio comercial en New York a otro en Londres u Hong Kong y concluir contratos que ascienden a cientos de millones de dólares.

Un gran inversionista con un poco de suerte puede ganar hasta cien millones de dólares por minuto especulando contra una moneda de un país. A fines de los noventa Japón primero, después Indonesia, Malasia, Taiwán y Singapur fueron atacados por los especuladores. Más tarde el espectáculo se trasladó a Rusia, Brasil y Argentina. Hubo pérdidas millonarias en esos países que hoy, ocho años después del inicio y cuatro de su terminación, les ha impedido recuperarse totalmente de esas crisis. En este mundo global esas ganancias son las pérdidas de otros agentes económicos. Al final de la cadena son los ciudadanos de los países que son abandonados por los inversionistas los que pagarán las ganancias de los especuladores. Lo harán en precios más altos, en tasas de interés más altas o en impuestos más altos. Otros verán perdidos totalmente sus inversiones.

Pero la rígida imposición de la lógica de mercado no es cosa sólo de los malvados inversionistas extranjeros. Los inversionistas nacionales juegan exactamente con las mismas reglas y son los primeros en abandonar el barco, al fin y al cabo, ellos también pueden invertir su dinero en cualquier país del mundo. La crisis mexicana del 94 es claro ejemplo de cómo los inversionistas mexicanos sacaron enormes sumas de dólares del país iniciando la debacle del peso.

El ejército electrónico convierte el mundo en un sistema parlamentario, en que cada gobierno vive bajo el temor de un voto de no confianza del ejército. La principal tarea de los gobernantes hoy en día es atraer al ejército electrónico y a los supermercados para que inviertan en sus Estados, haciendo todo lo necesario para que no se vayan.

La democratización de la tecnología, las finanzas y la información, que ha cambiado nuestra forma de comunicarnos, de invertir y de mirar al mundo, ha dado luz a todos los elementos fundamentales del actual sistema de globalización. Obligando a que la gente cambie de pensamiento local y después global, a pensar primero global y luego local. Debido a Internet todavía no se ve nada, las medidas que proliferan van alimentando a la globalización. La revolución de la Internet reunirá a la gente con el conocimiento y la información en empresas virtuales. Se promoverá la globalización a un ritmo increíble. Internet está cambiando todo.

El fracaso y la cercanía del fin del proyecto neoliberal significan la ampliación de las desigualdades entre los países desarrollados y los de la periferia. En estos últimos se observa el crecimiento de la exclusión social, la intensificación de la explotación de la fuerza de trabajo y el aumento de las transferencias de riqueza a los países desarrollados (Polanyi, 2001, Frieden, 2006, Piketty, 2016, Rodrick, 2011, King, 2017, Sorrells, 2021).

¿Hay alternativas?

Ante este cuadro, los movimientos sociales de todo el mundo están buscando caminos y alternativas. Esta búsqueda se enfrenta con dos respuestas: la primera es la alternativa antineoliberal y la segunda la alternativa anticapitalista. Está claro que éstas no son necesariamente excluyentes, a condición de que la primera sea conducida teniendo en mira la construcción del socialismo. La alternativa antineoliberal que apunte sólo a la "gobernabilidad" de la economía, asociada a programas de compensación focalizados (del tipo defendido por el Banco Mundial), no permite la salida de las graves contradicciones planteadas por el capitalismo contemporáneo.

De cualquier modo, los caminos que cada Estado-nación pueda recorrer, para su efectivo desarrollo social, dependerán de las condiciones internas y externas específicas, surgidas de su proceso histórico de desarrollo. Algunos podrían avanzar más aceleradamente en su camino a la construcción del socialismo; otros irán más lentamente. En aquellos en que la lucha de clases se torne más aguda, con mayor resistencia de las burguesías locales y asociadas, es de esperar el recrudecimiento de la violencia y, en casos específicos, incluso de la lucha armada.

Otros tal vez puedan recorrer una vía más pacífica, utilizando la limitada democracia burguesa para efectuar su transformación.

En cualquiera de los casos, debe tenerse claro que las burguesías nacionales, asociadas e internacionalizadas jamás entregarán libremente el poder y la propiedad de los medios de producción. Por esta razón, ningún gobierno conseguirá efectuar las reformas necesarias, apuntando a la transformación socialista, sin el apoyo masivo de un amplio movimiento de masas, dispuesto a enfrentar la dura reacción de las elites actualmente dirigentes.

Finalmente, la construcción consciente de una nueva forma de sociedad no puede prescindir de una revolución no sólo en la conciencia social, sino en las conciencias individuales, o sea, construir también un "hombre nuevo", en las palabras del Che Guevara. El capitalismo no encontró a los individuos preparados para la nueva sociedad. La formación del individuo, libre e independiente, para convertirse en fuerza de trabajo lista para la explotación capitalista fue el resultado de un largo proceso histórico, que duró siglos y que aún no se completó plenamente en algunas regiones del planeta (Polanyi, 2001, Frieden, 2006, Piketty, 2016, Rodrick, 2011). El individuo consumidor, con todas sus determinaciones, alimenta a un proceso que todavía está en curso. Aún no es posible determinar, con algún grado de precisión, hasta qué punto puede llegar la furia consumista e la parte de la población mundial que tiene acceso a las "delicias del capitalismo". De igual modo, la construcción del "hombre nuevo" probablemente exigirá siglos y, al contrario del proceso histórico citado, deberá ser un proceso conscientemente dirigido. El problema fundamental es que no hay un único modelo, una única propuesta; además, casi todas las experiencias históricas fracasaron en este sentido.

De cualquier forma, se puede afirmar a priori que no se puede constituir una nueva elite dominante o un partido político "con una nueva verdad" para imponerla a todos los individuos y sociedades. Tampoco se puede esperar que la transformación de la infraestructura económica cambie automáticamente a la "superestructura jurídico-política e ideológica". Esta deberá ser destruida y reconstruida a partir de un proceso consciente de transformación social, en el cual el principal sujeto deberán ser las masas populares, una alianza de todas las clases y sectores excluidos y explotados por el capitalismo, organizadas para la construcción de una nueva sociedad.

☐

•   5 GLOBALIZACIÓN, ANTECEDENTES.

1.   BREVE HISTORIA

Ya hemos descrito el mundo anterior de Guerra fría, que era como una planicie ancha, marcada por líneas cruzadas y dividida por cercos, muros, zanjas y callejones sin salida. En este anterior mundo era imposible ir demasiado lejos, o muy rápido, sin chocar con un muro que te estancará como país. Últimamente ha habido cambios increíbles en la economía mundial, en donde existe una unión de las actividades económicas, llamados dualización de los procesos económicos, donde coexiste la inversión productiva y la especulativa. La idea clave de la caracterización de la globalización es que puede ser entendida como una nueva fase de la internacionalización de los mercados, que pone en dependencia recíproca a las empresas y a los países, en grados absolutamente originales e inigualados con los del pasado.

El origen del concepto nos lleva al trabajo de los

intelectuales del siglo XIX y principios del siglo XX. Podemos rastrear el uso del término hasta Saint- Simon cuando identificaba cómo la modernidad, progresivamente, iba integrando las diversas partes del mundo. Sin embargo, no sería hasta los años sesenta del siglo XX cuando se haga alusión al vocablo globalización, y fue en pocas ocasiones. Su empleo se vincula a una etapa de interdependencia económica y política. El contexto de este primer debate, durante los años sesenta, se ubica en las preocupaciones de los científicos sociales acerca de la interconexión de los acontecimientos humanos, el desarrollo de las teorías del sistema mundial y de la interdependencia compleja, e incluso la introducción de la misma noción de globalización (D. Sachs, 2020).

En este sentido, la idea de globalización emergió para poder explicar los procesos por los cuales el destino de los Estados y de las personas estaba cada vez más entrelazado (Moldelslki 1972; Wallerstein 1974, Keohane y Nye 1977, citados por Held y Mc Grew 2000:1; King, 2017).

Así pues, el proceso de la globalización, del que no se habla sino hasta el último cuarto del siglo XX, coincide con "lo que de otra manera llamamos modernización". Giovanni Arrighi (1999) se refiere de manera particularmente enérgica a la continuidad de largo plazo donde la escala, el alcance y la sofisticación técnica de la expansión financiera actual son, por supuesto, mucho mayores que los de expansiones financieras anteriores. Sin embargo, es necesario aclarar que la escala, el alcance y la sofisticación técnica mayores no son otra cosa que la continuación de una bien establecida tendencia de *longue durée* del capitalismo histórico hacia la formación de bloques cada vez más poderosos de organizaciones gubernamentales y económicas que desempeñan el papel de agencias principales en la acumulación del capital en todo el mundo. A partir de esto, la globalización posee un cierto número de características propias en relación con el pasado e implica restricciones muy particulares en términos de competitividad, productividad y distribución de bienes. D. Sachs, 2020).

La producción teórica y la literatura empírica empieza

a emerger en los ochenta (Mittelman, 2004; Sklair, 2007). Existieron trabajos populares sobre globalización que quisieron situarla antes de los años cuarenta, sin impactos significativos (Rosow, 2003; Browning, 2011; Featherstone, 2006; King, 2017). Para Osterhammel y Peterson (2003:1) "globalización" es un término a menudo utilizado para explicar el mundo de hoy que especialistas de varios campos del conocimiento han integrado como el leitmotiv y la categoría central de sus investigaciones.

Las características semánticas son tan densas que cubren campos como la globalidad, estudios internacionales, historia global, modernidad, geografía, sociología de la globalización, capitalismo global, entre otras muchas más. "Globalización" parece destinada a calificar por un lugar predestinado de los macroprocesos del mundo moderno. Su importancia lo puede ubicar a la altura, o aún por arriba, de "modernización" (Bruff, 2005; Berry, 2008; Sassen, 2006, 2007; Rossi, 2008; Modelski et al, 2008; King, 2017). Aunque para muchos el tema central es económico, la economía como disciplina no está interconectada completamente con el concepto, pues se orienta más al estudio del impacto del neoliberalismo como ideología (Stiglitz, 2002; Rodrick, 2004).

El fracaso en separar conceptos "global", procesos "globalización", ideología "globalismo, lleva a tomar distintos puntos de vista, aun cuando muchas veces no se refiere a lo mismo (Harvey, 2000; Shaw, 2003; Casseli, 2008, D. Sachs, 2020). Ya hemos comentado que otro asunto central es si la globalización es un fenómeno histórico o contemporáneo, y si es una fuerza regresiva o progresiva (Wallace-Brown, 2008). A qué intereses sirve (Woods, 2006; Abdelal, 2007), y, finalmente, si la idea de una unidad mundial requiere uniformización (¿americanización?) (Bayart, 2007; Guillen, 200; King, 2017).

Desde este punto de vista, si entramos en detalle y definimos a la globalización como una fase nueva, podemos decir que es la tercera fase de la internacionalización de los mercados. Con respecto a las tres fases de la internacionalización de los mercados estas son:

a) Internacionalización: La primera fase, que puede definirse como de internacionalización, va desde el fin del siglo XIX hasta antes de la primera guerra mundial. El punto más importante es que los Estados Nación poseen en esta fase el estatus de Estados soberanos y todos los atributos de la soberanía económica, comenzando por emisión de la moneda, definición de la tasa de cambio, control de los intercambios aduaneros; en resumen, hay soberanía económica e intercambio internacional de productos y es en ese sentido que se habla de internacionalización a partir de los Estados Nación.

b) Mundialización: La segunda fase es la mundialización, que va desde el final de la segunda guerra mundial hasta alrededor de los años setenta. Es la época en la que las empresas multinacionales comienzan a operar sobre una verdadera base mundial, en el sentido de que van a arbitrar sobre una base plurinacional la localización de sus actividades complejas, ciclos enteros de productos incluidas las dimensiones comerciales y financieras, utilizando las diferencias nacionales para optimizar sus equipos de producción y maximizar su producción. Además, existe una estrategia de vinculación política para alcanzar sus fines y utilizan para ello el poder de los Estados para presionar a los gobiernos a aceptar en sus propios países lo ineludible de la entrada y necesidad de las grandes empresas extranjeras.

c) Globalización: La globalización es la tercera fase (la actual), que comienza en la década de los 80 con algunos atisbos hacia fines de los setenta. Es la aceleración de la tendencia anterior, pero con un cierto número de características nuevas, por lo menos tres series perfectamente originales.

La primera, el mundo anterior de Guerra fría, ya lo dijimos, era como una planicie ancha, marcada por líneas cruzadas y dividida por cercos, muros, zanjas y callejones sin salida.

Segunda, anteriormente los países podrían encontrar formas de preservar sus propias y únicas formas de vida, política, económica y cultural; de hecho, podían tener sistemas económicos totalmente distintos, como una economía planificada centralmente, una economía de estado benefactor, una economía socialista o una economía de libre mercado. Podían también mantener sistemas políticos marcadamente diferentes, cualquier cosa desde democracia a dictadura o autoritarismo ilustrado a monarquía o totalitarismo.

Tercera, los procesos de cambios increíbles y positivos en la economía mundial, en donde existe una unión de las actividades económicas, llamados dualidad de los procesos económicos. En la actualidad algunos países han tratado de privatizar las empresas que forman parte de su gobierno para demostrar que no son países cerrados, sino más bien países que quieren que los individuos sean los dueños de los recursos productivos y a la vez han tratado de tener una relación económica con los demás países del mundo por medio de los tratados internacionales que regulen un libre comercio, es por eso que se han tirado muchos muros de la restricción en todo el mundo y esto ha hecho posible que esta era de globalización e integración se encamine a la "perfección".

La existencia de la economía de libre mercado acabó con el sistema que se consideraba alternativo: el socialismo. El muro de Berlín se convirtió en el símbolo del triunfo del capitalismo salvaje. Después se derrumbarían todos los muros (restricciones al libre comercio y la inversión) restantes en los países en vías de industrialización (D. Sachs, 2020).

Lo que derrumbó los muros fueron tres cambios fundamentales de la globalización:

1. Cambios en la manera de comunicación (la democratización de la tecnología).
2. Cambios en la manera de invertir (democratización de las finanzas).
3. Cambios en la manera de enterarnos de lo que pasa en

el mundo (democratización de la información).

Por todo ello, concluimos que, derivado de lo anterior, en la actualidad no hay primer mundo, segundo mundo, ni tercer mundo; hoy solo existen dos mundos, el mundo veloz -el de la ancha planicie abierta- y el mundo lento -el de los que se han caído al costado del camino o prefieren vivir lejos de la llanura en algún valle propio, aislado, artificialmente amurallado, porque encuentran el mundo veloz demasiado atemorizante o exigente.

Las formas de explicar el mundo también han cambiado, hoy la historiografía explica los cambios que el mundo ha experimentado en los últimos cien años con la ayuda de los conceptos que han acompañado esos procesos históricos.

Lo ha hecho con los famosos "ización", tales como racionalización, industrialización, urbanización, democratización, y otros como individualización, secularización, alfabetización, para nombrar unos cuantos, mientras que antes se explicaba con ayuda de los primos cercanos, los "ismos", liberalismo, socialismo, comunismo, capitalismo, etc. (Osterhammel y Peterson, 2003:3-4, D. Sachs, 2020:195-211).

Por ello, no será verdaderamente hasta los años ochenta cuando el concepto globalización y la noción de globalidad aparezcan en realidad en la literatura de las ciencias sociales. Lo que, es más, hasta mediados de los ochenta conceptos como gobernación mundial (*global governance*), cambio medioambiental global (*global environmental change*), relaciones de género globales (*global gender relations*) o economía política global (*global political economy*) eran prácticamente desconocidos. En esta etapa se emplea el término globalización como descriptivo y como un concepto que fomenta las transformaciones sociales (Albert, 2009; Leander, 2009, D. Sachs, 2020).

Al final, en la mayoría de las definiciones de globalización los factores que juegan un papel importante son la expansión, concentración y aceleración de las relaciones mundiales principalmente debidas a los cambios provocados por la Guerra Fría.

La democratización tecnológica es el primero y el más importante de esos cambios, por el cambio en la manera en que nos comunicamos entre sí, este cambio es lo que permite que exista un mayor número de gente con un mayor número de computadoras en su casa, módems, teléfonos móviles, sistemas de antena satelital y conexiones de Internet, lo cual permite que se comunique más rápido, con un mayor número de países, y con menos costo que en ningún otro momento de la historia mundial.

La democratización tecnológica es el resultado de diversas innovaciones relacionadas con la computación, las telecomunicaciones, la miniaturización, la tecnología de compresión y la digitalización, que fueron combinadas a partir de la década de los ochenta en el siglo pasado. No solo se puede llamar hoy a cualquier parte del mundo, sino que se puede llamar a cualquier parte a bajo costo: desde una computadora portátil en la cima de una montaña, en el asiento del avión, etcétera. Esto es posible porque las innovaciones han reducido en forma constante el tamaño y peso de las computadoras, teléfonos y aparatos de radio llamada, de tal forma que las podemos traer consigo.

Estas innovaciones han hecho posible que millones de personas en todo el mundo se conecten e intercambien información, noticias, conocimientos, dinero, actos comerciales, etcétera. Por eso ésta era de la globalización es diferente a todas las anteriores y es por ello por lo que la democratización tecnológica globaliza la producción queriendo decir con lo anterior que hoy todos podemos ser productores. La globalización de hoy no solo se trata de que los países en desarrollo (países satélites), envíen materia prima a los países desarrollados (países centrales) para que estos produzcan un bien terminado y luego lo envíen de vuelta a precio de oro. Hoy, gracias a la democratización tecnológica todos los países tienen la oportunidad de reunir la tecnología, la materia prima y el financiamiento para ser productores de bienes y servicios (satisfactores) convirtiéndose ello en otro factor sutil que vincula al mundo más estrechamente. La democratización de la tecnología ciertamente ayudó a promover el segundo cambio importante que impulso la globalización, o sea, el cambio en la manera en que invertimos (Ernst, 2019). La democratización de las finanzas empezó a fines de la década de los sesenta, con la emergencia del mercado de "papeles comerciales". Estos eran bonos emitidos directamente por las empresas al público con el fin de reunir capital. La creación de este mercado de bonos corporativos introdujo cierto pluralismo en el mundo financiero y quitó el monopolio a los bancos.

En la década de los setenta por la segurización se abrió la puerta para toda clase de empresas e inversionistas que nunca habían tenido acceso a efectivo para poder juntar capital. En la década de los ochenta es cuando la democratización de las finanzas realmente explotó en su alcance y tamaño. El hombre que en verdad derribó las últimas barreras fue el brillante, veleidoso, pero en definitiva corrupto rey de los bonos de alto riesgo (bonos basura), Michael Milken.

En el camino hacia la globalización sucedió algo curioso. El mercado de las deudas externas accedió a la segurización. Esto significó que cuando América Latina entró otra vez en problemas a fines de la década de los ochenta, el secretario del Tesoro, entonces Nicholas Brady, inventó una solución, las deudas latinoamericanas de los principales bancos comerciales fueron convertidas en bonos respaldados por el gobierno de los Estados Unidos, y estos bonos siguieron en poder de los bancos con valor en su haber, o fueron vendidos al público en general, a fondos mutuos y a fondos de pensión, con tasa de interés superiores a los normales. De repente, cualquier persona podía comprar una parte de la deuda mexicana, brasileña o argentina, fuera en forma directa o por medio de un fondo mutuo o de pensión. Y esos bonos se cotizaban a diario: subían o bajaban, según el desempeño económico del país en cuestión. Lo que hizo Brady fue, en realidad, una revolución.

Posteriormente los bancos recibieron garantías del gobierno de los Estados Unidos para extender nuevos préstamos a América latina, con la condición de que los países deudores realizaran reformas económicas. Después de extender los préstamos, los bancos, en lugar de hacerlos figurar en sus libros, los dividían en bonos con respaldo del gobierno de los Estados Unidos, que eran vendidos al público. En vez de que un país latinoamericano pactará con veinte bancos principales, de repente ese país debía tratar con miles de pequeños inversores y fondos mutuos.

La gente compraba y vendía bonos todos los días, según su desempeño. Esto significaba que los cotizaba según el desempeño del país. Y las personas que compraban y vendían eran extranjeros sobre los cuales Brasil, México o la Argentina no tenían ningún control.

Estos tenedores de bonos no eran como los bancos que, al estar ya expuestos, a merced de esos países deudores, sentían que debían seguir prestándoles dinero para proteger los préstamos anteriores. Si un país no tenía buen desempeño, los particulares tenedores de bonos simplemente los vendían, le decían adiós y ponían su dinero en los bonos de países con buen desempeño. De manera que cuando México tuvo dificultades en mil novecientos noventa y cinco, por gastar en forma excesiva, la gente empezó a vender sus bonos mexicanos, haciendo bajar su valor, y Ángel Gurría ya no pudo empezar a llamar a los veinte banqueros para pedirles una renegociación de la deuda como lo hacía con los veinte bancos. Ahora los acreedores eran miles.

Lo ocurrido en el mundo en 2008 es algo similar, las corporaciones financieras de Estados Unidos se deshicieron de sus bonos basura (de hipotecas impagables) y los vendieron a bancos europeos y asiáticos infectando al mundo produciendo una crisis mundial cuando en realidad debió circunscribirse sólo al país que lo originó.

La democratización de la información es el tercer cambio que hizo posible la globalización, el cambio de la manera en que vemos el mundo. Gracias a las antenas satelitales, Internet y la televisión, ahora podemos ver y oír a través de toda clase concebible de muros que nos pongan.

Este adelanto comenzó con la globalización de la televisión. Durante gran parte de la era de la Guerra fría, la televisión y la radio estaban restringidas debido a que el espectro y la tecnología para la trasmisión eran limitados. Los gobiernos administraban la mayor parte de la televisión directamente, o la regulaban en gran medida. Esto empezó a resquebrajarse primero en los Estados Unidos, con el advenimiento de la televisión por cable. En la década de los ochenta la televisión multicanal empezó a propagarse por el mundo entero y el factor principal fue la caída del costo de los satélites.

Al principio, solo grandes sistemas de cable podían afrontar el gasto de construir las antenas para captar las señales satelitales, pero gracias a la democratización de la tecnología, y sobre todo la miniaturización, con rapidez, millones de personas alrededor del mundo podían captar las señales en un receptor satelital del tamaño relativamente pequeño, y posteriormente cuando entró la televisión digital, las empresas trasmisoras ofrecían no sólo cinco o cincuenta estaciones, sino 500 canales.

Seguramente, el presidente de un país en desarrollo (Venezuela), puede dirigirse a su pueblo diciéndoles: "Amigos, vamos a detener el ingreso de este sistema de la globalización. Erigiremos nuevos muros y volveremos a imponer controles de capitales. El whiskey no podrá importarse". Aunque nunca dirá: "sufriremos menos con nuestra economía, tendremos menos volatilidad, aunque también un crecimiento más lento, porque no podremos atraer ahorro del resto del mundo, así que, si todavía no pertenecen a la clase media, tendrán que esperar un poco". No lo diría, porque si lo hace tarde o temprano alguien va a protestar.

Los gobiernos que quieren evitar la globalización no sólo deben probar que la alternativa puede producir para sus ciudadanos un nivel de vida ascendente, sino que deben darse en un medio en el que todos sepamos, cada vez más, cómo vive el resto del mundo.

Al encoger el mundo a una talla pequeña, la globalización les hace saber a todos cuán adelantados o atrasados están con respecto al resto de los países. Esta democratización de la información también está transformando los mercados financieros. Ahora los inversionistas no sólo pueden comprar y vender valores y bonos de todo el mundo, no sólo pueden hacerlo desde la computadora en su casa, sino que los sitios de Corretaje en Internet les dan ahora gratis la información y las herramientas analíticas para invertir sin necesidad de llamar a un agente de bolsa.

Con esos adelantos, dentro de diez años el setenta por ciento de las transacciones de las operaciones bursátiles se harán en Internet, y cuantas más personas lo hagan, más información y análisis de economías y empresas diferentes se exigirán, lo que hará más fácil mover el dinero, castigar a los que se desempeñan mal y premiar a lo que lo hacen bien.

En aquellos que a causa del proceso de sensibilización continúa no se han dado cuenta de la magnitud de los cambios actuales, pueden existir las siguientes preguntas: ¿Es la globalización un fenómeno tan nuevo como parece? ¿Puede rastrearse su origen a los últimos lustros del siglo XX? ¿Tiene elementos radicalmente nuevos o ha llegado a ser lo que es a través de un proceso evolutivo? Para muchos, la globalización aparece para definir un nuevo estadio en la economía internacional. El aspecto crítico aquí es la velocidad y la dirección de este proceso. ¿Es realista esperar un incremento de la productividad y de los niveles de bienestar de la sociedad mundial? La evidencia sugiere que la globalización está limitada a un conjunto de países industrializados de Europa, América del Norte y Japón, aunque la "triadización" de los mercados financieros es más aparente que real.

En el análisis de los conceptos, la "globalización histórica" no es otra cosa más que ese fenómeno que, a partir del inicio del mundo moderno, caracterizó la evolución del proceso de expansión de las sociedades europeas que las llevó, a principios del siglo XX, a dominar completamente el mundo, siendo más tarde sustituidas por Estados Unidos primero, y Japón después.

En consecuencia, si la globalización históricamente neutra hacía referencia a un proceso de "expansión" de la sociedad europea hacia el resto del mundo o, en términos más radicales, a un proceso de conquista de los mercados -por parte del Occidente rico y de economía de libre mercado- del resto del mundo, hoy podríamos afirmar ciertamente que como proceso ha concluido. Luego entonces, estamos frente a una "globalización completa". Sin embargo, lo que nos interesa saber es cuándo se alcanzó tal realización y por qué. La mayoría de los analistas están de acuerdo en que el "cuándo" es 1989 con la caída del muro de Berlín y el "por qué" está representado por la desintegración de la Unión Soviética y la terminación del bipolarismo político y económico o Guerra fría. Puesto en otras palabras, el momento decisivo para las economías mundiales fue la caída del muro de Berlín en 1989, porque "reveló que tras el Telón de Acero un estado en ruina económica superaba con creces las expectativas de los economistas occidentales mejor informados. La planificación central ya no era digna de debate (Greenspan, 2008: 25).

Obviamente se utiliza 1989 en sentido emblemático, sólo para resaltar el descubrimiento de una "dimensión de la realidad" caracterizada por la "mutación de las reglas de la vida internacional", o sea, la paradójica imposibilidad de que las grandes potencias se vieran envueltas en conflictos para resolver sus diferencias con el instrumento que habían forjado en cinco siglos de historia (por lo menos): la guerra.

Evaluar el significado en términos internacionales de la crisis de la Unión Soviética y de su modelo lleva a la conclusión que no solamente terminó la guerra fría, sino que al mismo tiempo desapareció el único modelo alternativo frente al modelo de economía de libre mercado. No es necesario discutir si el socialismo real era mejor, simplemente se señala que su desaparición hizo caer cualquier obstáculo a la expansión, a estas alturas natural e irrefrenable, del capitalismo salvaje. Podríamos decir que al desaparecer el enemigo –el socialismo-, todos se volvieron enemigos, o mejor dicho, se convirtieron en competidores en el libre juego de la contienda económica, el socialismo real no servía más que para "contener" la agresividad económica y financiera de Estados Unidos (refiriéndose a este país en términos simbólicos, no como protagonista exclusivo; Japón, Inglaterra y Alemania siguen el mismo tenor como tantos otros países, grandes o pequeños) (D. Sachs, 2020).

La "mutación" y la consecuente caída de la URSS son eventos que se ubican en una dimensión abiertamente internacional, en su sentido específico de "relaciones entre Estados". Después de tales acontecimientos, las pruebas empíricas son tantas que es ocioso presentarlas; es suficiente contar los escritos acerca de la globalización para tener una idea al respecto. El mundo, y no podía ser de otra manera, cambió (mutó), se unificó en la medida en que el sistema internacional, ya sea político o económico, se volvió homogéneo y, por lo tanto, hizo posible que se difundiera un mismo y único modelo de desarrollo económico. Que el sistema económico de libre mercado *per natura* se moviera en esta dirección para expandirse al máximo, ya había sido notado en los escritos sobre la internacional *political economy*, de la que el libro de Gilpin es en cierto modo el manifiesto programático. Otros pensadores son más radicales al afirmar que "si la historia del último cuarto de siglo puede resumirse en una sola línea, se trata del redescubrimiento del poder del capitalismo de mercado (Greenspan, 2008: 27).

Política y economía, por consiguiente, se funden e integran más y mejor en el plano internacional (¿global?) que en el interior de los Estados. La razón es sencilla: mientras el Estado regula a priori las acciones políticas y económicas, los Estados establecen, de cuando en cuando, en sus relaciones - que son por naturaleza intermitentes- un sistema normativo específico, de suerte que la economía no puede actuar más que valiéndose de la política, y ésta no tendría objetivos si no se concretara en ventajas económicas.

La unificación de los mercados y la homogeneización de los sistemas políticos (ya no existe ninguno realmente socialista aunque China y Cuba continúan con un sistema mixto; el abanico de los casos posibles va de la democracia ilustrada a los regímenes dictatoriales de derecha) alcanzaron los límites planetarios y con ello parece concluido el proyecto del Estado moderno nacido en el siglo XVIII: el Estado como lo conocimos ha muerto, ya no es funcional, debemos ayudar a bien morir lo que queda de él. Pero aún no ha terminado de nacer el nuevo Estado de la globalización que está representado, en su forma ideal, por ahora por la orientación de la Unión Europea (D. Sachs, 2020).

El inicio del debate acerca de la desterritorialización puede ser considerado como una prueba, pero en general la teoría de las relaciones internacionales muestra, aunque quizá sin la conciencia necesaria, esta situación de transición con sus secuelas, comenzando con la "teoría de los regímenes internacionales" y continuando con el "institucionalismo" que deben entenderse como la formación cuasi espontánea y progresiva de estructuras organizativas internacionales intermedias, que están por debajo de la autoridad de los Estados y por encima de la libre iniciativa de los entes privados (de todo ello hablaban las "teorías de la interdependencia" en los años ochenta). Con lo anterior se justifican los organismos supranacionales que le dan la estocada final al Estado en su versión clásica

En conclusión, 1989 habría provocado el agotamiento de un proceso que duró cinco siglos. Se dejan ver entonces dos alternativas; que, una vez llevado a cabo el fenómeno de la globalización, deba a su vez, a) agotarse (no está dicho que eso deba ocurrir instantáneamente) o b) consolidarse y empezar a tomar posesión del mundo entero.

Podemos concluir que en este mundo globalizado nunca tantas personas escucharon o supieron tanto sobre el resto del mundo. Por primera vez en la Historia, una fantasía de ser une a la Humanidad. Las agencias de publicidad y los medios de comunicación masiva alimentan ese sueño al servirse del decorado mundial con una patria común para sus clientes. El público de masas recibe mensajes subliminales donde se uniformiza todo: el consumo, la cultura, el trabajo, los estudios en las universidades, la familia y el amor. Esos reforzadores retroalimentados de la uniformidad mundial impulsan más y más esta evolución.

Para poder abastecer a los mercados mundiales surge el concepto de cadena global de oferta y demanda que implica grandes imbricaciones entre familias, inversionistas, empresarios, comercializadores que se ajusten a un proceso en el cual se incluyen los beneficios de la producción y se tiende a unificar precios en un mercado global de *commodities* (Gereffi, 2003; Polanyi, 2001, Frieden, 2006, Piketty, 2016, Rodrick, 2011, King, 2017).

Como un arado que circunda la Tierra, la multimillonaria demanda de la marea de mercancías anunciada a escala global se ha abierto camino por las calles comerciales de todas las ciudades del mundo. Las víctimas de sed insaciable de productos globales son las ciudades. Los ejemplos recientes de Viena, Bratislava, Tallin, Riga, Praga, Lisboa, Budapest, Moscú y San Petersburgo, solo por citar algunas, donde innumerables pequeños comercios con variedad de mercancías tradicionales daban a cada ciudad un carácter inconfundible, lo han tenido que abandonar desde su incorporación a la Unión Europea algunas o la llegada del libre mercado otras. Cadenas comerciales internacionales han elegido los mejores lugares, aburridos locales de comida rápida, atractivas firmas de ropa interior, farmacias y perfumerías, hoteles de lujo y joyerías entre otras sustituyeron el encanto de la tradición y el romanticismo de la cultura local por la uniformidad de la cultura global.

Y es que la clase media urbana de los centros de las ciudades florecientes se mueve con insólita naturalidad sobre el disminuido planeta azul, millones de turistas se desplazan de sus ciudades de origen y abarrotan los centros vacacionales de moda. Paris, Madrid, New York, Milán, Tokio, Dubái, Londres y la Ciudad de México, entre otras, se convierten en los destinos globales. Para ser ciudadano global, se puede desconocer su propio país, pero es un pecado mortal desconocer los destinos globales. Todos se consideran abiertos ciudadanos del mundo, lejos de la sensación de que sus connections globales son a menudo muy provincianas y limitadas a su propio ambiente.

Tal movilidad indica la dirección, es al menos faro de orientación en el rapidísimo vuelo hacia el futuro que promete una estructura mundial repulsivamente nueva para los mayores y endiabladamente atractiva para los jóvenes de la nueva generación. Unas treinta regiones metropolitanas en el mundo unidas por la tecnología más avanzada de las telecomunicaciones y las redes informáticas atraen a más del 70 por ciento de los viajeros globales. Las metrópolis están dispersas en el globo como casuales manchas de luz, a lo largo de miles de kilómetros sus habitantes creen estar más cerca unos de otros que sus vecinos del interior de su comunidad, que hasta ahora determinó su historia. Adicionalmente a las ya mencionadas, se suman Kuala Lumpur en Malasia, Pekín, Berlín, Hong Kong, Shanghái que aspira a ser el centro neurálgico de las ciudades asiáticas, Taipéi, Bombay, Nueva Delhi, Sao Paulo, Rio de Janeiro, Buenos Aires, Taiwán, Bangkok y Singapur entre otras (D. Sachs, 2020).

2.   ELEMENTOS ACELERADORES

John Meyer, analiza la teoría de la cultura mundial y propone un conjunto de hipótesis que explican la expansión global y la escolarización de masas que hace posible la rápida expansión de la globalización (Meyer, 1971, 1977; Meyer y otros, 1977).

Su afirmación teórica más importante era que la expansión educativa no era una respuesta particular a las características políticas, económicas y sociales de los distintos Estados-nación, sino que, más bien, esta expansión se debía a las "características del sistema mundial contemporáneo" que afecta "a todas las naciones simultáneamente" (Meyer et al. 1977, p. 255). Basándose en este argumento, los teóricos de la cultura mundial han desarrollado una visión de la educación en función a una sociedad mundial imaginada (y no basada en funciones nacionales definidas específicamente). Esta construcción gira en torno a la internacionalización de "mitos" culturales compartidos o de ideas que se dan por supuestas sobre lo que la sociedad es y sobre cómo funciona.

Al hacer hincapié en el poder de estos "modelos simbólicos compartidos" (Scott, 2004, p. 463), la teoría de la cultura mundial mantiene cierta deuda con la comprensión de Weber sobre la "emergencia histórica de las burocracias como consecuencia de los mercados económicos y de la organización centralizada" (Meyer y Rowan, 1977, p. 342). Sin embargo, los neoinstitucionalistas han desafiado la comprensión estándar de Weber dando prioridad al rol de los entornos organizativos en la legitimación de los cambios estructurales en lugar de verlos (como hizo Weber) como el resultado de la preocupación por la eficiencia (Sorrells,2021).

Del mismo modo, a pesar de una cierta comprensión liberal de la persona que circula en las teorías de la cultura mundial, los académicos de esta tradición rechazan la "primacía última" de los actores humanos "intencionales y racionales o razonables" (Meyer, 2009b, p. 42-43). En su lugar, dan prioridad a la naturaleza construida de la acción social y de los actores que, aparentemente, "incorporan las reglas institucionales dándolas por supuestas sin mucha decisión o reflexión" (p. 41). Aclarado esto, la naturaleza precisa de la cognición individual y la reflexión sigue siendo opaca, mientras que los procesos de coerción o de conflicto en la acción social se evitan debido a su valor explicativo, aparentemente pobre. Paul DiMaggio y Walter Powell (1983: 150) han puesto de relieve tres mecanismos de isomorfismo institucional: coercitivo (que surgen de la influencia política y del problema de la legitimidad); mimético (que reflejan las respuestas estándares a la incertidumbre) y normativo (asociados a la profesionalización). De acuerdo con Richard Scott (2004, p.

463), su enfoque destacó la "importancia de las redes de conexiones que transmiten (o transmitían) presiones coercitivas o normativas de los agentes institucionales, como los organismos estatales y profesionales, o influencias miméticas derivadas de organizaciones similares o relacionadas".

Por lo tanto, el isomorfismo institucional trata de una "homogeneidad en la estructura, la cultura y la producción" (DiMaggio y Powell, 1983, p. 147), pero también, en parte, sobre "la política y la ceremonia" (p. 150). Curiosamente, DiMaggio y Powell sentaron las bases de un programa de investigación que, aunque insatisfactorio en relación con los argumentos sobre la "selección natural" y el "control de la élite", sugiere, sin embargo, que las élites se salen con la suya gran parte del tiempo (Sorrells,2021).

Reflexionando sobre el programa de Stanford, DiMaggio y Powell (1983: 157) indicaron que también se había prestado poca atención a la cuestión sobre qué intereses estaban siendo atendidos por la convergencia institucional. Se centraron en dos formas de poder en el análisis del cambio organizativo: "El poder para establecer premisas, definir las normas y estándares que forman y canalizan el comportamiento" y "el momento de la intervención crítica en el que las élites pueden definir los modelos apropiados de estructura organizativa y política que resulten incuestionables en los próximos años" (p.157). DiMaggio y Powell (1983) defendieron que la investigación institucionalista se mantuviera abierta a las tensiones y superposiciones entre las tres formas de isomorfismo.

Sin embargo, el "institucionalismo fenomenológico" de Meyer (2009b, 41) y sus colegas, priorizan la naturaleza "normativa" y "mimética" de la acción social, confluyendo éstos en el concepto de "promulgación". La idea de la acción social basada en la noción de conducta racional continúa preocupando a los teóricos de la cultura mundial para describir y conceptualizar la "sociedad mundial". Los denominados procesos de promulgación parecen totalmente consensuados entre los académicos de la cultura mundial, dando como resultado políticas progresistas (generalmente liberales) que son a la vez familiares y agradables al paladar occidental. ¿Cómo podemos entender estas opciones teóricas y conceptuales y la confianza con la que se defienden?

En pocas palabras, cuando una institución educativa lleva sus programas a todo el mundo, ofrece exactamente lo mismo que en su matriz, dando como resultado la uniformización de paradigmas extendiendo la influencia occidental

En la última década, la idea rectora tras la globalización es la economía de libre mercado, que es predicada por todos los programas educativos de Estados Unidos en el exterior, afirma que debe permitirse el dominio de las fuerzas del mercado y cuanto más se abra la economía al libre comercio y a la competencia; más competitiva, eficiente y floreciente será la economía. La globalización implica la propagación del libre mercado a virtualmente todos los países del mundo. La globalización tiene también su propio conjunto de reglas económicas, reglas que giran en tomo a la apertura, desregulación y privatización de la economía y tiene también sus propias tecnologías definitorias: la informatización, miniaturización, digitalización, comunicaciones satelitales, fibra óptica e Internet, etc. (Sorrells,2021).

Culturalmente hablando, la globalización es en gran medida, aunque no enteramente, la propagación de la americanización a una escala global. La lucha ya no es entre economía de libre mercado y comunismo. Ahora es entre radicales y conservadores del libre mercado. Si se quisieran encontrar los pilares de la globalización encontraríamos diferentes posturas, ya que para algunos estos pilares son la tecnología, los libres mercados de capitales y los cambios en la gestión de las organizaciones (Micklethwait y Wooldridge, 2003:29), para nosotros son el libre flujo de bienes y servicios, el de capitales, los avances en las tecnologías de la información y las comunicaciones, el surgimiento de la empresa global y la democratización de las finanzas.

A continuación, revisaremos esos pilares que son coincidentes en varios autores.

A.   El libre mercado. Hemos dicho que uno de los pilares y el combustible que alimenta el fuego devorador de la globalización es el libre mercado y su base ideológica conocida como neoliberalismo que se opone a la intervención del Estado en materia económica. El neoliberalismo como práctica viene acompañando a la integración económica. Su tesis es que el mercado es bueno y eficiente en la asignación de los recursos y cualquier intervención estatal es mala e ineficiente. Aplicando las ideas de Milton Friedman, los gobiernos han elevado a dogma esa directriz de política económica de los ochenta.

Desregulación contra control estatal, liberalización del comercio y del flujo de capitales, así como privatización de las organizaciones públicas fueron las armas estratégicas del arsenal de los gobiernos creyentes en el libre mercado y en las organizaciones económicas internacionales dirigidas por ellos, el BM, la OMC, el FMI, etcétera.

Los neoliberales afirman que los Estados del bienestar son demasiado caros si se les compara con su primo el Estado neoliberal. Los trabajadores despedidos en todo el mundo lo entienden muy bien.

B. Mercado, innovación y eficiencia. A medida que la aplicación de políticas neoliberales avanza, la brecha entre los ingresos de ricos y pobres en los países industrializados se amplía notablemente, después de varias décadas de permanecer relativamente estable. Se incluyen masivos desplazamientos demográficos de áreas rurales a áreas urbanas, rápidos cambios tecnológicos que progresivamente recompensan a los trabajadores capacitados sobre los que no lo son. La globalización premia la eficiencia y la innovación asignando salarios globales, mientras que castiga a las personas con pocas habilidades globales asignando salarios bajos.

Por ello, las diferencias de salarios, cada vez más pronunciadas, contribuyen a alimentar la reacción negativa hacia la globalización, especialmente en países donde la clase media tiende a ser mucho más pequeña y donde las leyes antimonopolios y otras de equiparación de salarios son menos rigurosas. Pareciera que hay algo inherentemente inestable en un mundo que cada vez está vinculado más estrechamente por la tecnología, los mercados y las comunicaciones, mientras se va diferenciando cada vez más en lo social y en lo económico.

C. El capitalismo salvaje. La globalización produce nuevas agrupaciones regionales y sus respectivas instituciones para promover las políticas al interior de los países. La literatura sobre este tema crece día a día, los autores representativos son entre otros, Barnet (1995), Hirst (1999) Polanyi, (2001), Frieden, (2006), Piketty, (2016), Rodrick, (2011), King, (2017) y Thompson (1999).

En un movimiento global de pinza, el capitalismo salvaje desquicia Estados enteros y su actual ordenamiento social. La amenaza de buscar mejores lugares les abre a las organizaciones las puertas a los subsidios, esos subsidios que se le han negado a los trabajadores van al eslabón más fuerte de la cadena en lugar de apoyar al eslabón más débil.

Las palabras de los portaestandartes del nuevo globalismo hacen creer que todo esto es un proceso natural, resultado de un incesante progreso técnico y económico. Esto además de ilógico, es absurdo, dado que es un proceso diseñado y aplicado por el hombre, los políticos han aprobado las leyes de la desregulación y han creado ese estado de cosas que ya no pueden controlar.

Como dicen Martin y Schuman, "Sólo ingenuos teóricos o políticos cortos de vista creerán que se puede, como está ocurriendo actualmente…, privar año tras año a millones de personas de trabajo y seguridad social sin pagar en algún momento el precio político por ello. Es algo que no puede funcionar… Los ciudadanos tienen un voto, y lo utilizarán" (Martin y Schuman, 2000:17; Frieden, 2006, Piketty, 2016, Rodrick, 2011, King, 2017). Con su voto de inconformidad han elegido a bufones como Bolsonaro (Brasil), López (México), Trump (USA), Evo (Bolivia), Castillo (Perú) y muchos más.

Lo anterior provocará una oleada de gobiernos de izquierda con cualquier apelativo político: socialdemócrata, popular, populista, cristiano popular, centroizquierda, etc. entonces, no será la pobreza la que ponga en riesgo la democracia, será el miedo al desclasamiento. Ese proceso que elimina las clases sociales para sólo dejar dos bandos: ganadores y perdedores del proceso global. En América latina tenemos los casos de Venezuela, Uruguay, Ecuador, Brasil, Argentina, Chile, Nicaragua y Perú entre otros, como ejemplo del desencanto del neoliberalismo que los ha llevado a elegir gobiernos de izquierda como una opción válida.

D La revolución tecnológica. Tal vez lo que más ha contribuido a acelerar la globalización económica es la revolución tecnológica de las últimas décadas. Hay muchos niveles de ésta que son directamente captables a simple vista. Y tantos más que se nos escapan en la vida diaria pero que están modificando y cambiarán el mundo y la vida de las personas en formas hasta ahora impensadas. Experimentos sobre la conductividad a altas temperaturas, la creación de nuevos materiales que la naturaleza nunca imaginó, el uso de fibra óptica en las comunicaciones, la búsqueda de inteligencia artificial, entre otros, cambiarán en pocos años las formas de producción, los productos en los mercados y la relación de los seres humanos entre sí y con la naturaleza. Nos movemos muy rápidamente hacia la complejidad y hacia la integración de tecnologías y de sistemas de producción y distribución; de esa integración se producirán los mayores saltos y transformaciones que ahora hayamos conocido.

De todos los cambios tecnológicos que están contribuyendo a acelerar la globalización hay cuatro que debemos destacar: a.-la computación; b.- las nuevas formas de comunicación; c.- el diseño de nueva maquinaria e insumos; y d.- la ingeniería genética.

En muchos sectores del planeta el desarrollo de computadoras personales y de Ipods ha transformado radicalmente la forma cómo la gente trabaja, estudia, compra, y se divierte. En los países industrializados estos son ya artefactos domésticos, de uso múltiple y diario. Los niños los usan en la escuela desde la primaria y el grueso del proceso de aprendizaje escolar tiene como herramienta central una computadora, y en menos de cinco años veremos en el mercado uno de los principales frutos de la búsqueda de inteligencia artificial: la computadora activada por la voz humana; la computadora inteligente, capaz de entender lo que le pedimos y dar respuestas coherentes a los pedidos de búsqueda de información. Esta realidad coexiste con otra no menos apabullante: en muchas escuelas de países en vías de desarrollo, todavía faltan libros, lápiz y papel, los instrumentos básicos de la educación, no de hoy sino del siglo pasado.

Las comunicaciones han tenido también una transformación inverosímil. Gigantescos aviones supersónicos cruzan en horas continentes a los que sólo se llegaba tras largas penurias. Y a diario nos preguntamos, ¿cómo fue que antes vivíamos sin máquinas de fax / escáner /cámara web, etc.? En menos de cinco años, la telefonía celular/satelital estará disponible en todos los rincones del planeta, con lo cual, en teoría, no quedará nadie desconectado de lo que pasa en el mundo. Pero lo realmente notable e importante es cómo se han integrado las tecnologías de computación y comunicación para generar nuevos desarrollos en la comunicación por vía electrónica. La informática proveerá las mayores transformaciones tecnológicas de uso cotidiano. En muy poco tiempo, en el grueso de los países la autopista de la información permitirá la interconexión de los medios de información y comunicación, trayendo a la televisión, los teléfonos y la computadora en un mismo artefacto y cambiando radicalmente la organización del trabajo.

En muchos países ya se instrumentan modalidades de trabajo a distancia y es interesante observar cómo se van construyendo las relaciones laborales en ese contexto. Algunas aerolíneas, por ejemplo, procesan sus boletos mediante sistema de subcontratación de mujeres que trabajan desde sus casas frente a una computadora, conectada a Internet. Esta forma de organización de la producción nos hace recordar cómo estaba armado el trabajo domiciliario a principios de siglo: en la confección de ropa, por ejemplo, las costureras y bordadoras trabajaban en sus casas y un intermediario pasaba retirando la producción y pagando por ella. El patrono era invisible, no había derechos laborales, compensaciones por horas extras, y hacer reclamos era caso perdido. Esa lógica, que parte de la debilidad de la mujer a nivel individual para lograr mejores condiciones de trabajo, fue piedra fundacional de la desigualdad salarial que todavía enfrentan las mujeres en el mercado de trabajo. Los procesos de globalización la retoman y la reafirman peligrosamente. Desde la India miles de ingenieros y expertos en programación e informática, sumados los contadores, maquilan más de la mitad de la información de los grandes conglomerados europeos. Los Centers Call nos desubican completamente porque cuando usted cree que está llamando a las oficinas de su país , en realidad le contestan de otra parte muy lejana del mundo donde los salarios son una parte muy pequeña de lo que se paga en el país de origen.

Ciertamente, la vida de las clases acomodadas en todo el planeta podrá disfrutar de los adelantos que la revolución tecnológica y la globalización están aportando. Pero ¿qué pasará con el resto de la gente? ¿Podrán tener acceso a estos desarrollos o encararán nuevas formas de exclusión provenientes de la concentración de riqueza que la globalización está generando?

La robótica y el desarrollo de nuevos materiales sintéticos están cambiando muy rápidamente el diseño y la organización de la producción. Los materiales y la forma en que se fabrican hoy autos, casas, ropa, equipos, son muy diferentes de los de hace dos décadas. La tecnología está logrando descifrar en laboratorio muchos de los secretos de la naturaleza, imitando virtudes de aquella y adecuándola a las necesidades del presente. Muy pronto veremos infinidad de productos inteligentes basados en estos avances.

E. La liberalización de mercados. Otro elemento que ha incidido fuertemente en acelerar los procesos de globalización económica ha sido la tendencia a uniformizar las políticas de reforma del estado y a liberalizar mercados. En el transcurso de la última década el grueso de los países el mundo se volcó hacia un modelo económico neoliberal que predica el retraimiento del aparato de Estado y la desregulación de la actividad fiscalizadora de éste, así como la apertura de los mercados. ¿Qué ha significado esto? En realidad, que cada día el Estado tiene menos injerencia y el poder económico tiene más, en las decisiones que afectan la vida de todos los seres humanos.

El proceso de reforma estatal ha tenido dos pilares fundamentales: por un lado, la instrumentación de políticas llamadas de "ajuste estructural" dirigidas a lograr equilibrios fiscales y controlar la inflación y, por otro, la "privatización" que aspira a desvestir al estado de todas aquellas actividades que no son consideradas fundamentales, según este modelo. Está ampliamente documentado que estas políticas no han logrado detener el alarmante crecimiento de la pobreza y el desempleo, además de que han aumentado la polarización social. Aunque muchos organismos internacionales comienzan a reconocer las disparidades por género, la política social todavía tiene rostro neutro y es imprescindible que presionemos para que pueda haber acciones de corrección positiva hacia las mujeres en materia de política social.

Por otra parte, existe la crítica con respecto a que los procesos de privatización en muchos países han sido poco transparentes, azarosos, incoherentes y han desencadenado o se han dejado llevar por antiguas prácticas de corrupción y soborno de funcionarios, minando cada vez más la confianza de las personas en la clase política. La apertura de mercados, mediante mecanismos de desregulación y eliminación de aranceles, también ha traído consecuencias muy contradictorias. Por un lado, es cierto que se abren las puertas para que los productos de los países pobres puedan venderse en los países ricos; pero, aunque las puertas estén abiertas la competencia es tan feroz y la desigualdad de condiciones para competir tan grandes que, en los hechos, en esta década muchos países pobres perdieron mucho terreno en el comercio internacional. La mayoría de los países pobres abrió sus mercados eliminando barreras de importación y bajando aranceles para estimular el libre comercio, piedra angular del nuevo modelo de economía global. Es claro, que la apertura comercial sólo ha beneficiado a los que estaban en capacidad de competir y exportar.

A nivel mundial, la participación de América Latina, en el año 2018 (nov), redujo a un 3.3%, en el total de las exportaciones, el nivel más bajo registrado en los últimos cien años. En la mayoría de los países se evidencia tanto una caída notable de la capacidad de exportar, así como un incremento en nivel de las importaciones, lo que significa mayores presiones aún para los productores nacionales y cambios notables en los hábitos de consumo de la población.

La eliminación del proteccionismo se ha traducido en incremento del poder de las empresas transnacionales, evidentemente, en detrimento de las empresas pequeñas y medianas de carácter nacional. La empresa transnacional no está solamente en el ámbito de la producción, sino que se extiende rápidamente a la comercialización y los servicios, incluidos los rubros tradicionales como comida y mercancías de consumo diario. La competencia que plantea esta expansión de las transnacionales a los productores medianos y pequeños es feroz, pero no se controla porque el modelo neoliberal consensuado por la dirigencia política así lo requiere. Mientras tanto, los países, las provincias, las comunidades están viendo cómo cada día se cierran más empresas locales y crece el desempleo.

Lamentablemente, hoy se pone más esfuerzo en atraer capitales extranjeros - que bien pueden ser golondrinos - que en estimular la producción nacional, lo que deja a los países en condiciones de mayor vulnerabilidad. Por ello las reacciones de los gobiernos de Bolivia, Venezuela, Ecuador, Brasil, Uruguay,

Perú y Nicaragua, entre otros, de nacionalizar o restringir la inversión especulativa en sus respectivos países. Lo anterior se hace incluso a costa de la pérdida de prestigio y el retiro de las inversiones productivas. Pensamos que tampoco se debería llegar a ese extremo.

F. Cambios en la organización y legislación del trabajo. El sexto elemento que ha incidido fuertemente en acelerar los procesos de globalización se refiere a cambios en la organización y legislación del trabajo. Como vimos, los cambios tecnológicos de la última década han contribuido a redefinir los procesos de producción. Para encarar los desafíos que ello representa se precisan nuevas destrezas, actitudes, y formas de organizar la producción. De ahí que los empresarios en todas partes hayan reclamado o estén reclamando cambios en la legislación laboral a fin de "flexibilizar" la misma. Pero en realidad lo que se observa es una erosión de derechos previamente adquiridos en las áreas de seguridad de empleo, compensaciones, seguridad social, remuneración por horas extras, entre otras. Lamentablemente, hasta ahora la flexibilidad sólo ha sido instrumentada para beneficio de los patronos; todavía falta instrumentación para beneficio de los que trabajan, sobre todo, para las mujeres, que han venido clamando por ésta en materia de horarios de trabajo.

Las políticas de flexibilización han acentuado una modalidad de reclutamiento de personal a tiempo parcial, o por tarea; es decir trabajo eventual que incrementa sentimientos de inseguridad en la gente. Cada día se recluta más de esta manera, evitándole a los patronos hacer las compensaciones que tradicionalmente se han pagado a los de tiempo completo. Esta modalidad de reclutamiento es muy frecuente en trabajos que ocupan mayoritariamente mujeres, por ejemplo, en la industria de la confección de ropa y la venta en grandes tiendas departamentales. Ello ha llevado a nuevas formas de explotación del trabajo femenino, que guardan parecido a las de los albores del capitalismo. Las maquilas, las zonas francas, los talleres de operarias con migrantes sin documentación son ejemplos en la economía global de cómo se burla hoy la legislación laboral que costó tanto obtener en la historia de la humanidad.

Estos cambios en legislación laboral se han podido lograr porque coinciden con una etapa de creciente desempleo en todos los países y de poder reducido de los sindicatos. De ahí que hoy en pocos lugares del mundo quede fuerza colectiva para negociar convenios, defender los derechos laborales adquiridos y representar a los trabajadores en litigios o reclamaciones, máxime cuando la producción está atravesada por procesos de fragmentación, segmentación y capitales de múltiple origen, que configura el contexto de globalización.

La lógica de la economía global, como advertimos al principio, es profundamente contradictoria. Está sentada sobre la velocidad, el riesgo, la creatividad, pero también sobre la impunidad en el orden internacional, ya que no existen mecanismos de regulación de los intereses colectivos de la humanidad. Pero, sobre todo, esta lógica está sentada sobre las bases de la inseguridad de las personas, particularmente las de los países y sectores pobres. Se transfiere la producción de los países de salarios altos a aquellos con salarios bajos, se especula en el mercado financiero sin considerar las consecuencias - excepto para del propio capital- se trastocan patrones culturales y de consumo y se hace daño irreversible a base ecológica del planeta, sin preocupación por las generaciones futuras.

La crisis financiera internacional del año 2008 que se intensificó en el 2009 es un claro ejemplo de la forma irresponsable del manejo de la inversión especulativa a través de los aseguramientos derivados. En Estados Unidos ya costó a los contribuyentes 900 mil millones de dólares. Esta crisis nos hará recordar las fallas enormes del neoliberalismo y la necesidad de instrumentar reformas en la orientación de los mercados.

El neoliberalismo ha contribuido a generar, constante y crecientemente, exclusión y polarización social, minando con ello las bases de una convivencia armónica y pacífica. No es de extrañar que frente a él se hayan desatado fuerzas que reivindican el espacio local y las identidades más restringidas, así como que hayan surgido peligrosos nacionalismos xenófobos y grupos religiosos intolerantes que amenazan la paz. ¿Sería más realista asumir que una "sociedad mundial" surge cuando el neoliberalismo provoca grandes problemas a las sociedades locales y nacionales? La globalización impulsada por la esfera del mercado de ninguna manera implica una universalización del "proceso civilizador de la Ilustración" ni la creación de un "vecindario global".

Aunque la globalización a través del mercado no tenga un efecto universalizador, sí se derriban las viejas estructuras de orden y se disuelven los vínculos. En un mundo del que no es posible tener una "visión panorámica" se pierde el sentido de orientación, pues las señales del mercado son insuficientes para la comunicación necesaria en la vida práctica. La división global del trabajo no se convierte en una nueva "fuente de solidaridad"; la consecuencia sería más bien la anomia social, "que es el debilitamiento del control, en el sentido del debilitamiento de la solidaridad". Esta doble cara de la globalización se puede representar, por ejemplo, como una simultaneidad de "unificación y fraccionamiento". Las fronteras estatales son significativas, pero no son sólo uno de los tipos de frontera que afectan el comportamiento de la sociedad mundial. Sin embargo, también enfatiza la contradicción entre sociedad global e interacción con alcances globales ya que a pesar de que la sociedad se constituye mayormente de interacciones, se ha vuelto inaccesible para la interacción.

Ninguna interacción puede pretender ser representativa de la sociedad. Por eso ya no existe la "buena sociedad". Los ámbitos de experiencia a que se puede tener acceso en la interacción ya no transmiten el conocimiento socialmente necesario, y aún pueden inducir sistemáticamente al error. También los campos de interacción, que se unen entre sí o se suman unos a otros desde determinados puntos de vista, se dirigen, a lo sumo, a sistemas funcionales, quizá también a límites regionales (naciones), pero no al sistema general de comunicación social.

Así pues, la sociedad es hoy una sociedad mundial, que se caracteriza por su carencia de socialidad. La globalidad puede constatarse como un fenómeno real, pero sólo en cierta medida. La sociedad mundial es, al mismo tiempo, una realidad económica y una quimera social. Por lo tanto, el proceso de la globalización impulsa la formación de una sociedad mundial y, al mismo tiempo, garantiza que ésta no merezca, en estricto sentido del término, el nombre de "sociedad".

Hemos dicho que el término globalización no es uno neutro (está ideologizado), por lo tanto, dependiendo de qué cara de la moneda se enfatice, se justifica desde la defenestración total (globalifóbicos) hasta la adoración fanática de la globalización (globalifílicos). El poder de los medios y la difusión de la ideología de la globalización han generado cientos de mitos que han analizado autores renombrados de los que continuación mencionamos algunos de ellos.

Los teóricos de la cultura mundial sostienen que su compromiso inicial con el estudio de los procesos institucionales en la educación estuvo impulsado, en parte, por el deseo de romper con las aparentes rigideces del funcionalismo estructural parsoniano, priorizando, en su lugar, la naturaleza de la acción socialmente construida (Jepperson, 2001). No obstante, aunque esta acción no es contemplada necesariamente como "estratégica" o "racional" (Drori y Krücken, 2009: 22-23), resulta útil, al tiempo que legitimada a nivel colectivo y, por lo tanto, consensuada. Aunque se rechace la noción parsoniana de que las normas son necesariamente interiorizadas, los teóricos de la cultura mundial transmiten la imagen destacada de los actores —individuos, organizaciones y Estados-nación— adoptando, irreflexivamente, los mismos mensajes universales, independientemente de su historia, identidad o contexto nacional, pues "no son los actores ni sus intereses quienes constituyen la sociedad ("de abajo a arriba"), sino que es la sociedad, cuyas principales características culturales se han globalizado en el tiempo, quien constituye los actores con procesos de racionalización ("de arriba a abajo") (Drori y Krucken, 2009, 21-22).

Las falacias de la globalización.

Hemos visto que se ha convertido en moda ahora afirmar que la era del Estado es superior, y que la gobernabilidad en el plano nacional es ineficaz en la intención de globalizar procesos económicos y sociales. La política nacional y las elecciones políticas han sido trazadas por el mercado mundial y por las fuerzas financieras que son más fuertes y sólo son igualadas por los Estados más poderosos. El capital móvil y sin ningún apego nacional, ubicará la ventaja económica dondequiera que exista, pero la labor de ambos es ubicarla nacionalmente   y ajustar sus expectativas políticas para encontrar las nuevas presiones de competitividad económica.

Los regímenes nacionales distintos con derechos de trabajo extensivo y la protección social se tornan así, obsoletos. Tal demasía es una contradicción en política monetaria y fiscal a las expectativas de los mercados y las empresas globales. El Estado nacional ha cesado de ser un gerente económico efectivo dicen. Este poder único provee ese capital social internacional de servicio público considerado una necesidad y al costo más bajo posible.

Para los países industriales desarrollados la retórica de la globalización es una fortuna. Esto provee un nuevo derrotero después del desastroso fracaso de la política monetaria y radical e individualista en la década de 1980. Los derechos de trabajo y el bienestar social del tipo práctico en la era de la   gestión económica nacional rendirán a las sociedades occidentales incompetentes con relación a las nuevas economías industrializadas.

Para la izquierda radical el concepto de globalización también provee alivio desde un tipo diferente de callejón sin salida en el ámbito político. Enfrentadas con el desplome del socialismo real y de las pugnas antiimperialistas del tercer mundo, la izquierda puede ver en la globalización la realidad continuada del sistema mundial capitalista. Esta es una capacidad de poder ver también la futilidad de estrategias reformistas democráticas sociales nacionales.   La izquierda revolucionaria puede debilitarse, pero los reformistas pueden sostener no poseer más una política pragmática y efectiva.

La izquierda y la derecha pueden así mutuamente celebrar el fin de la era Keynesiana. La gestión económica nacional, el empleo total y el crecimiento mantenido, la fabricación estandarizada en serie con trabajadores de medio tiempo y destreza manual, la colaboración entre la corporación industrial organizada y el Estado: estos factores, centrales al período que corresponde al periodo de 1945 a 1990 fue de gran auge, creó condiciones que favorecieron la influencia política del trabajo organizado y que restringió políticas creíbles a una trayectoria centralista y reformista.

El predominio de mercados internacionales volátiles, el cambio a métodos flexibles de producción y el radical retorno de la fuerza laboral, el crecimiento vacilante e incierto en los países avanzados, la declinación del trabajo organizado y corporativo, la intermediación, todo se sostiene, rendido a las estrategias reformistas obsoletas y redujeron los procesos centralistas políticos nacionales, para que se transformaran y fueran competitivos o cooperativos.

Hay alguna verdad en la propuesta de que la política nacional en los países avanzados es cada vez más una política fresca. Esto no es más una materia de guerra y paz, o de conflicto de cualquier clase. Esto no es más una materia de movilización masiva para la vida o muerte de los esfuerzos comunes nacionales.   Para la globalización, la llana política nacional iguala al menor saliente pero no puede alterar muchos resultados económicos y sociales, negocios necios que adoptan estrategias intervencionistas que socavan la competitividad nacional.

La política nacional de aquí en adelante tiene lugar para llegar a ser más como política municipal, una materia para proveer servicios mundanos.   Así la energía desagua fuera de las políticas convencionales, lejos de partidos establecidos, gente de valor deja de sentirse atraída por una carrera política. La energía fluye en acciones civiles y en la política de la moralidad (en puntos como aborto, derechos humanos, derechos animales y el ambiente). La política activista o "caliente" puede jugar tanto a la política primaria sin temor a que esto distraiga o desvíe la atención de puntos nacionales vitales porque ahora se consideran mundanos.

Sin embargo, lamentablemente, cuanto mayor es el grado de competencia- ...-mayor es el grado de estrés y ansiedad experimentado por los participantes en el mercado. Por lo que "la totalidad del mundo desarrollado y una proporción cada vez mayor del mundo en vías de desarrollo han optado por aceptar un grado menor de bienestar material a cambio de una reducción en el estrés competitivo (Greenspan, 2008: 567).

La declinación de la política centralista nacional, de guerra, de clase de conflicto y revolución, de gestión económica efectiva y la reforma social, libera fuerzas políticas por la necesidad de colaborar contra enemigos o para colaborar para mantener la prosperidad nacional. De aquí en adelante el estilo de vida religioso, étnico y pluralista puede expandirse dentro de tales Estados y los grupos dentro de los Estados nacionales pueden crecer en importancia como focos alternativos de lealtad para sus miembros.

• 6 LOS CONCEPTOS CLAVE

1. DIMENSIONES Y PROCESOS.

En el presente capitulo realizaremos una descripción de las características, definiciones, efectos y críticas vinculadas con la globalización y las relacionaremos con las afirmaciones de organismos internacionales que los efectos negativos de la globalización -principalmente las acciones de las grandes empresas en los países en proceso de desarrollado - han sido el factor motivante para emprender una serie de acciones para darle un rostro humano a la globalización. Para lograr ese rostro humano es necesaria –dice la ONU- la Responsabilidad Social Empresarial (RSE) o Responsabilidad Social Corporativa (RSC) como también se le llama, pues son las empresas, principalmente, las que configuran el proceso de globalización. Sin embargo, la tarea no es sencilla, pues recorrer en forma paralela dos líneas diferentes de discurso, de suyo ya complejas, con las múltiples intersecciones entre ambas es una empresa difícil.

El discurso, la crítica o la apología, de la globalización se realiza en un campo en el que convergen los planteamientos científicos, las tendencias y los intereses económicos, políticos, sociales y culturales así como las orientaciones hacia algunos aspectos específicos de los beneficios y perjuicios que provoca. Con respecto a la RSE también existe convergencia de planteamientos en el orden económico, político, social, ambiental y organizacional.

Ambos conceptos son polémicos, desde hace una década, sobre los dos se debate vehementemente, sus aspectos positivos y negativos. Es realmente complejo analizar la totalidad de los elementos que configuran el proceso de la globalización y los programas de RSE, igualmente complejo lo es el delinear, para la tercera década del tercer milenio, algunas de las tendencias que los determine.

Actualmente estamos en presencia de lo más radicalizado del fenómeno de la globalización y del modelo neoliberal y de su efecto más perverso: la destrucción de grandes economías nacionales debida a la preeminencia de la especulación bursátil sobre la inversión productiva. La crisis financiera internacional que tuvo en el año 2009 su real naturaleza nos demostrará en los años venideros –si no se modifican las tendencias -- su faceta más destructiva, demostrando con ello cuan dañino ha sido primar lo especulativo sobre la inversión productiva.

Ante la desesperanza y la desesperación por no poder frenar los efectos negativos de los flujos internacionales de capitales, los países en vías de industrialización ven alterada y disminuida la eficacia de los instrumentos y políticas económicas con que cuentan para orientar y regular la marcha de sus economías, resignándose a padecer su efecto negativo: el empobrecimiento de sus habitantes, el desempleo, la recesión y el desprestigio ante los inversionistas internacionales, quienes a consecuencia de los movimientos masivos de capital y del desmoronamiento de sus sistemas financieros, convierten a sus gobiernos (Grecia, España, Portugal, Argentina, México, Irlanda) en los mendigos de los banqueros internacionales y los organismos multilaterales de apoyo como el Fondo Monetario Internacional (FMI) y el Banco Mundial (BM). La depresión, el desempleo y la pobreza que todavía veremos en los próximos 10 años serán los más graves para algunos países, nada parecido a la crisis del 29... y será peor.

Sin embargo, también es cierto que la globalización contribuye positivamente al desarrollo de países que con sus recursos únicamente, jamás lo lograrían: la inversión productiva y especulativa que reciben del exterior les sirve de arranque para el crecimiento de la economía y, más tarde, para el desarrollo. La globalización ha favorecido la eliminación de las barreras nacionales y facilitado el libre flujo de los capitales. Los mercados financieros internacionales, sobre todo en los últimos años, han integrado no sólo a los países, sino a los mercados, a las instituciones y a los instrumentos financieros. Ha sido el descuido y la falta de políticas internacionales coordinadas las que ha propiciado las crisis financieras. No es casualidad que las crisis de los países asiáticos a fines de los noventa y la actual que ya afecta a Estados Unidos, Francia, Alemania, Inglaterra, Italia, Holanda entre otros, se haya generado como consecuencia del desplome inmobiliario.

La globalización es uno de los procesos integrales (político, social, económico y cultural) más significativos y expansivos que permea y le da forma a la totalidad de nuestra sociedad actual y a las organizaciones económicas, lo hace a través de la transformación de las culturas, de las sociedades y del medio ambiente y con el peso de la enorme influencia ideológica que ejerce sobre los líderes del mundo. Globalización es una expresión, es una metáfora, es una idea y es una palabra que es usada, mal usada, de la que se abusa y utiliza por profesionales de distintas disciplinas para explicar todo, y, a la vez, nada, se usa, generalmente, sin rigor metodológico y con poco o ningún entendimiento de su verdadera naturaleza o de sus consecuencias. La globalización es en muchos aspectos un conundrum, una paradoja, una dualidad y una contradicción en sí misma. Actualmente la globalización domina todos los fenómenos sociales y cualquier cuestión que intentemos abordar se enreda con este concepto de la globalización.

Como quiera que sea, ya sea para referirlo como la causa de todos los males o de todos los beneficios, el término "globalización" se ha convertido en un concepto inevitable de utilizar, analizar, maldecir o bendecir en las ciencias sociales y en las ciencias políticas. Es ya, también, un *core dictum* en la prescripción de los gurús de la economía, las finanzas y la administración. Su referencia prestigia a los políticos, sociólogos, filósofos, gobernantes, historiadores y economistas de todas las tendencias, quienes lo aplican prácticamente a cualquier asunto: todo es parte o resultado de la globalización. Debemos contrastar la "inevitabilidad" y muchas posiciones estructuralistas en la globalización porque subyacen, no solamente la calidad contingente de lo que a menudo se presenta como inminente en las estructuras sociales, sino en la capacidad de los agentes de reproducir y al y condiciones de su existencia alterar los términos y condiciones de su propia existencia (Chase -Dunn y Gills, 2005).

Es ampliamente aceptado que nuestra época, en lo social, lo político y lo económico está determinada, en gran parte, por un proceso global, que disuelve las culturas, las economías y las fronteras nacionales acercando al mundo y creando la aldea global. Un elemento central de esta percepción es la noción de la existencia de un proceso rápido y reciente de globalización económica.

En esta economía globalizada las distintas economías nacionales, y las estrategias domesticas para su administración son cada vez más irrelevantes, pues aquella y los intereses de los grandes grupos financieros y comerciales, dictan la tendencia. En su dinamismo básico, esta internacionalización de la economía está dominada por fuerzas incontrolables del mercado, sus principales actores económicos y más grandes agentes de cambio son las grandes empresas globales, que no profesan lealtad a ninguna nación o Estado y se ubican y trasladan donde el mercado global les proporciona la mano de obra más barata, la logística les es favorable, las regulaciones son laxas, las materias primas baratas, y donde el incremento de sus utilidades les es más atractivo. La inversión especulativa es su credo, la utilidad es su motivo más poderoso.

Por ello, es indudable que algo fundamental está sucediendo, o ya sucedió, en el mundo. La aceleración del cambio crea confusión e incertidumbre y se incrementan la complejidad y el desencanto por las promesas incumplidas de los gobiernos. Turbulencia y cambio, son dos factores con los cuales estamos aprendiendo a convivir. La multiplicación de las interconexiones entre los países (la internacionalización y la globalización), representa, para algunos, dos de los caballos del Apocalipsis; para unos es la salvación de las economías locales, para otros es su destrucción. Complejidad, incertidumbre y cambio configuran un mundo de caos donde cada vez es más difícil predecir las tendencias económicas y políticas. Los precios del petróleo acercándose a los 200 dólares por barril un mes, al mes siguiente bajando la barrera de los cuarenta dólares, después vuelve a subir para bajar a menos de 14 dólares y así….eso configura el mundo caótico actual.

Antes de provocar esta polarización, catástrofe-salvación, el concepto de globalización no mereció preocupación o interés alguno. Desde ningún enfoque se lo discutió, con la importancia que debe tener, a pesar de aparecer en los libros de relaciones internacionales, política internacional, economía internacional y en algunos de comunicación, con excepción, quizá, del cultural, desde el que se alertaba sobre la progresiva anulación de las culturas locales para dar paso a una cultura cuya única característica era carecer de características específicas y cuya expresión urbana se refleja en los grandes "malls", que presentan al mismo individuo consumista, la misma comida, la misma imagen, los mismos establecimientos comerciales, y que poco difieren si se ubican en Estados Unidos, Canadá, México, Inglaterra, o cualquier otro país. Hoy, el concepto se vende a los incautos como sinónimo de actualidad y de futuro promisorio.: es la utopía, es la modernidad y es "la realidad".

Los estudiosos de las relaciones internacionales, de los procesos políticos y los comunicadores fueron los primeros en pregonar el nacimiento de "la aldea global" y ganaron la batalla, porque los sistemas políticos democráticos, la tecnología de la información y el acercamiento social y cultural entre países hicieron posible que los grandes capitales se trasladaran rápidamente entre ellos y surgiera la "fábrica global".

Con esto, en cambio, perdieron la guerra, porque el fenómeno alcanzó dimensiones incontrolables que no fueron previstas y, en un tiempo mucho más reducido que el pronosticado, eliminó todas las distancias y las barreras entre algunos de los países del mundo (la tríada), acercándose al sueño o la utopía del gobierno mundial. Es cierto, la aldea global no la construyó la comunicación, fue posible gracias a las empresas globales.

Sin embargo, y a pesar de la complejidad, la época actual exige entender sus impactos; el cómo y el porqué de los cambios políticos, económicos, tecnológicos, culturales y sociales que están ocurriendo en diferentes países y las acciones y programas de RSE que se consolidan o se inician en diferentes países para darle un nuevo rostro a la economía de libre mercado. Para ello es necesario sumergirse en los ríos de información que describen tanto la globalización como las RSE, el significado, sus orígenes y efectos, de otra manera existirán pocas posibilidades de entender y de ser capaces de profundizar en el fondo de las variables que están determinando los cambios más significativos de la época actual en la sociedad y en las organizaciones.

Hasta el momento, globalización y neoliberalismo han sido presentados como un mismo binomio. La complicación reside justamente en esta relación de sinónimos que se ha establecido entre globalización y neoliberalismo. Lo que se ha querido plantear en este esquema del "pensamiento único", del "consenso de Washington" es que frente a la globalización, que es un proceso real, no hay más alternativa de política pública que el modelo económico llamado neoliberalismo; siendo que en realidad se puede perfectamente prescindir de los dos términos: por un lado, hay un proceso de globalización que es irreversible, inmodificable, es una realidad y por otro lado, las políticas públicas nacionales, regionales, locales, municipales que se pueden seguir en este nuevo contexto y atenuar sus efectos.

Existen maneras diferentes de insertarse en la globalización, diferentes esquemas de políticas públicas que pueden hacer que la globalización funcione en beneficio tanto de las empresas como de la sociedad.

A.   Los conceptos.

La definición del término "globalización" se debe realizar distinguiendo con cautela los diferentes niveles que se superponen en el tiempo y que amplían y transforman paulatinamente la significación del vocablo hasta su uso actual. Un primer nivel estaría integrado por aquellas definiciones que destacan el proceso apoyado en las comunicaciones que propician que el mundo se convierta en un lugar único, unitario (*a single place*). Esta conversión del mundo en la "aldea global" de McLuhan, se realiza a través de la intensificación de las relaciones económicas, políticas, sociales y culturales a través de las fronteras.

La particularidad de la globalización es la conformación de un mundo único con dos dimensiones básicas: extensión y alcance al conjunto del planeta; y, profundización de los niveles de interacción e interdependencia. Las relaciones sociales ya no pueden concebirse sólo en términos locales, por lo que la globalización implica la "[...] intensificación de las relaciones a lo largo del planeta que unen localidades lejanas, de manera que los acontecimientos locales son influidos por acontecimientos que ocurren a muchas millas de distancia y viceversa" (Giddens: 1999:64) Sin embargo, estos elementos, como vemos, no implican aspectos novedosos con relación a procesos sociales que ya fueron identificados en los años setenta.

Un segundo nivel en las definiciones viene dado por la

introducción del binomio espacio tiempo. Se trataría de, en palabras de Giddens, "[...] la condición bajo la cual tiempo y espacio están organizados de tal manera que conectan presencia y ausencia". Las relaciones sociales y la interacción no dependen ya de la presencia simultánea en un sitio determinado, pues las comunicaciones son instantáneas. Es la imbricación "presencia -ausencia" a través del diálogo "local-global" a la que se refiere Giddens (idem). No sólo ha aumentado la intensidad de los contactos, sino que también se ha producido un cambio cualitativo, ya que muchas de las conexiones son ahora instantáneas. Pensemos que en el mundo globalizado las personas se pueden relacionar independientemente de su ubicación longitudinal y latitudinal en el planeta, como si estuviesen colocadas en un plano supraterritorial. Los acontecimientos globales pueden ocurrir casi simultáneamente (a través de las telecomunicaciones, los ordenadores digitales, los medios audiovisuales o los satélites). Es la creación de un "hiperespacio" y de una "región no territorial"

Un tercer nivel de la definición añadiría un último elemento a los procesos de globalización: el aumento de la consciencia de los seres humanos de pertenecer a ese mundo único. Al mismo tiempo que los constreñimientos geográficos, sociales y culturales retroceden, los individuos son conscientes de que están retrocediendo. La globalización como concepto se refiere también, a la comprensión e intensificación de esta percepción.

A efectos prácticos, podemos diferenciar distintos criterios definitorios de este concepto (Giddens, 1990; Rosenau, 1999; Held y Mc Grew, 2000; Frieden, 2006, Piketty, 2016, Rodrick, 2011, King, 2017).

• La acción social a distancia: Una de las caracterizaciones básicas es que se ha relacionado como la acción desde la distancia. Pensemos en la acción de agentes sociales que están en lugares distintos puede tener consecuencias para otros agentes sociales distantes. Se refiere a la reformulación del tiempo y el espacio en el análisis de la acción social.

• La compresión tiempo-espacio: Hace referencia a la forma en que la comunicación electrónica instantánea erosiona los límites de la distancia y el tiempo en la organización de la interacción social.

• Aceleración de la interdependencia: Concebida como la intensificación del entramado entre las economías nacionales y en las sociedades, así que los acontecimientos de un país dejen un impacto sobre los otros.

Según esta perspectiva el tiempo social y la geografía espacial, coordenadas vitales de la vida social, no se representan como obstáculos en la construcción de las variadas formas de interacción y organización social (Held y Mc Grew 2000:3) véase también Lechner, 2021.

Aunque cada vez parece más evidente que en realidad hay dos globalizaciones. Una objetiva, que integra a las tecnologías de la información y las telecomunicaciones, al transporte, a las fuerzas productivas, a los procesos de producción en serie, a la fábrica global, a la economía toda, a la ciencia y la técnica, a los flujos financieros y al intercambio de bienes y servicios, con repercusiones inevitables sobre todos los países del mundo, afectados por la tendencia hacia una única sociedad planetaria. Y hay también una subjetiva que incluye la política económica neoliberal, que es la que hoy caracteriza decididamente a la economía de libre mercado y que controla el fenómeno objetivo de la globalización y sus grandes posibilidades, la ideología, los valores y la cultura. La mayoría de los males que se le señalan a la globalización, son en realidad consecuencias de la aplicación de políticas económicas neoliberales.

El análisis del concepto se establece entonces desde su connotación ideológica. Esta conceptualización crítica ataca las bases del fundamento neoliberal. Ignacio Ramonet y otros escritores de las publicaciones de Le Monde Diplomatique, lo han denominado pensamiento único. Para Ramonet vivir con el pensamiento único que caracteriza esta época de globalización vienen a significar el sentirse un ciudadano atrapado en una doctrina viscosa que "insensiblemente, envuelve cualquier razonamiento rebelde, lo inhibe, lo perturba, lo paraliza y acaba por ahogarlo" (1998:15). Para Ramonet y los otros autores de la publicación, el pensamiento único es la traducción ideológica de los intereses de las fuerzas económicas, especialmente del poder del capital internacional que vehiculan financieramente los "centros de ideas" y de los poderes de las grandes multinacionales.

En torno a estas dos realidades, no siempre diferenciadas, se produce el gran debate en nuestros días. Economistas, políticos, sociólogos, sindicalistas, ecologistas, escritores, filósofos, periodistas, movimientos sociales, ciudadanos de todo el mundo saben o intuyen que este debate, el de la globalización y sus retos.

La literatura sobre globalización es vasta y diversa. Como muchas otras ideas económicas, organizacionales o sociales abstractas es difícil aprehender el significado y alcance de la globalización, es difícil definirla con certeza y claridad. Aún entre los analistas que restringen su uso estrictamente al proceso económico, existen divergencias en sus descripciones. El discurso, la crítica o la apología, de la globalización se realiza en un campo en el que convergen los planteamientos científicos, las tendencias y los intereses económicos, políticos, sociales y culturales, así como las orientaciones hacia algunos aspectos específicos de los beneficios y perjuicios que provoca.

Sin embargo, y a pesar de la complejidad, la época actual exige – sin importar si las personas son o no profesionales de las áreas vinculadas a la globalización - entender sus impactos; el cómo y el porqué de los cambios políticos, económicos, tecnológicos, culturales y sociales que están ocurriendo en diferentes países y las acciones y programas de RSE que se consolidan o se inician en diferentes países para darle un nuevo rostro, hacer más humana la globalización, y a la economía de libre mercado. Para ello es necesario sumergirse en los ríos de información que describen la globalización, el significado, sus orígenes y efectos, de otra manera existirán pocas posibilidades de entender y de ser capaces de profundizar en el fondo de las variables que están determinando los cambios más significativos de la época actual en la sociedad.

En nuestros días la noción de que algo fundamental está sucediendo, o ya sucedió en el mundo es generalmente aceptada. Todos podemos observar la confusión del cambio, la aceleración de la incertidumbre, el incremento de la complejidad y el desencanto de grandes grupos sociales derivado de las promesas incumplidas de los gobiernos neoliberales en el mundo.

Los procesos de globalización parecen estar marcados por factores multicausales, causaciones circulares y por signos diversos y contradictorios: ¿tendrán todos en una sociedad acceso a los mismos recursos tecnológicos, o servirá la globalización para incrementar las diferencias entre los países ricos y los pobres y entre sectores sociales al interior de los países? ¿Qué significaría una ciudadanía mundial, de la cual ya está hablando? O para no ir tan lejos, ¿qué significará una ciudadanía latinoamericana o europea en el contexto del fortalecimiento de bloques de poder económico en las distintas regiones del mundo? ¿Dejaremos realmente de sentirnos mexicanos, argentinos, chilenos, bolivianos o paraguayos para sentirnos lisa y llanamente latinoamericanos? ¿Se hará alguna vez realidad la igualdad jurídica y cultural de hombres y mujeres en nuestros países?

Las prácticas de RSE también están marcadas por esos signos. ¿Debe la empresa realmente olvidarse de las utilidades como función principal para considerar el beneficio social? ¿Una economía de libre mercado que tiene como instrumento fundamental la búsqueda de las utilidades para la asignación eficiente de recursos puede funcionar y ser compatible con las prácticas de la RSE? ¿No se convierte en simulación y falsa filantropía acciones realizadas para generar mayores utilidades? ¿Se puede normar en positivo –siendo una aberración jurídica - cuando la regla es normar sobre las desviaciones de lo positivo? ¿Sirve de algo una norma que no tiene una sanción por un poder público?

Evidentemente, mucho tiene que cambiar para que nuestras sociedades lleguen a asumir plenamente las consecuencias políticas, sociales y culturales del proceso de globalización y de integración económica que hoy está en marcha. También tendrá que cambiar mucho para que la RSE sea una realidad en la mayoría de las empresas y no sólo un sueño o una utopía en unos pocos países. Aunque una cosa es cierta: en este mundo global es necesario enfatizar el rol de la imaginación en la instrumentación de las buenas prácticas de responsabilidad social empresarial.

La globalización es uno de los procesos integrales (político, social, económico y cultural) más significativos y expansivos que permea y le da forma a la totalidad de nuestra sociedad actual y a las organizaciones económicas, lo hace a través de la transformación de las culturas, de las sociedades y del medio ambiente y con el peso de la enorme influencia ideológica que ejerce sobre los líderes del mundo.

Por una parte se quiere engrandecer los mercados globales, se desean bienes y servicios en mayor cantidad, más baratos y de mejor calidad, pero al mismo tiempo les enferma la propensión a degradar rápidamente tanto las culturas como el medio ambiente. Actualmente la globalización domina todos los fenómenos sociales. Cualquier cuestión que intentemos abordar se enreda con este concepto de la globalización. ¿Es una realidad inevitable, es un tópico, una moda?

Se ha abusado tanto del concepto, es ineludible en su conceptualización total, las organizaciones y los organismos internacionales no logran consensuar una definición única, aún en un simple documento se pueden encontrar tres o más definiciones con variaciones significativa, y estas son tan vagas que lo dicen todo y nada a la vez. Al igual que ocurre con la globalización, los críticos de la RSE la ven como una forma de acrecentar el poder de las grandes empresas para apropiarse de los recursos de pequeños productores locales y ganarse la confianza de consumidores e inversionistas.

La conciencia de las sociedades con respecto a la

globalización y la RSE ha propiciado que en los años 2001 y 2002, cientos de miles de personas se reunieran en Porto Alegre, Brasil, en el primer y segundo Foro Social Mundial, un foro alternativo a Davos encaminado a realizar propuestas que coinciden parcialmente con los objetivos de la RSE, cuyo lema era "Otro mundo es posible", y donde las propuestas se encaminan a que el modelo neoliberal y la globalización considere los efectos sociales de la desigualdad y pobreza "para avanzar en este proceso de construcción de un consenso público hacia un mundo que funcione para todos". (Mander, Cavanagh et al, 2003, p16). Los resultados de estos foros fueron más tarde trasladados a la India donde se realizó el siguiente Foro que llamó la atención del mundo por lo concurrido del evento y las propuestas resultantes.

Ya antes de la realización de estos foros, en Davos en 1999 en el llamado santuario de la globalización, considerando los efectos negativos de la globalización, Kofi Annan, presento la visión de lo que se transformaría en el Pacto Mundial. Annan habló en forma clara y directa, hizo mención que la viabilidad de la economía de libre mercado dependía de que la globalización adquiriera un rostro más humano.

Sin embargo, las propuestas de organismos internacionales con respecto a los lineamientos del nuevo pacto se han levantado voces de protesta, por considerarlas que son entidades que benefician el gobierno y las empresas globales, entregadas a la gran labor de reformular las reglas del comercio para liberalizar el mercado y crear las condiciones esenciales para el crecimiento económico, las protestas son debido a que, "los globalistas corporativos acatan esta visión del mundo como si fuera un catecismo. Difieren entre ellos sobre todo en su idea de hasta qué punto es adecuado que el Estado subvencione las empresas privadas u ofrezca una red de seguridad que amortigüe la caída de quienes pierdan en la competencia del implacable mercado". (Mander, Cavanagh et al, 2003, p17).

Los tiempos actuales son tiempos de intensificación de la interdependencia y de la consolidación de lo global como un horizonte económico, social y cultural –todo ello capturado en el término de globalización- que ha proveído de las bases fértiles para la creación de un nuevo tipo de empresas –las organizaciones globales – y para el cambio y la expansión cualitativa y cuantitativa de las organizaciones existentes. En la actualidad se afirma que la red de relaciones de las organizaciones penetra cada vez más los recónditos ámbitos de la vida humana regulando conductas, vidas y actividades (Held y McGrew, 2007). Nunca como ahora las organizaciones habían estado tan presentes en nuestra vida y de lo que ahora percibimos como el mundo moderno, nacemos en organizaciones y morimos en ellas. Las organizaciones como entidades sociales, y el término organización, son criaturas comunes de nuestro tiempo. Cada grupo social imaginable - económico, social, político, religioso, educativo, médico o científico – clamará explícitamente y de manera autoconsciente ser una organización (Drori et al, 2006: xvii). La ideología del discurso del globalismo sobre el cual la globalización construye como "acto social" o sobre la que depende la ontología, está desapareciendo con la resurgencia del nacionalismo, el fundamentalismo religioso y los cambios geopolíticos (Saul, 2005).

El vivir en una sociedad globalizada y pertenecer o ser una organización significa ser un actor y no un simple espectador de los procesos de cambios sociales, políticos, culturales u organizacionales. La visión de esta nueva organización global está relacionada a una acción dinámica opuesta a la posición tradicional de estructuras como entes burocráticos, asociaciones profesionales, empresas familiares y otras estructuras. Por todo lo anterior, nuestra postura es que la globalización es un elemento central en la transformación de la mayoría de las entidades sociales en actores organizacionales que conducen a una redefinición, de estructuras, procesos y conductas organizacionales no vista en etapas previas del transcurrir histórico (Ernst, 2019).

Por ello, cada día más y más investigadores provenientes de distintos campos, de la economía, la ciencia política, la historia, la sociología, etc., se enfocan al fenómeno organizacional como uno de los elementos fundamentales en el impulso a la globalización y a la forma en que está termina impactando a las organizaciones. En el campo de la teoría organizacional este proceso globalizador ha desechado una serie de etiquetas que van desde la revolución organizacional, y ha propiciado el encumbramiento de la gerenciación, para ver nacer la nueva administración pública (Olson, Guthrie y Humphery, 1998), la incorporación de la normatividad en el campo organizacional, o la multidiversidad del conocimiento y su generación (Kerr, 2001).

Ha sido la expansión del proceso globalizador la que ha propiciado el incremento del número de las organizaciones, tanto en comunidades locales como en sociedades nacionales. El incremento de las sociedades no gubernamentales (ONGs) en diferentes países con intereses y orientaciones diferentes empiezan a ser significativos y sus opiniones y directrices alcanzan dimensiones transnacionales (Salomon et al. 1999; Anheier y Cunningham 2001). En la medida en que la globalización se intensifica en su magnitud, la diferenciación y número de organizaciones lucrativas y las no lucrativas va en aumento (Chandler y Mazlich 2005).

Otro aspecto visible de los efectos globalizadores es que la arena social está llenándose de organizaciones, rebasando el ámbito tradicional de las organizaciones religiosas para incursionar en la medicina, el medio ambiente, la educación, los derechos civiles, el desarrollo económico, la discriminación social, la ciencia y la tecnología, la familia, el gobierno, la comunidad étnica, género y sexualidad, cultura y recreación por mencionar sólo algunos campos donde las organizaciones han incursionado.

Adicionalmente, las altamente diferenciadas reglas y procedimientos de las organizaciones burocráticas están invadiendo el campo social para describir las relaciones familiares, las relaciones de los servidores públicos, los asuntos de las parejas, etc., donde los patrones emergentes son claros: las organizaciones y lo organizativo se están expandiendo. Lo eficaz, el desempeño y lo competitivo invaden las evaluaciones en las escuelas, las ciudades, las profesiones, las personas y las familias con cambios observables en muchas esferas, tanto económicas, políticas, sociales y, principalmente, culturales.

Las explicaciones tradicionales de la expansión organizacional en términos de la expansión de la complejidad social dejan sin responder demasiadas preguntas. Las explicaciones de la expansión organizacional en el período moderno, ya sea que se enfoquen en determinados y específicos tipos de organización o de los componentes organizacionales, tienden a enfatizar la globalización como un factor causal. Para los investigadores con un respaldo económico y político les toma muy poco tiempo y creatividad la sugerencia de tales explicaciones, ya que los administradores y las organizaciones mismas lo muestran de la forma más simple. Entonces, cuando los reformadores proponen la transformación (cambio) de una empresa tradicional en una organización "moderna" casi siempre invocan la justificación de la globalización y las presiones de competitividad y calidad que ésta trae consigo. Más específicamente, la teoría organizacional sugiere, que para transformar en "organizaciones reales" tanto escuelas, universidades, empresas, iglesias, hospitales, agencias de gobierno como organizaciones no gubernamentales se deben enfrentar las presiones competitivas que subyacen en la globalización. En pocas palabras, los tres pilares promotores del cambio que se encuentra en la teoría organizacional son en orden de importancia: el proceso de globalización, el proceso de integración económica de los tres grandes bloques económicos (Unión Europea, América del Norte y el Sudeste Asiático) que pregonan la eficiencia y la calidad como fundamento de sus organizaciones; y las técnicas de comunicación y nuevas arquitecturas organizacionales.

Otros investigadores han imaginado un mundo de competencia entre entidades o unidades sociales sean estas naciones, empresas privadas u organizaciones sin fines de lucro y ven la globalización como intercambios intensos entre unidades sociales que requieren de estructuras organizacionales para alcanzar sus fines y una orientación más humana en su responsabilidad social.

Esta concepción ve los cambios organizacionales como derivados de la proliferación de la organización global que requiere de la eficiencia y la efectividad para ser competitiva en un contexto global. Para ellos, entonces, la forma actual de la organización es el producto natural de la globalización (Jones 2005). Aunque es necesario resaltar que la globalización no la conciben simplemente en su aspecto económico sino además como un proceso político y, principalmente, cultural (Giddens 2000).

Siguiendo el hilo discursivo de Drori et al. (2006: 12-20) los factores causales de las características de la globalización que alimentan los patrones modernos de la expansión y cambios de las organizaciones son: a) el encumbramiento de lo global como un patrón de los horizontes sociales relevantes; b) los procesos de estandarización y de racionalización, reforzados a través de la expansión de las instituciones de la globalización de ciencia y el "expertise"; y c) la cultura de la relevancia como actores y líderes de la transformación social enfatizada por las Universidades globalizadas. Estas dimensiones de la globalización crean una sociedad a escala mundial imaginaria o real donde la importancia de la movilización de las organizaciones es determinante en su configuración.

Derivado de lo anterior tenemos la concepción de una sociedad mundial y una cultura global que determina las características de los intereses sociales. La expansión global construye nuevos dominios sociales para sobresalir en el liderazgo social. La racionalización crea arenas legitimas para la estructuración formal de las organizaciones (Drori et al., 2006). Para ellos se crean, a escala global, los nuevos elementos organizacionales y los nuevos nodos sociales en torno a los cuales se crean las nuevas organizaciones. Las características centrales de la globalización, previamente mencionadas, imprimen a las organizaciones las prácticas y las conductas que después requerirán del andamiaje administrativo para que conduzcan eficazmente a los objetivos de esas prácticas y conductas.

Lo anterior implica que la globalización es vista como el proceso responsable de darle forma a la actual organización mientras que, con su ideología de la eficiencia, competitividad y racionalización, relega las viejas formas burocráticas que fueron utilizadas en el pasado provocando el cambio organizacional. El cambio organizacional requiere de nuevas destrezas y competencias de los trabajadores, que las adquirirán ya sea en la universidad o en la empresa...y listo, la globalización a través de las empresas cambio en poco tiempo los patrones culturales de una comunidad.

Los trabajos que documentan esta orientación son variados, entre ellos tenemos los de Di Maggio (2001). En él encontramos la justificación de la existencia de la organización global creada y estructurada para introducir nuevas prácticas y formas organizacionales que varían desde la estandarización de procesos, la evaluación del desempeño, la construcción de equipos de trabajo hasta las formas modernas de estructuras organizacionales virtuales o de hipertexto. Mientras que otros enfatizan la racionalización de los temas culturales por parte de los administradores que sirven a la globalización de la técnica administrativa y gerencial (Shalin – Anderson y Djelic (2006).

Las orientaciones sociales dominantes valoran los arreglos formales y racionalizadores, como resultado, las organizaciones se ven a la luz de estándares globales. En este contexto el término "organización" asume un significado distintivo: racional, propositivo, estructuras diferenciadas, con elementos de autonomía y soberanía propiciando la estructuración contemporánea alrededor de la concepción de la organización como un actor social central.

Se pretende que las bases de racionalidad sean entendidas como unas de carácter universal. Y también que sean objetivamente verdaderas de tal manera que sea posible prescribir formas o estructuras organizacionales en diferentes y distantes contextos. Aquí subyace inherentemente la necesidad de que la organización sea "global". Con esta orientación las viejas estructuras se transforman y las organizaciones desarrollan formas y áreas que previamente no habían sido formalizadas. Así encontramos preocupaciones sociales emergentes tales como el medio ambiente, la responsabilidad social corporativa, el impacto digital y la equidad social entre otros.

Para lograr los objetivos de estandarizar procesos y personas en todo el mundo, la teoría organizacional ha sido radicalmente transformada recientemente por las líneas del argumento que desaparece la noción de la evolución de la organización a partir de la complejidad técnica y lo sustituye por el argumento del cambio organizacional derivado de las presiones competitivas provocado por la globalización. ¡Lo que ocurre es precisamente lo contrario!! La nueva visión de la organización es profundamente interdependiente de, y construida en, entornos sociales y culturales apartándose de la visión weberiana para dar paso al proyecto ideológico de la organización formal con características globales. La organización así entendida es resultado de las presiones del entorno económico, político y social que adicionalmente recibe, también, las presiones de la eficiencia.

El constructivismo social y el nuevo institucionalismo alimentan la crítica realizada al surgimiento de la organización global y a las nuevas formas de arquitecturas y procesos organizacionales. En su nueva reorientación teórica se empieza a conformar con las aportaciones del institucionalismo sociológico (Di Maggio y Powell 1991; Scottt 2001). En la visión de estos autores la globalización es un componente cultural del cual emerge, como una respuesta a los modelos culturales y amplios entornos, la organización moderna.

El constructivismo social, (siguiendo a Adler, 1997, Chekel, 1998, Fearon y Wendt, 2002,) implica que la realidad social es construida y reproducida a través de las prácticas diarias por agentes humanos constituyendo la "construcción social de la realidad" (Berger y Luckman, 1966). Son los trabajadores de las empresas globales quienes con sus prácticas aprendidas en las empresas transforman y construyen una nueva realidad social globalizada. Lo anterior implica que las personas no existen independientemente de su realidad social y sus sistemas colectivos de significados (cultura), sino que es la estructura social la que determina la percepción de la realidad social. La globalización permite la construcción de significados de modernización organizacional orientados al logro de la eficiencia, la racionalidad técnica, el humanismo en la empresa, entre otros.

Lo anteriormente descrito tiene importancia significativa en el análisis del proceso de globalización. Para los constructivistas sociales el discurso de la globalización constituye en sí mismo una construcción social en el sentido de hacer como inevitable la globalización económica porque sirve a un propósito particular de intereses: los de las grandes organizaciones multinacionales. Una forma de evadir la crítica intensa de los efectos depredadores de las multinacionales es ponerles una "fachada humana". Entonces se requiere que organización se convierta en una corporación con responsabilidad social.

El anterior argumento ya había sido expuesto mucho antes de que la palabra globalización fuera tan utilizada. Sociólogos institucionalistas como John Meyer y sus colegas de la Universidad de Stanford llamarón la atención de las propuestas de Immanuel Wallerstein (Wallerstein, 1974), acerca de la difusión global de estándares culturales, así como de entendimientos e identidades colectivas, El argumento central de Wallerstein es que la historia de la modernidad constituye la difusión gradual de los estándares occidentales de racionalidad a una escala global. Para los institucionalistas, el mundo está siendo construido o por lo menos así se intenta, en base a la visión, económica, cultural y organizacional del mundo occidental. Los movimientos mundiales emergentes de la sociedad global son similares en sus argumentos y estructuras organizacionales, recursos materiales e ideacionales, además de las acciones y estrategias (Boli, 1999).

En el campo de la teoría organizacional este proceso globalizador ha desechado una serie de etiquetas que van desde la revolución organizacional, y el encumbramiento de la gerencia, para ver nacer la nueva administración pública (Olson, Guthrie y Humphery, 1998), la incorporación de la normatividad en el campo organizacional o la multidiversidad del conocimiento y su generación (Kerr, 2001).

Ha sido la expansión del proceso globalizador la que ha propiciado el incremento del número de las organizaciones, tanto en comunidades locales como en sociedades nacionales. El incremento de las sociedades no gubernamentales (ONGs) en diferentes países con intereses y orientaciones diferentes empiezan a ser significativas y sus opiniones y directrices alcanzan dimensiones transnacionales (Agnew, 2005; Allen, y Gale, 2000; Anderson y Cavanagh, 2000). En la medida en que la globalización se intensifica en su magnitud, la diferenciación y número de organizaciones lucrativas y no lucrativas va en aumento (Chandler y Mazlich 2005). Un aspecto del cambio organizacional está relacionado con la exigencia de nuevas estructuras y procesos que tomen en cuenta las necesidades de los trabajadores, tanto al interior de la empresa como en su propia comunidad. Ello empuja a la instrumentación de programas basados en los conceptos de Responsabilidad Social Empresarial. Al estandarizarse y promoverse de esa manera la estructuras y procesos, se estandarizan y promueven también los programas de responsabilidad social, provocando una oleada de empresas consultoras y promotoras de ella.

Además, las reglas y procedimientos de las organizaciones burocráticas altamente diferenciadas están invadiendo el campo social para describir las relaciones familiares, las relaciones de los servidores públicos, los asuntos de las parejas, etc., donde los patrones emergentes son claros: las organizaciones y lo organizativo se están expandiendo. Lo eficaz, el desempeño y lo competitivo invaden las evaluaciones en las escuelas, las ciudades, las profesiones, las personas y las familias con cambios observables en muchas esferas, tanto económicas, políticas, sociales y, principalmente, culturales.

Entonces, cuando los reformadores proponen la transformación (cambio) de una empresa tradicional en una organización "moderna" casi siempre invocan la justificación de la globalización y las presiones de competitividad y calidad que ésta trae consigo (Frieden, 2006, Piketty, 2016, Rodrick, 2011, King, 2017).

También se puede caracterizar el cambio en términos del tiempo, definiendo la "característica del rango, ritmo, o modelo de trabajo o actividad". Y es precisamente esta característica de tiempo, en que establecen las diferencias entre cambio discontinúo y continuo. El cambio episódico se concibe para ser "poco frecuente, discontinuo e intencional", mientras que el cambio continuo se concibe como "un cambio continuado, evolutivo y acumulativo". Las dos formas de cambio son asociadas con diferentes metáforas de la organización, marcos analíticos, teorías de intervención, y roles atribuidos a los agentes de cambio.

La adaptación se refiere a la modificación de una organización o de sus partes para ajustarla a su entorno. Los procesos de adaptación pueden incluir seleccionar entornos, controlar y predecir los cambios, aprender y amortiguar las fluctuaciones en el flujo de recursos a través de los límites de la organización.

El cambio organizacional se ha convertido en el nuevo ideal del siglo XXI, enfocándose a diseñar organizaciones flexibles, innovadoras, adaptables y, además, humanas y con responsabilidad social. La teoría organizacional sugiere que para transformar en "organizaciones reales" tanto escuelas, universidades, empresas, iglesias, hospitales, agencias de gobierno como organizaciones no gubernamentales se deben enfrentar las presiones competitivas que subyacen en la globalización y aceptar las exigencias de los agentes sociales y de las ONGs para involucrarse más en las necesidades de la comunidad y del respeto del medio ambiente. En pocas palabras, los tres pilares promotores del cambio que se encuentra en la teoría organizacional son en orden de importancia: el proceso de globalización, el proceso de integración económica de los tres grandes bloques económicos (Unión Europea, América del Norte y el Sudeste Asiático) que pregonan la eficiencia, la calidad y la responsabilidad social empresarial como fundamento de sus organizaciones; y las técnicas de comunicación y nuevas arquitecturas organizacionales.

Otros investigadores han imaginado un mundo de competencia entre entidades o unidades sociales, sean estas naciones, empresas privadas u organizaciones sin fines de lucro y ven la globalización como intercambios intensos entre unidades sociales que requieren de estructuras organizacionales para alcanzar sus fines de generar utilidad (Nelson, 1994; 1996; 2002; North, 1990; Nourick, 2001). Pero también, de generar programas que les permitan cumplir con su responsabilidad social empresarial.

Esta concepción ve los cambios organizacionales como derivados de la proliferación de la organización global que requiere de la eficiencia, la efectividad y la responsabilidad social para ser competitiva en un contexto global. Para ellos, entonces, la forma actual de la organización es el producto natural de la globalización (Wallerstein, 2000; Jones, 2005). Aunque es necesario resaltar que la globalización no la conciben simplemente en su aspecto económico sino además como un proceso político y, principalmente, cultural (Giddens, 2000; Barnet, 1995).

Siguiendo el hilo discursivo de Drori et al. (2006: 12-20) los factores causales de las características de la globalización que alimentan los patrones modernos de la expansión y cambios de las organizaciones son: a) el encumbramiento de lo global como un patrón de los horizontes sociales relevantes; b) los procesos de estandarización y de racionalización, reforzados a través de la expansión de las instituciones de la globalización de ciencia y el "expertise"; y c) la cultura de la relevancia como actores y líderes de la transformación social enfatizada por las Universidades globalizadas. Estas dimensiones de la globalización crean una sociedad a escala mundial imaginaria o real donde la importancia de la movilización de las organizaciones es determinante en su configuración.

Derivado de lo anterior tenemos la concepción de una sociedad mundial y una cultura global que determina las características de los intereses sociales (Drori, 2005). La expansión global construye nuevos dominios sociales para sobresalir en el liderazgo social. La racionalización crea arenas legitimas para la estructuración formal de las organizaciones (Drori et al. 2003, 2006). Para ellos se crea, a escala global, los nuevos elementos organizacionales y los nuevos nodos sociales en torno a los cuales se crean las nuevas organizaciones (Jepperson, 2002a: 234). Las características centrales de la globalización, previamente mencionadas, imprimen a las organizaciones las prácticas y las conductas que después requerirán del andamiaje administrativo para que conduzcan eficazmente a los objetivos de esas prácticas y conductas.

Lo anterior implica que la globalización es vista como el proceso responsable de provocar el cambio organizacional, al darle forma a la actual organización: plana, vertical, flexible, innovadora, creativa, humana, donde las personas son empoderadas en un ámbito de libertad para alcanzar las metas organizacionales. Mientras que, con su ideología de la eficiencia, competitividad y racionalización, relega los modelos burocráticos que fueron utilizados en el pasado, con todos sus sistemas de reglas, procesos, rutinas, niveles jerárquicos, estructuras verticales, autoridad centrada en la alta dirección, etc. Los trabajos que documentan esta orientación son variados, entre ellos podemos citar los de Di Maggio (2001); Powell (2001) y Hamel, 2000). En todos ellos encontramos la justificación de la existencia de la organización global creada y estructurada para introducir nuevas prácticas y formas organizacionales que varían desde la estandarización de procesos, la evaluación del desempeño, la construcción de equipos de trabajo, hasta las formas modernas de estructuras organizacionales virtuales o de hipertexto. Mientras que otros enfatizan la racionalización de los temas culturales por parte de los administradores que sirven a la globalización de la técnica administrativa y gerencial (Altier, 1999; Argyris, 2000; Barger y Kirby ,1995).

Las orientaciones sociales dominantes valoran los arreglos formales y racionalizadores y, como resultado, las organizaciones se ven a la luz de estándares globales. En este contexto, el término "organización" asume un significado distinto: racional, propositiva, estructuras diferenciadas, con elementos de autonomía y soberanía, propiciando la estructuración contemporánea alrededor de la concepción de la organización como un actor social central (Bornstein, 2003; Betler, 2006).

Se pretende que las bases de racionalidad sean entendidas como unas de carácter universal. Y también que sean objetivamente verdaderas, de tal manera que sea posible prescribir formas o estructuras organizacionales en diferentes y distantes contextos (Meyer, 2002). Aquí subyace, inherentemente la necesidad de que la organización sea "global". Con esta orientación las viejas estructuras se transforman y las organizaciones desarrollan formas y áreas que previamente no habían sido formalizadas. Así, encontramos preocupaciones sociales emergentes tales como el medio ambiente, la responsabilidad social corporativa, el impacto digital y la equidad social entre otros (Drori 2005; Frank et al.1999).

Los argumentos citados anteriormente han transformado radicalmente la teoría organizacional propiciando la desaparición del concepto de la evolución de la organización a partir de la complejidad técnica, sustituyéndolo por el argumento que tiene como base que el cambio organizacional se deriva, principalmente, de las presiones competitivas que provoca la globalización (Scott, 1999, 2003). La nueva visión de la organización es profundamente interdependiente de, y construida en, entornos sociales y culturales apartándose de la visión weberiana para dar paso al proyecto ideológico de la organización formal con características globales. La organización así entendida es resultado de las presiones del entorno económico, político y social que, adicionalmente, recibe también las presiones de la eficiencia organizacional.

El constructivismo social y el nuevo institucionalismo alimentan la crítica realizada al surgimiento de la organización global y a las nuevas formas de arquitectura y procesos organizacionales. Esta nueva orientación teórica se empieza a conformar también con las aportaciones del institucionalismo sociológico (Powell y Di Maggio 1991; Scottt, 2000; Jepperson 2002a; Hasse y Krucken 2005). En la visión de estos autores, la globalización es un componente cultural del cual emerge, como una respuesta a los modelos culturales y amplios entornos, la moderna organización.

El constructivismo social, (siguiendo a Adler, 1997, Chekel, 1998, Fearon y Wendt, 2002, Wendt, 1999) implica que la realidad social es construida y reproducida a través de las prácticas diarias por agentes humanos, constituyendo la "construcción social de la realidad" (Berger y Luckman, 1966). Lo anterior implica que las personas no existen independientemente de su realidad social y sus sistemas colectivos de significados (cultura), sino que es la estructura social la que determina la percepción de la realidad social.

Lo anteriormente descrito tiene importancia significativa en el análisis del proceso de globalización y la orientación del cambio organizacional. Para los constructivistas sociales el discurso de la globalización constituye en sí mismo una construcción social en el sentido de hacer como inevitable la globalización económica porque sirve a un propósito particular de intereses: los de las grandes organizaciones multinacionales. Una forma de evadir la crítica intensa de los efectos depredadores de las multinacionales es ponerles una "fachada humana". Entonces la organización se convierte en una corporación con responsabilidad social.

El anterior argumento ya había sido expuesto mucho antes de que la palabra globalización fuera tan utilizada. Sociólogos institucionalistas como John Meyer y sus colegas de la Universidad de Stanford llamaron la atención sobre las propuestas de Immanuel Wallerstein (Wallerstein, 1974, 1980, 1989), acerca de la difusión global de estándares culturales, así como de entendimientos e identidades colectivas (Meyer et al. 1997). El argumento central es que la historia de la modernidad constituye la difusión gradual de los estándares occidentales de racionalidad a una escala global.

El mundo está siendo construido, o por lo menos así se intenta, a partir de la visión, económica, cultural y organizacional del mundo occidental, por lo cual los movimientos mundiales emergentes de la sociedad global son similares en sus argumentos y estructuras organizacionales, recursos materiales e ideacionales, además de las acciones y estrategias (Boli y Thomas, 1999). Uno de los estándares que se promueve, incluso con la certificación de programas, es el cumplimiento con la responsabilidad social empresarial, que promueven los organismos internacionales y los gobiernos locales.

La tecnología de la información y el acercamiento social y cultural entre países hicieron posible que los grandes capitales se trasladaran rápidamente entre ellos y surgiera la "fabrica global". El resultado es que nuestras comunidades "funcionan como un microcosmos reflejo de cómo la globalización tiene un efecto en el nivel comunitario" (Mendis, 2007, p). En la sociología se habla de la cultura mundial de un "mundo único" (one world), que podría establecerse gracias a la apertura de culturas regionales y nacionales, así como a la intensificación de la comunicación. La apertura de espacios hasta ahora más o menos distantes (si no es que cerrados) y su integración en un sistema mundial pueden identificarse en principio como las dos caras de un proceso unitario.

De cualquier manera, los aspectos de la globalización, negativos o positivos lo revelan los escándalos recientes que involucran a grandes empresas multinacionales, especialmente norteamericanas, acusadas de fraguar balances, corromper a gobiernos, deteriorar el medio ambiente, lo que pone en jaque la credibilidad del movimiento de la Responsabilidad Social Empresarial. En los últimos años, varios factores determinaron el surgimiento de una amplia movilización empresarial que pretende alcanzar otros objetivos, además de las metas tradicionales de lucro y liderazgo de mercado. La democracia representativa dio lugar a la democracia participativa, y cada ciudadano, cada organización y cada empresa pasaron a enfrentar el desafío de asumir la responsabilidad por los intereses públicos.

Aquellos valores de la RSE que ayudan a diferenciar la empresa socialmente responsable de la competencia voraz y rapaz van a convertirse en un reto por las necesidades financieras en el corto plazo y por una gama de oportunidades potencialmente distractoras, lo que determinará "el éxito es cómo se navega y negocia la dirección de la empresa manteniendo esos valores y actuando en función de ellos" (Albion, 2006,70-71)

B. Cambios en la estructura de la organización.

Las organizaciones globales empujaron reformas – principalmente la desregulación en materia fiscal, comercial, económica y laboral - en los países como precondición para establecer la fábrica global para producir algunas de las partes de sus productos que luego ensamblarán en otros países creando clústers industriales. Las fuerzas aglomeradoras que producen los clústers se basan en la interdependencia del comercio, debido a la proximidad de las organizaciones que realizan actividades diferentes, pero interrelacionadas en la cadena de producción que lleva a la reducción de los costos de producción asociados y hacen posible la interacción entre organizaciones. Amin y Thrift (1994) enfatizaron hace más de dos décadas las bases socioculturales de la aglomeración que conducen a la reducción de los costos, y por ende, de los precios finales de los productos. Lo anterior constituye la base de las organizaciones globales, la mejor imagen que representa la globalización son productos baratos fabricados con la participación de una docena de países. En relación a esos procesos productivos y el uso de la comunicación, Sorrells (2021) desarrolla puntos de vista sugerentes de cómo se construye esa realidad alterna del mundo del consumismo masivo.

El quid de la cuestión es que "los sistemas que insisten en la independencia local o regional son extremadamente subversivos para el libre comercio, la globalización económica y el hipercrecimiento corporativo. Todos éstos dependen de que se maximicen la cantidad y la escala de las transacciones económicas. La producción local y regional para el consumo regional es el enemigo acérrimo de la globalización, porque funciona a una escala inherentemente menor, y el proceso consta de menos fases". (Mander, Cavanagh et al, 2003, 41-42) Esas organizaciones globales con su poderío económico son vistas por algunos como una amenaza para las políticas locales, ya que pueden presionan para obtener ventajas frente a otras organizaciones propiciando problemas de governanza. Ante las amenazas de los globalifóbicos la RSE puede ser una respuesta para compatibilizar los elementos positivos y negativos del proceso de globalización.

Con todos esos cambios, las imágenes del impacto derivado del proceso de globalización son tan poderosas que han cautivado a los analistas y la imaginación de los políticos y gobernantes.

C. Globalización.

En este tema, no se ha escrito nada nuevo en los últimos 15 años, por ello recurriremos a los clásicos. Para unos la globalización implica el libre movimiento de bienes y servicios a través de las fronteras regionales y nacionales, otros incluyen al libre tránsito de las personas, y por sobre todo, las formas tangibles e intangibles de capital. Para otros más, la globalización tiene su fundamento basal en la libertad, y enfatizan su vinculación con personas y culturas, además de considerarla más como un proceso que una arquitectura. Es definida como "un libre movimiento de bienes, servicios, ideas y personas alrededor del mundo" (Micklethwait y Wooldridge, 2003: xix). Algunos más ven el aspecto de globalización corporativa cuando las empresas están involucradas compitiendo en mercados internacionales abiertos, expandiendo sus recursos e intercambiando bienes y servicios en un mercado mundial con poca o nula interferencia de los gobiernos; otros la ven como la fuerza impulsora detrás del daño del medio ambiente y de la cultura. Pero la globalización es más que simplemente negocios que se conducen globalmente, cosa que se ha hecho durante el último medio siglo.

Otros emplean el término globalización para concentrarse en las formas institucionalizadas de los mercados financieros y de tecnología en ciertos sectores de la industria manufacturera y de servicios. Se enfatiza el incremento de las restricciones en el nivel de gobierno que previene de las ambiciosas políticas económicas que difieren significativamente de las normas aceptadas en los mercados financieros internacionales. Otros más, lo ven como un proceso de unificación ineludible de sociedades como sucede en la Unión Europea - atada al factor económico - que será el crisol donde se forje una nueva cultura y sociedad realmente global. Ello llevará -dicen- al nacimiento del ciudadano del mundo y del gobierno mundial.

Después de la revolución industrial, la globalización es el proceso que más ha contribuido al rediseño de los arreglos políticos y económicos más importantes del planeta (Mander y Goldsmith, 1996). No es algo que se esfuma. No se irá pronto de nuestras vidas. "No es una tendencia pasajera. Es un sistema internacional - es el sistema internacional dominante que reemplazó a la Guerra Fría después de la caída del Muro de Berlín" (Friedman 2000, p. 7). Burbules y Torres (2000, p. 12) se preguntan si no "... estamos a la vista de una nueva época histórica, la configuración de un Nuevo Sistema Mundial, o si estos cambios son verdaderamente tan significativos que no tiene precedente alguno, sólo son paralelos, por ejemplo, a cambios similares de la Edad Media. La globalización "incrementa la libertad de las personas al darle forma a sus propias identidades en lugar de asumir aquellas de sus ancestros" (Micklethwait y Wooldridge, 2003, p xix).

Quizá se pueda cuestionar si los cambios provocados no tengan precedente alguno, pero no existe duda alguna que la globalización libera las fuerzas primarias que son las impulsoras de los actuales cambios sociales, económicos, culturales, organizacionales y personales de la sociedad globalizada. Esto coloca a la globalización sin duda alguna, como el factor que dirige y lidera el cambio en el mundo actual.

Desde una perspectiva de sistemas, la globalización es el sistema social y económico dominante que reemplazó el viejo sistema de la Guerra Fría y que tiene "influencia [en] la política, el medio ambiente y la economía de virtualmente todos y cada uno de los países del planeta" (Friedman, 2000: ix). Casi todos los países están sintiendo su influencia, restricciones y oportunidades del proceso de ajuste al sistema global. Nader y Wallach (1996, p. 94) la describen como un modelo económico que "establece limitaciones supranacionales en la habilidad práctica y legal de cualquier país de subordinar su actividad comercial a los objetivos de una nación". Velásquez (2000: 343) la describe como el "proceso por el cual una empresa establece sus unidades operativas en más de un país, llegando, entonces, a ser lo que se ha llamado una empresa transnacional…. en referencia a la inversión".

También la globalización puede entenderse como un complejo proceso de transformaciones económicas, sociales y políticas, que prolongan la "gran transformación" de los siglos pasados. Éste es el punto de partida para una definición sistematizada por David Held (2007). Según Held, la globalización es un conjunto de procesos que encarna una transformación en la organización espacial de las relaciones y transformaciones sociales - evaluadas en términos de extensión, intensidad, velocidad, e impacto-, generando flujos transcontinentales o interregionales y redes de actividades, interacción y ejercicio del poder.

Las características actuales de un mundo globalizado permiten que no sea necesario salir del hogar para consumir, para ello existe la Internet, creando un mercado único con enormes economías de escala que permiten que se haga o se venda el mismo producto en todo el mundo al mismo tiempo.

Sin embargo, debido a su complejidad está claro que no podemos analizar el fenómeno de la globalización bajo el marco teórico analítico y disciplinario convencional. Para otros autores los marcos de referencia habituales y sus principios organizadores implican una problemática más allá de lo común para ser entendida sin un respaldo fuerte en las herramientas analíticas de la economía y la sociología (Shaw, 2002; Agnew, 2005; Scholte, 2005). Otros han caracterizado a la globalización en términos económicos tales como la cantidad de flujos de capital o el número de transacciones internacionales, mientras otros más, como Nader y Wallach (1996, p. 94) la describen como un modelo económico que "establece limitaciones supranacionales en la habilidad práctica y legal de cualquier país de subordinar su actividad comercial a los objetivos de una nación". Velásquez (2000, p. 343) la describe como el "proceso por el cual una empresa establece sus unidades operativas en más de un país, llegando, entonces, a ser lo que se ha llamado una empresa transnacional.... en referencia a la inversión". De acuerdo con Friedman (2000, p. 406):

"La globalización es todo y su opuesto. Puede ser increíblemente poderosa y coercitiva. Puede ser un factor para democratizar las oportunidades y también democratizar el pánico....Te deja atrás cada vez más rápido y más rápido, y puede actualizarte cada vez más rápido y más rápido. Mientras, puede ser una fuerza homogeneizadora de culturas, al mismo tiempo permite también a las personas compartir su individualidad única más lejos y en términos más amplios....nos permite, como nunca antes fue posible, tener a nuestro alcance el mundo en su totalidad y le permite al mundo alcanzarnos a cada uno de nosotros como nunca antes".

Con el mundo a "nuestro alcance" y las herramientas jurídicas actuales es posible diseñar un sistema donde las empresas globales subordinen sus intereses a los de las naciones huésped, además de que se "avance hacia la sostenibilidad medioambiental de forma socialmente equitativa, que reduzca las desigualdades de renta y resuelva el problema de la pobreza, pero al mismo tiempo solucione el problema del medio ambiente. ¿Se pueden idear mecanismos comerciales, sistemas de precios y productos y otras cosas de forma que sea posible esta transición hacia el Modelo ...social "(Mander, Cavanagh et al, 2003, p29)?

Los movimientos ciudadanos "ven una realidad muy distinta. Centrados en las personas y en el medio ambiente, ven un mundo sumido en una crisis de tal magnitud que amenaza el tejido de la civilización y la supervivencia de la especie, un mundo de desigualdades que aumentan a toda velocidad, de una erosión de las relaciones de confianza y de atención, y de fracaso de los sistemas planetarios de apoyo a la vida". (Mander, Cavanagh et al, 2003, p17).

Obviamente no se pueden negar las tendencias a incrementar la institucionalización de los procesos que han ignorado o rebasado las restricciones de las políticas nacionales al disolver las distintas economías nacionales, culturas y sociedades nacionales en el mundo avanzado industrial y ha propiciado reformas en los países en vías de industrialización por la necesidad de insertarse y navegar en la corriente globalizadora. La impactante visión que la globalización requiere una nueva economía internacional que subsuma y subordine los procesos nacionales sin descuidar los mecanismos de control, se hace evidente al analizar los impactos de los flujos de capitales sin control que afectan no solo a los países de donde salen sino a la economía global en su conjunto.

Con respecto a las protestas contra esta orientación transformadora de la globalización, muchas personas de los medios de comunicación han intentado reducir los complejos temas de estos movimientos "a una batalla simplista entre «proteccionismo» y «apertura», o entre «anarquía» y «un proceso democrático ordenado». En Norteamérica y Europa, se desprecia a quienes participan en las protestas, y se les tacha de hijos malcriados del privilegio: unos descontentos egoístas y mal informados que acabarían con el comercio y la cooperación internacional". (Mander, Cavanagh et al, 2003, p15).

Los desequilibrios causados por la globalización hacen pensar a las personas en las organizaciones acerca de su propia responsabilidad en el decadente sentido del compromiso de las empresas con la comunidad. "Ello minimiza la rendición de cuentas y propicias protestas de la gente que se siente aislada y anónima en un mundo global.

También sopesa nuestro vínculo y contexto comunitario y personal al mismo tiempo que permite que sea fácil nuestra invisibilidad y a menudo sirve para evadir obligaciones y darles la vuelta a los asuntos" (Dalla Costa, 1998, p. 20). De esa manera es más fácil evadir la responsabilidad individual que se tiene acerca de los factores negativos de la globalización, y se hace con mucha o poca conciencia o involucramiento en aspectos tales como los costos y las externalidades de la globalización y de la aplicación de normas para la protección ambiental, y todavía quedan temas por incluir en el análisis, tales como la energía, la ética y la responsabilidad social empresarial de quienes toman las decisiones globales.

Los miembros del Foro Internacional sobre Globalización que realizan el Foro Social como contraparte al Foro de Davos tienen como objetivo más inmediato el enmarcar los temas de las alternativas a la globalización "reconociendo que alcanzar un consenso, aunque sea entre pocas personas, y no digamos cuando se trata de millones, es una labor mucho más compleja y difícil que llegar a un acuerdo sobre aquello a lo que nos oponemos. Esto es algo inmediato y concreto. Junto a miles de millones de otros seres humanos, vivimos y respiramos las consecuencias de la globalización corporativa, y compartimos el gran dolor que inflige a la humanidad y a la Tierra". (Mander, Cavanagh et al, 2003, p13).

Estas definiciones derivadas del análisis teórico desechan de alguna manera la idea que la globalización es un fenómeno generado a partir de un proceso espontáneo del mercado derivado de los esfuerzos de los agentes económicos individuales (especialmente las organizaciones transnacionales) en búsqueda de mayores ganancias que les permitan disponer de los recursos financieros requeridos para asegurar un lugar en las organizaciones con un mayor grado de innovación científico-tecnológica para la generación de bienes y servicios. Afirmamos que existe una orientación de las grandes empresas y de los grandes grupos financieros a darle forma y dirección.

Los movimientos ciudadanos reconocen que los globalistas corporativos no pueden dar lo que prometen, porque los imperativos económicos rígidos y miopes por los que se rigen sus organizaciones son la antítesis de esas promesas. Es posible que muchos actúen con las mejores intenciones, pero su propio éxito económico les impide ver los costos que este éxito tiene para quienes no tienen sitio en la mesa, incluidas las generaciones futuras (Mander, Cavanagh et al, 2003, p18).

En el debate sobre la globalización, se puede identificar a los "entusiastas" o "hiperglobalistas", que ven en la globalización sobre todo oportunidades, y a los "escépticos", que ven en ella más que nada peligros. Habría que cuestionarse si tiene sentido decidir normativamente en pro o en contra, porque la globalización, es, sobre todo, un proceso histórico de transformaciones sociales, políticas y económicas.

Y por lo que se refiere a la acusación de ir en contra del comercio, los "escépticos afirman que "muchos de los líderes del movimiento (contra la globalización) participan activamente en el fomento del comercio justo -frente al comercio libre, muchas veces explotador, al que se oponen-, como medio para mejorar la situación económica de los pobres y de sus comunidades". (Mander, Cavanagh et al, 2003, p16).

Dentro de cada extremo de críticas y apoyos se utilizan marcos teóricos distintos, por lo que coexisten múltiples discursos acerca de la noción de globalización, cada uno de ellos utiliza una tradición diversa, desde los que utilizan como base argumental la economía neoclásica hasta aquellos que utilizan emplean como base argumental la teoría del sistema mundial. Hasta la fecha no se puede afirmar que ninguna de estas nociones haya adquirido, todavía, el estatus de ortodoxia

(Held y McGrew, 2000: 2).

El límite del debate se fija en la fisura existente entre los que consideran la globalización contemporánea como un fenómeno real y significativo del desarrollo histórico (los globalistas) y los que la conciben como una construcción ideológica o mítica, como un concepto de valor explicativo marginal (McGrew y Held, 2000:2).

Los elementos de análisis del debate son además distintos. Escépticos y globalistas utilizan elementos de análisis no coincidentes: los primeros, sobre todo, desde un análisis riguroso de la historia, mientras que los globalistas enfatizan las nuevas tendencias. Mientras que los escépticos se centran en la organización de la producción y del comercio durante el siglo XX, los globalistas se centran en la desregulación financiera y en la explosión de los mercados financieros en los últimos 25 años.

Por otra parte, globalistas y escépticos coinciden en reconocer el aumento de la interconectividad regional, el impacto de la competencia global sobre las viejas jerarquías, los problemas transnacionales y transfronterizos, en la expansión de la gobernabilidad internacional y en la necesidad de buscar nuevas formas de pensar la política, la economía y el cambio cultural.

Los críticos o escépticos de la globalización parten de la imposibilidad de referirse a la globalización como fenómeno universal. Critican también el eje de la espacialidad que utilizan los globalistas. Señalan que este análisis especial dificulta el examen de la articulación de las dinámicas globales en espacios nacionales, internacionales y transnacionales, y en último término, incapacita poder comprobar la articulación global de forma empírica. A causa de esta limitación empírica se entendería que el concepto de economía o cultura globales sería una mera abstracción. Un tercer elemento de crítica que utilizan los escépticos, probablemente el más utilizado, es que olvidan los análisis realizados desde la historia económica. Es decir, al enfatizar el momento actual como una fase de cambio global, enfatizan la etapa de internacionalización económica, de regionalización y de triadización, en los sistemas de agrupación geográfica (*geographical clustering*) de los intercambios económicos y sociales (Held y McGrew, 2000: 5).

Los escépticos utilizan con frecuencia un marco explicativo marxista y realista. Los marxistas sostienen que el orden social capitalista funciona por una lógica expansionista, buscando insaciablemente nuevas geografías para las relaciones sociales capitalistas. Mientras que los realistas sostienen que los protagonistas del orden social internacional son los Estados y sus agentes con poder económico y militar.

Los globalistas, en contra de los escépticos, afirman que se han constatado cambios sustanciales que reflejan transformaciones estructurales en la organización social moderna. La mayoría de los autores aluden a: la expansión de las compañías multinacionales, los mercados financieros mundiales, la difusión de una cultura popular global, la degradación económica mundial. No obstante, no hacen referencia un proceso unidimensional de la globalización relativo a la dimensión económica, sino que abarcaría otras dimensiones de actividad social. De este modo, utilizan un marco de análisis multidimensional más acorde con una visión weberiana, post-marxista y postestructuralista. Se concibe la realidad social como constituida por una serie de órdenes o redes sociales de poder: económico, tecnológico, político, cultural, natural, etc. (Giddens, 1990).

El análisis de la interrelación de las diferentes jerarquías espaciales (a través de la regionalización y la localización) se tornan, desde esta perspectiva, relaciones fluidas y dinámicas. Se trata de una reorganización del espacio y del tiempo en nuevos patrones de interrelación social, posibilitando nuevas formas de organización social transnacional y reordenando, también, las relaciones entre el territorio y el espacio socioeconómico y político.

La perspectiva histórica de los globalistas se basa en la perspectiva de *longue durée* de Braudel, en el análisis de los modelos de cambio histórico a través de los siglos. La comprensión de la globalización histórica se fundamenta en los sistemas y modelos de interconexión global y los cambios en la configuración regional de los sistemas de poder. Esta perspectiva de análisis sociohistórico presume la existencia de una sociedad mundial o una sociedad global, evitando una perspectiva teleológica o determinista. Al rechazar las interpretaciones historicistas o deterministas de la globalización, sostienen una visión abierta del cambio global.

La multiplicidad de fuerzas que peculiarizan el fenómeno de la globalización hace que los procesos que conlleva sean de naturaleza cooperativa pero también de naturaleza conflictiva: integración y fragmentación, exclusión e inclusión, convergencia y divergencia, orden y desorden (Rosenau, 1997).

Pero frente a esta pretensión se alzaba la clásica objeción según la cual un mundo anárquico como el generado por la globalización no podía prestarse a ninguna teorización particular; por ser una utopía, en todo caso ese mundo globalizado podía ser "observado", como un barullo o un evento natural. Aun así, precisamente, la situación anárquica (o la pérdida de control) en la que se han sumido todas las manifestaciones de la acción humana vuelve a poner a discusión todo esto.

En otro apartado haremos referencias específicas. No obstante, es posible dar muchos ejemplos de los efectos de la globalización: basta retomar el que ya se ha vuelto costumbre, es decir, el de las autopistas de la información, en las que todos pueden "interactuar" sin portar licencia, o sea, lo mismo colocar en esas autopistas un catálogo para pedófilos u otros con inclinación a la pornografía; que el catálogo de las obras del Museo del Louvre. Las transacciones financieras internacionales también muestran como con un "return" en la computadora, miles de millones de dólares se convierten en imágenes binarias y se trasladan sin control alguno a cualquier parte del planeta. Y nadie está, ni estará, en control de esos procesos.

Podemos concluir que hoy, las culturas regionales se ofrecen al consumo global, son comparadas unas con otras por Internet y por la televisión satelital, y abren sus fronteras de un brutal modo darwiniano. Con ello, la globalización puede ser profundamente desorientadora. Las personas pierden la dirección en el mundo cuando arrancan de raíz sus propios fundamentos culturales o los reducen a una especie de pulpa global.

El poder que impulsa el desarrollo se ha desplazado a las empresas e instituciones globales, quienes por definición hacen negocios globales, necesitan acceso global, y por ende, deben preocuparse por su reputación ambiental en el mundo por satisfacer expectativas de los "ambientalistas" que luchan eficazmente para mantener un equilibrio mundial en el ecosistema.

Surge entonces la pregunta ¿Cómo enfrentan las empresas la globalización? En primer lugar, se han observado dos situaciones: las grandes empresas en parte internacionalizadas, han debido pasar a otro nivel de dimensión; es decir, han participado de operaciones muy importantes de fusión y adquisición, de compra de otras empresas y toma de participación financiera para poder estar presentes en otros mercados. Se produjo así en América latina un aumento espectacular de las inversiones extranjeras.

Para las empresas medianas o más pequeñas, la globalización no ha significado una inserción mundial, porque no tenían los medios; la globalización ha significado la europeización y americanización de su perspectiva, es decir, el anclaje regional. Por lo tanto, hay que tener siempre presente esta idea: la globalización es también la regionalización.

Si miramos el aspecto más cualitativo de los cambios y mutaciones de las empresas llamadas ganadoras (un término que no nos gusta mucho), aquellas totalmente adaptadas a la globalización; percibimos hacia dónde han orientado primordialmente sus inversiones, en comparación con los lugares en que colocó sus inversiones el promedio de las empresas. Se observa que las inversiones esenciales fueron hechas en mejoramiento de la logística, en investigación y desarrollo, en el mejoramiento de los servicios que se prestan junto con los productos, el desarrollo de sucursales en el extranjero y muy poco en economías de escala o en inversiones tecnológicas.

Esto quiere decir que los esfuerzos esenciales se centraron sobre lo que podríamos llamar elementos de competitividad no en reducción de costos, calidad de los servicios, investigación y desarrollo, mejora de la logística, para responder a los problemas de variedad cultural; o sea, a la diferencia en las demandas de diversos países. Resumiendo, las corrientes principales de los escolares globalistas se ubican en tres sentidos: los hiperglobalistas, los escépticos y los posts escépticos (Holton, 2005; Held y McGrew, 2007).

Las olas de teóricos de la globalización tienen distintas posturas con respecto a la RSE. Sus intereses de investigación y problemáticas abordadas difieren significativamente desde posturas intelectuales que van desde los llamados teóricos, los históricos, los institucionalistas y los constructivistas sociales.

La oleada de los teóricos se ocupó principalmente de la distinción y orientación conceptual de la globalización y el anclaje con el mundo de las organizaciones globales (Giddens, 1990; Harvey, 2003; Omahe, 1995). La oleada histórica utilizando las bases de la sociología histórica del desarrollo global se ocupó de investigar de qué manera la globalización puede ser definida en su contexto histórico y en su propia realidad social y sus efectos transformacionales sobre la sociedad y la organización.

La oleada de los institucionalistas se centró en la convergencia y divergencia del cambio institucional (Held, 2004; Campbell, 2004; y Cowen, 2004).

Los constructivistas sociales enfatizan la importancia de las ideas y el cambio normativo dentro del proceso histórico de creación y recreación de la globalización. En este sentido la cultura juega un papel importante en la construcción social del fenómeno globalizador (Wolf, 2004, Saul, 2006).

Estos enfoques modernos de la globalización reconocen la emergencia de un modelo o sistema nuevo con características diferenciadoras que lo hacen significativamente causal y no lo ven como un simple fenómeno económico.

D. Responsabilidad social empresarial.

Para los promotores de la Responsabilidad Social Empresarial ésta no es un tema de filantropía ni de mercadeo asociado a una causa noble. Es un tema más elaborado y no visto como una labor asistencialista, sino como un imperativo de negocios para quien quiera mantener la licencia social en el largo plazo, un factor conveniente tanto para la empresa como para los grupos de interés. Requiere, además, encontrar la forma de satisfacer las necesidades que cada uno de estos grupos tiene con la empresa. (Makower, 1994: 12-16).

La tarea requiere entonces un trabajo simultáneo en varios frentes. La empresa debe balancear su acción en la satisfacción de las necesidades de los grupos de interés. En este sentido, la primera responsabilidad de la empresa es que sea una operación rentable en el tiempo. Es su razón de ser y su responsabilidad con los accionistas. Pero para que la empresa sobreviva en el tiempo, debe cumplir algunos requisitos que trascienden los intereses egoístas de corto plazo. Las actividades encaminadas a integrar la RSE en los programas de las organizaciones no deben provocar el "... sentimiento de sí, una vez que el proyecto ha terminado, las actividades relacionadas continuarán; [además] esto no debería confundirse con sustentabilidad ambiental…"(Hopkins, 2006: 13).

Los procesos de globalización parecen estar marcados por factores multicausales, causaciones circulares y por signos diversos y contradictorios: ¿tendrán todos en una sociedad acceso a los mismos recursos tecnológicos, o servirá la globalización para incrementar las diferencias entre los países ricos y los pobres y entre sectores sociales al interior de los países? ¿Qué significaría una ciudadanía mundial, de la cual ya está hablando? O para no ir tan lejos, ¿qué significará una ciudadanía latinoamericana o europea en el contexto del fortalecimiento de bloques de poder económico en las distintas regiones del mundo? ¿Dejaremos realmente de sentirnos mexicanos, argentinos, chilenos, bolivianos o paraguayos para sentirnos lisa y llanamente latinoamericanos? ¿Se hará alguna vez realidad la igualdad jurídica y cultural de hombres y mujeres en nuestros países?

También se puede imaginar un mundo de competencia entre entidades o unidades sociales sean estas naciones, empresas privadas u organizaciones sin fines de lucro y ver la globalización como intercambios intensos entre unidades sociales que requieren de estructuras organizacionales para alcanzar sus fines y una orientación más humana en su responsabilidad social. Esta concepción ve los cambios organizacionales como derivados de la proliferación de la organización global que requiere de la eficiencia y la efectividad para ser competitiva en un contexto global. Para ellos, entonces, la forma actual de la organización es el producto natural de la globalización (Jones 2005). Aunque es necesario resaltar que la globalización no la conciben simplemente en su aspecto económico sino además como un proceso político y, principalmente, cultural (Giddens 2000).

E. La globalización y la responsabilidad social empresarial.

El punto axial en la anterior descripción de las características fundacionales de la globalización establecidas por críticos y teóricos de la economía y de los estudios organizacionales, es el cambio organizacional y la globalización. Diferentes organismos internacionales también afirman que son los efectos negativos de la globalización –principalmente las acciones de las grandes empresas en los países en proceso de desarrollado – es el factor motivante para emprender una serie de acciones para darle un rostro humano a la globalización. Para lograr ese rostro humano es necesaria la responsabilidad social empresarial (RSE). El discurso, la crítica o la apología, tanto de la globalización como de la RSE se realizan en un campo en el que convergen los planteamientos científicos, las tendencias y los intereses económicos, políticos, sociales, organizacionales y culturales, así como las orientaciones hacia algunos aspectos específicos de los beneficios y perjuicios que provocan. Ambos conceptos son polémicos, sobre los dos se debate vehementemente, desde hace una década, acerca de sus aspectos positivos y negativos. Es realmente complejo analizar la totalidad de los elementos que configuran el proceso de la globalización.

La complejidad radica en entender sus impactos; el cómo y el porqué de los cambios políticos, económicos, tecnológicos, culturales y sociales que están ocurriendo en diferentes países y las acciones y programas de RSE que se consolidan o se inician en diferentes países para darle un nuevo rostro a la economía de libre mercado.

En nuestros días todos podemos observar la confusión del cambio, la aceleración de la incertidumbre, el incremento de la complejidad y el desencanto de grandes grupos sociales derivado de las promesas incumplidas de los gobiernos neoliberales en el mundo. Aunque una cosa es cierta: en este mundo global es necesario enfatizar el rol de la imaginación en la instrumentación de las buenas prácticas de responsabilidad social empresarial.

Ya antes de la realización de estos foros, en Davos en 1999, considerando los efectos negativos de la globalización, el Secretario General de la Organización de las Naciones Unidas, Kofi Annan, presento la visión de lo que se transformaría en el Pacto Mundial. Annan habló en forma clara y directa, hizo mención en ese entonces al rápido proceso de globalización y sus consecuencias en términos de sostenibilidad, desequilibrios y desigualdad. En dicho contexto, los mercados económicos debían integrar de manera más sistemática los valores y derechos humanos fundamentales como una forma, simple y llanamente, de supervivencia. Para Annan, la viabilidad de la economía de libre mercado dependía de que la globalización adquiriera un rostro más humano. A partir de esta visión la ONU planteo nueve principios de una ciudadanía corporativa en tres áreas: derechos humanos, derechos laborales y preservación del medio ambiente. En el año 2004 se añadió uno más sobre combate a la corrupción.

En torno a la aplicación voluntaria de estos diez

principios, el Pacto Mundial de la ONU agrupa hoy en día a más de 5,000 empresas en todo el Mundo.

Sin embargo, las propuestas de organismos internacionales con respecto a los lineamientos de RSE han levantado voces de protesta, por considerarlas que son entidades que benefician el gobierno y a las empresas globales, entregadas a la gran labor de reformular las reglas del comercio para liberalizar el mercado y crear las condiciones esenciales para el crecimiento económico, las protestas son debido a que, "los globalistas corporativos acatan esta visión del mundo como si fuera un catecismo. Difieren entre ellos sobre todo en su idea de hasta qué punto es adecuado que el Estado subvencione a las empresas privadas u ofrezca una red de seguridad que amortigüe la caída de quienes pierdan en la competencia del implacable mercado". (Mander, Cavanagh et al, 2003: 17).

F. La vertiente económica y de comercio internacional

Los conceptos que analizamos se vinculan a un sinnúmero de elementos, por ello los veremos desde diferentes vertientes, iniciaremos con la vertiente central: la económica y de comercio internacional.

Con la ampliación del comercio internacional una verdadera economía global ha emergido, y en ella, las distintas economías nacionales, y por consiguiente, las estrategias domesticas de la administración de las economías son cada vez más irrelevantes, ya que las tendencias las dicta la economía global y los intereses de los grandes grupos financieros y comerciales. Para nadie es un secreto que la economía mundial se ha internacionalizado en un dinamismo básico, dominada por fuerzas incontrolables del mercado, y tiene como sus principales actores económicos y sus más grandes agentes de cambio a las grandes empresas globales, que no profesan lealtad a ninguna Nación o Estado y se ubican y trasladan a dondequiera que el mercado global les proporcione ventajas de mano de obra barata, allí donde la logística les favorezca, y donde existan regulaciones laxas, materia prima barata y les sea posible incrementar sus utilidades.

Como consecuencia de lo anterior surgen las primeras preguntas ¿Cómo conciliar estás características del libre mercado que son tan reales con su opuesto la RSE? ¿Cómo lograr que esas empresas globales realicen acciones que beneficien a la sociedad en la que se insertan y no sólo ofrezcan las migajas convertidas   empleos mal pagados? ¿Qué hacer para que globalización y RSE caminen de la mano por la misma senda?

Quienes apoyan a la RSE como una alternativa a la globalización critican a los globalistas corporativos ya "que se juntan en elegantes reuniones para trazar el curso de la globalización corporativa en nombre de los beneficios privados, los movimientos ciudadanos que se organizan para desbaratar sus planes en nombre de la democracia están separados por unas profundas diferencias de valores, de visión del mundo y de definición de progreso. A veces se diría que viven en mundos distintos y, de hecho, así ocurre en muchos sentidos". (Mander, Cavanagh et al, 2003, p16).

Esos mundos y visiones distintos se configuran al seguir su marcha la globalización convirtiéndose en un "movimiento a través de las fronteras nacionales de personas, ideas, capitales y otros recursos, con interacciones entre los países que se incrementan" (Mendis, 2007, p1) Por ello, el planteamiento axial del proceso de globalización es la configuración de un mundo en el cual los flujos financieros, el desarrollo de la tecnología de la información y la comunicación, y la actividad económica y comercial están desdibujando las fronteras de los países insertos en el proceso. En ese mundo globalizado quienes determinan las políticas financieras y económicas son las grandes organizaciones globales y los grandes centros financieros internacionales, mientras que los Estados nacionales tienen poca o ninguna participación en su regulación.

Pero ¿Por qué no todos somos globalifílicos? ¿Por qué no todos se suben al vagón de la globalización, incluyendo las culturas musulmanas y las de los países del tercer mundo? Si la RSE está transformando la ética de las empresas globales ¿Por qué esas acciones no impactan la percepción de productores, ciudadanos y consumidores de todos los países? Contestar estas preguntas requiere de la exploración de las relaciones entre organizaciones, gobiernos y sociedad y entre la globalización y los valores individuales y sociales.

Pero la globalización no es algo que puede pasar o no, o que estemos planeando que pase, querámoslo o no, es un proceso que llegó para quedarse, vivimos en una sociedad global. Somos consumidores, productores, líderes y ciudadanos globales. Manejamos automóviles hechos en Alemania, Corea, Francia, Italia o Estados Unidos. Utilizamos una computadora ensamblada en China, con software diseñado en la India, con piezas hechas en Taiwán, Indonesia o Malasia y comercializada desde Estados Unidos. Visitamos ciudades pérdidas en el tercer mundo y nos asombramos del colorido de anuncios de Coca Cola o de las antenas de televisión satelital que emergen de casuchas de cartón o lámina. Vemos las innumerables protestas de grupos que se oponen a los estilos occidentales de vida, el terrorismo intenta destrozar esa forma de vida occidental y para lograrlo acaba con vidas inocentes.

Repetimos, la internacionalización y la globalización, son -para algunos- dos de los caballos del Apocalipsis o -para otros (Dervis et al. 2005) de la salvación de las economías locales. Así pues, los límites son eliminados en el proceso de las transformaciones globales. Ha surgido una economía global con la ideología del "neoliberalismo disciplinario" que le conviene, que ha limitado el espacio de acción política como una especie de "imperativo" externo.

En todo caso, libre Mercado implica autonomía, ausencia de restricciones, y la habilidad de los negocios para intercambiar bienes y servicios alejados de cualquier opresión gubernamental y de restricciones comerciales. Pero tal libertad también puede examinarse, de acuerdo con Paul Hawken, "de una manera completamente diferente, porque la libertad es parcialmente inmune a la rendición de cuentas comunitaria"

(1993, p. 78).

Otros economistas de renombre y con reconocimiento internacional como E. F. Schumacher y David Korten creen que los mercados globales tienen autonomía y efectos más allá de la mera inmunidad parcial de rendición de cuentas comunitaria, y creen que los mercados globales están cerca de lograr el poder y la libertad absoluta. Schumacher, uno de los primeros economistas en reconocer los problemas de la interacción de las grandes compañías y el medio ambiente, incluyendo la cultura, cree que las grandes compañías inhiben la libertad, la creatividad, la humanidad y son no amigables para los ecosistemas (Schumacher, 1973, 1979).

Lo anterior es entonces una contradicción, porque si los factores inhibitorios son intrínsecos al sistema mismo de producción y comercialización de las empresas globales y son los mismos que se plantea como objetivo desarrollar la RSE, el sistema será más fuerte que cualquier intención corporativa que además de ser voluntaria no tiene sanción legal por un poder público. La pregunta primaria para responder entonces es si empresas globales y RSE son compatibles y pueden lograrse los objetivos de ambas al mismo tiempo.

Aunque existen voces disidentes de esta postura, muchos creen que el liberalismo tuvo muchas ventajas...y todavía va a ofrecer muchas oportunidades. Pero lo que no acepta es la idea de que la racionalidad de la sociedad sea el mercado. Se debe luchar contra esto. Lo segundo es que la globalización es utilizada algunas veces por ciertas élites para evitar que se tomen las medidas que se deben tomar. Se dice: tenemos inequidad social, pero es que así es la globalización... No aceptamos esta idea. La globalización revela las debilidades de las sociedades y uno se da cuenta de que la inequidad se incrementa en las sociedades que previamente eran muy desiguales. La globalización se utiliza como una excusa y deberíamos evitar precisamente esta excusa, porque la globalización está reduciendo la influencia y el rol del Estado, pero todavía hay muchos problemas que son responsabilidad del Estado nacional.

Ante situaciones como la descrita, existe desesperanza por la imposibilidad de hacer algo para controlar los efectos negativos de los flujos de comercio y de capitales internacionales, los países del mundo en vías de industrialización ven no solo alterada, sino disminuida, la eficacia de los instrumentos y políticas económicas con que cuentan para orientar y regular la marcha de sus economías, para orientarla hacia la satisfacción de necedades sociales de las mayorías y han tenido que aceptar la realidad de la globalización en su parte negativa: el empobrecimiento de sus habitantes, el desempleo, la recesión y el desprestigio ante los inversionistas internacionales.

Ese lado positivo es e que permite tener la esperanza que la difusión e incorporación de la tecnología y los procesos de la "modernidad" empiece a ser parte integral de los países con políticas públicas que obliguen a que las empresas contribuyan al mejoramiento del entorno y de la sociedad y a la conservación de las culturas locales.

En las sociedades occidentales, las grandes y las medianas organizaciones y también la mayoría de los ciudadanos son ya globales o están en el camino de serlo. Sin embargo, a pesar de la influencia y poder que supuestamente conlleva la globalización, diariamente se preparan a estudiantes y trabajadores para que puedan hacer frente a los requerimientos y los inevitables dilemas éticos que trae consigo una diferente cultura. Se lucha contra el significado real de la globalización. Se lucha contra la influencia que tiene en los ciudadanos y con la forma de hacer negocios de las empresas, con la manera en que se trata a las personas y al entorno, con las visiones del mundo y la forma de vida. Para entender mejor la naturaleza ubicua de la globalización es importante resaltar los efectos -tanto positivos como negativos - que esta tiene sobre las personas y cómo éstas están reaccionando a ello. También es útil reconocer que se está convirtiendo en un aspecto toral de la sociedad actual, es la pólvora que alimenta los disparos de ira, las críticas y las protestas de grupos de personas que la ven bajo la luz menos favorable, aquellos que únicamente observan sus aspectos negativos, los globalifóbicos que con sus posturas radicales complejizan el entendimiento de este proceso.

También, el crecimiento de la importancia de la RSE en los noventa y la explosión del movimiento en la primera década del siglo XXI se explica por la expansión de los mercados nacionales y globales y la forma poco ética de hacer negocios de algunas empresas. Es mucho más fácil llegar a un país con la bandera de la RSE incluso si es sólo una falsa bandera que no es respaldada por acciones reales de la empresa. La globalización ha permitido los flujos de bienes, servicios y capitales a nuevos países y ha requerido que al interior de estos se desarrollen políticas de privatización y de desregulación que en muchos casos han beneficiado más a las empresas globales y perjudicado más a la comunidad local.

Pero también toda esa ira, frustración y desencanto pueden canalizarse positivamente proponiendo políticas públicas que contribuyan a fomentar la justicia y la equidad social. Así, cuando la sociedad denuncia reglas opacas de administración, la explotación de los trabajadores o los recursos de un país, el deterioro del medio ambiente, la producción de bienes que no satisfacen necesidades sociales, el nulo involucramiento de las empresas en su comunidad y la destrucción de la cultura local; y consigue que aumente la transparencia, está ensanchando la conciencia social. Para nosotros "espíritu en los negocios" y "responsabilidad social empresarial" representan dos lados de una misma moneda, las dimensiones interna y externa de un mismo fenómeno. Juntas, estas nuevas direcciones pueden transformar el sistema de economía de libre mercado en los próximos diez o veinte años.

Las críticas se centran en el poder que llegan a adquirir las multinacionales, poder que en algún momento parece ser -para los gobiernos locales -incontrolable. Además, la desregulación en muchos sentidos mina la capacidad de crecimiento de las empresas locales al no poder competir con las grandes multinacionales.

Sabemos que el sector empresarial posee un inmenso

poder (financiero, económico, tecnológico, cultural, de información y comunicación, político y electoral). Mientras más grande sea el poder, mayor debería ser la responsabilidad social, especialmente en este momento histórico de enormes desafíos sociales y ambientales. Al adoptar de hecho, y de forma seria, una gestión socialmente responsable, las empresas pueden transformarse en poderosas socias en la construcción de una sociedad más justa, próspera y sustentable, porque es necesario considerar que "los mercados en la base de la pirámide económica son potencialmente nuevas fuentes de crecimiento para las empresas multinacionales. Derivado de que esos mercados están en las fases tempranas de su desarrollo este puede ser extremadamente rápido". (Prahalad y Hammond, 2003, P6).

Hace menos de diez años, eran muchos los que creían en las afirmaciones de los globalistas corporativos sobre la inevitabilidad de sus tesis. Por ello "hablar de alternativas económicas parecía poco más que una bravata. Hoy, la globalización corporativa, aunque sigue siendo una fuerza formidable, ya no parece tan invencible, ni hablar de alternativas, algo tan descabellado. La conciencia pública del abuso omnipresente del poder corporativo ha alimentado el crecimiento de un poderoso movimiento de oposición" (Mander, Cavanagh et al, 2003: 25). Los bancos y empresas financieras norteamericanas al enfrentarse con el presidente Obama por el reclamo que hizo acerca de las grandes prestaciones que los ejecutivos se estaban otorgando después de la crisis que ellos mismas provocaron y el salvamento de ellas con dinero público representa el abuso de ese poder.

Derivado de la insatisfacción con algunos de los resultados negativos de la globalización, el interés creciente "por hacer más humano el capitalismo puede ser la relación más visible entre globalización y el ascenso de políticas públicas de fiscalización de las grandes corporaciones financieras, pero no es el único. La globalización no ha estimulado solamente el interés civil en la regulación y el control." (Vogel 2006, P9) también pide la construcción de andamiajes jurídicos que lleven a mayores castigos de los directivos de empresas corruptas o intencionalmente ineficientes.

G. La vertiente social y cultural.

La vertiente de los cambios sociales y culturales es una de las aristas en las que confluyen mayormente las críticas la globalización y es también el talón de Aquiles por la imposibilidad de defenderla. La descripción de un mundo en el futuro con culturas homogeneizadas propicia la apertura al análisis de las dimensiones sociológicas, políticas, culturales e historiográficas, semblanzas de la globalización destructora de proceso culturales locales que siempre se enfocaron a la connotación y simbología de su compañera cercana: la categoría de modernidad.

Como asevera Mendis (2007,1) "no vivimos en la isla de Robinsón Crusoe, fuerzas y procesos globales han influenciado los aspectos más personales de nuestras vidas – desde el petróleo, las ideas, el capital, las ropas, los automóviles y las películas, hasta llegar a cualquier artículo consumible diariamente". Ese cambio cultural lo están propiciando las empresas globales, transformando la cultura de las comunidades locales al incorporar elementos externos.

Es cierto que con el transcurso del tiempo los valores de las personas cambian, y la sociedad y la cultura lo hacen también. La reestructuración del capitalismo global y la revolución tecnológica son responsables de una diversidad de cambios entre los que se incluyen la manera en que pensamos y actuamos, nuestras creencias y valores y la forma en que desarrollamos y manejamos las organizaciones. Los valores no son siempre fáciles de entender; ellos son difíciles de cuantificar y de conceptualizar.

Una vez que desarrollamos los valores, estos se convierten en un criterio importante de significación para nosotros (Hultman y Gellerman, 2002), cosas que pueden parecer simples como la disciplina, la responsabilidad o el compromiso que fomentan las empresas globales se incorporan como patrones locales en las comunidades donde se alojan. Cuando existen acciones en conflicto con valores generalmente resultan en dilemas éticos. Los valores están vinculados con la práctica. Los valores proveen a los individuos de un esquema conceptual para resolver los conflictos al momento de tomar decisiones. Los valores nos proveen de una explicación poderosa de las conductas individuales y sociales (Maznevski y Peterson, 1997), la conducta de las organizaciones y la productividad de las naciones y de las sociedades (Hofstede, 1998).

La sociedad y los individuos son bombardeados por un enorme y amplio espectro de tecnología e influencias globales que están reestructurando cada aspecto de su experiencia, presente y futura, y lo hace tanto en lo social como en lo laboral. Sin los cambios socioculturales, no pueden ocurrir los cambios políticos, sociales y organizacionales. Esta es la triada de los fundamentos de la moderna teoría respaldad por Marx, Weber, Deutsch, Bell y Toffler entre otros. La modernización implica que los cambios sociales y políticos son resultado de cambios en la fuerza de trabajo, cambios en las telecomunicaciones y cambios en la economía. Los patrones y los cambios culturales están cercanamente vinculados a las características de los valores humanos. La postmodernidad, a su vez, está relacionada con las diferentes creencias de aquellas que caracterizaron a la modernidad.

En muchas de nuestras sociedades postmodernas de hoy, la occidental en particular, en enfoque económico está siendo desplazada por un enfoque que enfatiza los aspectos de la calidad de vida. Lo que caracteriza este cambio de valores son la auto expresión individual, la diversidad de estilos de vida, la construcción de la realidad, los cambiantes roles de los géneros, las diferentes creencias no seculares, la importancia de la tolerancia, la creatividad, la expresión de las emociones y la intuición.

Para lograr cambios en los valores sociales es necesario dar menos mantenimiento al orden establecido y sus controles y dar más libertad en la toma de decisiones a los ciudadanos, más democracia, libertad de expresión y propiciar más la diversidad y la crítica. La postmodernidad, afortunadamente, también incluye conflictos entre diferentes ideologías, grupos étnicos y géneros. Estamos presenciando un incremento de los conflictos ideológicos de una manera global, cuya representación más clara estriba en el choque de la cultura musulmana contra la occidental actualmente en escalada.

El modernismo también trae la no estandarización de valores y la inconsistencia de estos a través de las diferentes culturas. Este tiende a diferenciar las estructuras de valores. Para entender los valores debemos ser capaces de alguna manera de evaluarlos. Los valores de las personas determinan la orientación de la toma de decisiones, la solución de problemas, el diseño de un plan estratégico, el enseñar una clase.

La investigación de Ray y Anderson (2000) que les tomó más de una década y entrevistaron en Estados Unidos de Norteamérica a más de cien mil personas reveló la existencia de un fenómeno cultural que denominaron los "creativos culturales". Esto significa que las anteriores creencias modernistas como el materialismo, el consumismo, la tecnología y las creencias tradicionalistas como la dominación del hombre, el conservadurismo en religión y política y el nacionalismo hacia la cultura, estaban cambiando hacia creencias que integran y valoran el activismo, el idealismo, el globalismo, el comunitarismo, la xenofilia, el medioambientalismo y la sustentabilidad, el feminismo, el altruismo, el espiritualismo, la auto actualización, el optimismo, las interrelaciones sociales, la responsabilidad social y las alternativas al acercamiento a la salud puramente científico. Ray y Anderson estimaron que existían más de 50 millones de "creativos culturales" solo en Estados Unidos y muchos más en Europa. Estos optimistas creativos lideran los cambios culturales que afectan profundamente no solo sus vidas sino también a la sociedad en su conjunto (Ray y Anderson, 2000).

Los valores centrales de las empresas también están

cambiando. Por ser parte integral de la cultura organizacional, es un factor crítico reconocer cuáles son esos valores y cómo cambian a través del tiempo. Valores centrales como paz, igualdad, libertad, respeto y sustentabilidad no cambian dramáticamente con el paso del tiempo. (Gilley, Quatro, Hoekstra, Whittle, y Maycunich, 2001). Por otra parte, las empresas que integran valores como la responsabilidad social, servicios a grupos de interés, ética y sustentabilidad están más preparadas para trascender los conflictos que emergen de entre el desarrollo humano, la protección ambiental y el éxito económico.

Y todavía queda por analizar el factor de la polaridad riqueza –pobreza, pues no cabe duda de que las empresas que practican un capitalismo salvaje buscan únicamente el incremento de las utilidades. La responsabilidad social de una empresa (o lo contrario) afecta profundamente la idea que el público se forma de ella. De hecho, grandes corporaciones innovadoras "ya están operando en mercados pobres, de manera que generan grandes utilidades, conducen a grandes oportunidades de eficiencia y descubren nuevas fuentes de innovación. (Prahalad y Hammond, 2003, 3).

A su vez, con la globalización las empresas arriban a una nueva manera de hacer negocios. Las organizaciones "tienen el control de la dirección de la globalización, no la tiene el gobierno, y con seguridad, no la tienen nuestras culturas. Las organizaciones son capaces, sin las limitaciones gubernamentales o sin su intervención, de influenciar autoridades, culturas, sociedades y ecosistemas. Silicón Valley y Bangalore, por ejemplo, han jugado un papel más importante en el mundo global que Washington o Nueva Delhi y, probablemente, continúen haciéndolo" (Micklethwait y Wooldridge, 2003, xxii). La realidad es que éste poder no solamente es económico, también es político y social.

Estos son algunos de los temas cada vez más importantes para una parte de la sociedad mundial que exige alternativas a los efectos negativos de las corporaciones globales "que ha reunido a millones de personas en una amplia coalición global que traspasa las fronteras nacionales, para constituir lo que se puede considerar el movimiento social más auténticamente global e integrador de la historia de la humanidad". (Mander, Cavanagh et al, 2003,16). La globalización, puede llegar a ser una ideología, una teoría del cambio organizacional.

H. La dimensión identidad

Hablar de identidad supone, no a una especie de alma o esencia con la que nacemos, sino un proceso de construcción en la que los individuos y grupos se van definiendo a sí mismos en estrecha relación con otras personas y grupos. La construcción de identidad es así un proceso social en un doble sentido: primero, los individuos se definen a sí mismos en términos de ciertas categorías sociales compartidas, culturalmente definidas, tales como familia, religión, género, clase, etnia, sexualidad, nacionalidad que contribuyen a especificar al sujeto y a su sentido de identidad. Estas categorías podríamos llamarlas identidades culturales o colectivas y constituyen verdaderas "comunidades imaginadas". Segundo, la identidad implica una referencia a los "otros" en dos sentidos. Primero, los otros son aquellos cuyas opiniones acerca de nosotros internalizamos, cuyas expectativas se transforman en nuestras propias autoexpectativas. Pero también son aquellos con respecto a los cuales queremos diferenciarnos.

Ya hemos señalado que no existe una cultura global, sino sólo una cultura globalizada en el sentido de la interconexión creciente entre todas las culturas en virtud de las tecnologías de comunicación. En el ámbito global, el panorama de la cultura se nos presenta más bien como una inmensa pluralidad de culturas locales crecientemente interconectadas entre sí, aunque siempre jerarquizadas por la estructura del poder, a las que se añaden, también en forma creciente, numerosos y variados flujos culturales masivos desprovistos de una clara vinculación con un determinado territorio. El prototipo de estas culturas desterritorializadas sería el intercambio de bienes, informaciones, imágenes y conocimientos, sustentado por redes globales de comunicación y dotado de cierta autonomía al nivel mundial. Aquí se ubicarían tanto la cultura que corresponde a la cultura de los bienes de consumo de circulación mundial como la que corresponde a la "cultura popular" norteamericana y europea, es decir, la cultura transmitida por los medios de comunicación masiva que crean y difunden nuevas modas en el vestir, comer, divertirse, actuar y consumir.

Esos cambios provocan a muchos ciudadanos mucho temor "incluido el desarraigo de numerosas fuentes de identidad y seguridad anteriormente estables. Donde más rápido es el cambio, las crecientes disparidades en la distribución de la renta suponen una preocupación clave. Se trata en verdad de una era de turbulencias, y sería imprudente e inmoral minimizar el coste humano de sus trastornos" (Greenspan, 2008: 3).

Otros pensadores creen que debe deslindarse de cierta retórica que no sólo da por hecho la emergencia de una cultura global, sino también la celebra con acentos triunfalistas y cuasi-utópicos. Es la retórica discursiva que circula difusamente en el ámbito de las corporaciones transnacionales, de los especialistas en publicidad y de los expertos en marketing, que difunde una especie de ideología de la comunidad global.

El problema para desentrañar las implicaciones que tiene la globalización en el ámbito de la cultura y en el de la constitución de identidades es complicado porque implica dar respuestas satisfactorias a las siguientes preguntas: ¿qué implicaciones tiene la globalización en el plano de la cultura y de la construcción de identidades? ¿Cómo altera la globalización el contexto de producción de significados?; ¿cómo influye en el sentido de identidad de las personas, de los grupos y de las colectividades? ¿la nueva cultura incrementa la felicidad?

Responder a estas interrogantes nos llevarán a desentrañar otras cuestiones, ya de sobra conocidas, vinculadas

176

a la multiplicación de los contactos y de las interacciones culturales a escala mundial: "¿Se está produciendo un proceso de homogeneización cultural vía la globalización? ¿Conlleva la globalización necesariamente una eliminación progresiva de diferencias locales y temporales significativas en el ámbito cultural? ¿Se puede considerar la industria transnacional de la cultura como el vehículo privilegiado de las multinacionales para la conquista empresarial del mundo, es decir, para imponer determinados modos de vida que facilitan su expansión? ¿Se está gestando algo así como una cultura global o se están imponiendo globalmente determinados elementos locales de la cultura occidental o, más concretamente, de la cultura "popular" norteamericana? ¿Conlleva la globalización cultural a largo plazo una destrucción sin paliativo de las tradiciones y su diversidad o más bien permite a los que viven bajo su dominio un grado de distancia y reflexión?" (Zamora; 2002:106).

Como la felicidad no está vinculada sólo al bienestar material, Greenspan afirma que, si así fuera "todas las formas de capitalismo convergerían hacia el modelo americano, que ha sido el más dinámico y productivo. Sin embargo también es el que crea mayor estrés...unos 400 mil estadounidenses pierden su empleo cada semana, y otros 600 mil cambian de trabajo o lo dejan en forma voluntaria (2008: 305).

Y es que la economía de la globalización ha transformado la base fundamental material de la sociedad. Los avances de las tecnologías de la información y las telecomunicaciones y la crisis económica actual generada por el modelo neoliberal, ha requerido que los gobiernos de los diversos países afectados por ella realicen ajustes y cambios y la proyección de las minorías en el ámbito social y cultural, en conjunto, han modificado las características de funcionamiento de la sociedad, las cuales, radican también en la interdependencia. Ese acelerado desarrollo de la tecnología ha sido la herramienta con la cual se han puesto en práctica los cambios y modificaciones requeridos por la reestructuración económica y por la sociedad (Castells, 1998); así la capacidad tecnológica de las sociedades y sus individuos define aspectos tan importantes como el poder, la economía y la cultura. Así, en estos términos la globalización se convierte en sinónimo de "progreso", de mejoría en los niveles de bienestar, de una larga vida debido a los adelantos tecnológicos o como aumento de dimensiones, dilatación de fronteras y, por consiguiente, de "englobamiento".

La globalización cultural pregona y construye la compresión del tiempo y del espacio, expresión que se usa para designar dos cosas: a) la aceleración de los ritmos de vida provocada por las nuevas tecnologías, como las telecomunicaciones y los transportes aéreos continentales e intercontinentales, que han modificado la topología de la comunicación humana comprimiendo el tiempo y el espacio como resultado de la supresión de las distancias; b) la alteración que todo esto ha provocado en nuestra percepción del tiempo y del espacio.

El resultado de este fenómeno ha sido la polarización entre un mundo acelerado, el mundo de los sistemas flexibles de producción y de sofisticadas pautas de consumo, y el mundo lento de las comarcas rurales aisladas, de las regiones manufactureras en declinación y de los barrios suburbanos social y económicamente desfavorecidos, todos ellos muy alejados de la cultura y de los estilos de vida de las ciudades mundiales. El movimiento *"slow down"* es un ejemplo representativo de aquellos que se oponen al ritmo marcado por la globalización, promueven que regresemos a las formas "lentas" de disfrutar la vida en el comer, divertirse, actuar y moverse contrapuestos a los ritmos rápidos de ir el fin de semana a los centros comerciales y comer rápido, ver una película rápido, regresar a casa, rápido. Un restaurante en Bratislava tiene un cartel en su entrada con la siguiente advertencia: si usted no tiene dos horas para comer este restaurante no es para usted.

Sin embargo, como la "globalización" se utiliza como sinónimo de "modernización" se buscarán las justificaciones para darle un soporte de efectos positivos. Modernizar entonces la producción se convierte en un imperativo. Formar y desarrollar   a los trabajadores en nuevas técnicas y procesos para que puedan incorporarse a puestos "modernos" introduce cambios en la cultura. Modernizar las ciudades es destruir los viejos cimientos de la historia urbana. Modernizar es entonces sinónimo de consumo.

La introducción de nuevos procesos productivos, el consumo de nuevos productos, la forma de la socialización se "transforma", en un proceso histórico, en una nueva forma de vivir. Held y McGrew (2002) prescinden de una explicación de las formas transformadas o transformadoras para referirse en su análisis a varias dimensiones: en primer lugar, a la extensión e intensidad espaciotemporal de las relaciones y redes globales - de velocidad y efectos locales de la globalización- y, en segundo lugar, a las dimensiones de su puesta en práctica organizacional. Forman parte de ello la estructura de la globalización, la institucionalización de las redes y centros de poder globales, los patrones globales de estratificación de clases, de riqueza y de pobreza, así como las formas dominantes de la interacción global. De acuerdo con ellos, la "difusión de la modernidad" propiciada por la empresa global tiene un efecto profundamente destructor en las culturas locales.

Este poder no solamente es económico, también es político, cultural y social. Hay que decir que no sabemos quién tiene el control de la dirección de la globalización - o que la tienen las grandes empresas en abstracto - eso puede provocar en muchos individuos miedo y ansiedad, especialmente en aquellos que tienen poco o ningún poder para contribuir a cambiar su rumbo. A veces, incluso, el no tener la suficiente información sobre la globalización puede causar ansiedad y eso lleva a odiarla.

El sistema económico neoliberal con la globalización se ha expandido a todo el mundo, países, sociedades y culturas estableciéndose así una modalidad con fines y valores más rígidos y duros pero flexible en cuanto a medios y recursos, la innovación conduce la producción y una competitividad dirigida hacia la globalización, la cual origina riquezas a pocos sectores; donde el conocimiento y la información están presentes, más que nunca, en la cultura a través de intercambios en la red. (Castells 1998). Esos valores no son necesariamente los que existen en las sociedades en las cuales llegan a ubicarse las grandes empresas, sin embargo, a través de procesos de capacitación y al verse inmersos en esa nueva cultura. Los trabajadores se adaptan a los nuevos valores produciendo islas culturales dentro de sus países convirtiéndolos en extraños para los otros miembros de su propia comunidad. Así, la globalización induce a cambios en la sociedad y desde luego en la cultura.

Un aspecto importante de destacar es la redefinición del trabajo. Resultado de este proceso son las transformaciones que ha sufrido el trabajo, las cuales varían desde la disminución de la clase obrera de la industria conocida tradicionalmente, hasta la aparición de nuevas formas de trabajo con la consecuente desregulación, complejización y fragmentación actual, donde los cambios del proceso de globalización redefinen el concepto de trabajo desde su naturaleza, funcionamiento e importancia. En esta nueva realidad de la sociedad la concepción del trabajo se redefine sobre nuevos elementos.

La globalización por supuesto y como se ha mencionado anteriormente, no solo involucra la producción y a la sociedad, también afecta y modifica al conjunto de relaciones culturales pues necesita de ella para dar a conocer y afirmar sus valores y su ética. Es indudable que la globalización contiene no solo los aspectos referidos a la productividad, el conocimiento y la información, sino que contiene otras dimensiones referidas a valores políticos, sociales, morales, estéticos y culturales. Las redes de información son la base del intercambio y facilitan los contactos entre las sociedades, transfiriendo rápidamente los requerimientos necesarios sean capitales, creación de nuevos mercados o simplemente información; ya sean virtuales o no. Pero lo más importante es que ese conjunto de redes de información y comunicación van dirigidas a crear un conjunto de valores, gustos, conceptos, creencias, normas y formas culturales que conducen a la homogeneización de los individuos y por tanto de la sociedad. Así vemos como las redes de la información han reconfigurados conceptos como el de tiempo y espacio; lo medios de comunicación han sustituido a la experiencia entre desplazamientos e intercambios en la red.

I. La dimensión cultural

Así comprendida, la globalización tiene múltiples dimensiones, ya analizamos la globalización económica la globalización política, ahora lo haremos con la globalización cultural, que se relaciona, por una parte, con la interconexión, evolución y cambio creciente entre todas las culturas (particulares o mediáticas) y, por otra, con el flujo de informaciones, de signos y símbolos a escala global donde la televisión por cable y por satélite representa la dimensión más representativa de la globalización. Su idioma universal es el inglés. Las formas de entretención y ocio en todo el mundo están crecientemente dominadas por imágenes electrónicas que son capaces de cruzar con facilidad fronteras lingüísticas y culturales y que son absorbidas en forma más rápida que otras formas culturales escritas. Las artes gráficas y visuales, especialmente a través de los computadores, televisores y juegos electrónicos, reconstituyen la vida cotidiana y sus entretenimientos en todas partes.

A pesar de la tendencia de los académicos de la cultura mundial a explorar la construcción de la sociedad mundial en torno a los modelos "occidentales" y a la cultura "post-cristiana" (Meyer y Jepperson, 2000, p. 117), los primeros estudiosos todavía se refieren al dominio de Occidente como "una explicación de la preferencia actual de la cultura mundial por las economías de mercado y la democracia política" (Meyer et al, 1997: 167; énfasis añadido). También se reconoció la naturaleza históricamente contingente del "formato liberal" de la sociedad mundial y una conciencia de un contexto particular en el que el "americanismo" ha florecido en el siglo XX (Meyer, 2009a). Este reconocimiento deja espacio a la posibilidad de que existan explicaciones alternativas para el isomorfismo mundial y la perspectiva de futuros alternativos. En efecto, las reflexiones previas sobre el siglo XX de Meyer sugieren la ambivalencia, la incertidumbre y una buena dosis de escepticismo acerca de los proyectos de los Estados-nación.

Sin embargo, tales cautelas desaparecen en los estudios recientes sobre la cultura mundial llegando incluso a desacreditar las explicaciones que desafían el papel de la democracia liberal y la economía de mercado en las narrativas de progreso social después la Guerra Fría. A pesar de las variaciones en los contextos culturales y en los patrones globales de desarrollo, gran parte de la teoría de la cultura mundial entre la década de 1990 y 2000 está construida bajo el supuesto de "la preferencia cultural a nivel mundial por los sistemas de mercado y la democracia política" (Meyer et al., 1997, p. 167). Por ejemplo, cuando Wiseman y Baker (2006, p. 20) comentan las transformaciones educativas que siguen al colapso del bloque socialista en 1989, señalan que "todas las economías contemporáneas parecen adherirse a los modelos capitalistas de manera funcional y, en la mayoría de los casos, también formalmente", argumentando que la teoría institucional ofrece ahora "un ejemplo completo" de "una adherencia y cumplimiento universal [por parte de los Estados-nación] para legitimarlos modelos capitalistas de proceso y producción."

Más recientemente, Meyer ha imaginado una "cultura mundial" —modelada explícitamente sobre una visión Occidental (liberal) del mundo— que se ha convertido en certeza mezclado con inevitabilidad. En el prólogo al volumen editado por Wiseman y Baker titulado The Impact of Comparative Education Research on Institutional Theory (El impacto de la investigación en educación comparada sobre la Teoría Institucional) (2006), Meyer reconoce el cambio fundamental en la teoría de la cultura mundial contemporánea cuando escribe que "el impacto mundial estandarizado sobre la educación nacional es tan generalizado que los autores tienden a darlo por sentado para pasar a adoptar nuevas medidas en su análisis" (xiii, énfasis añadido). Sin verse limitados a teorizar y cuestionar la expansión mundial de la escolarización de masas, la nueva generación de académicos de la cultura mundial ha pasado a documentar la naturaleza y el impacto de la cultural mundial en la educación a través de la identificación y descripción de "las tendencias mundiales más importantes en educación —tendencias que surgen para cada tipo de país—" (Meyer, 2006, p. xii). Estas tendencias parecen reflejar casi exclusivamente los ideales occidentales (liberales), incluyendo "un conjunto de políticas progresistas sobre los derechos civiles y de políticas económicas liberales" (Beckfield, 2003: 418).

En general respondemos con pasividad ante la tecnología y por ello los medios y la informática fácilmente penetran en la mente del individuo y dicta modas o gustos a la sociedad modificando imperceptiblemente los valores, la cultura, la ideología. Con los avances tecnológicos en el mundo globalizado se ha instaurado la industrialización de la cultura y es que ello se hace de vital importancia para la expansión del mercado, de los capitales y de los valores culturales propios. Las industrias de la cultura solo aspiran llevar el mensaje a la sociedad de consumo, transmiten bienes de consumo estandarizados y requieren de los complejos equipos de producción ya conocidos.

Sin embargo las asimetrías de la globalización y la desigualdad que produce hacen que sólo un pequeño porcentaje de la población mundial forme parte de la *network society*, no todos estamos conectados por Internet, ni somos usuarios habituales y distinguidos de las grandes líneas aéreas internacionales. El mundo de la inmensa mayoría sigue siendo el mundo lento de los todavía territorializados, y no el mundo hiperactivo y acelerado de los ejecutivos de negocios, de los funcionarios internacionales o de la nueva "clase transnacional de productores de servicios.

A menudo, cuando se utiliza el término "global" en relación con los medios o la industria de la comunicación, éste se refiere primordialmente a la extensión de la cobertura, y así la popularidad de la televisión por satélite y las redes de computación sirven como evidencia para demostrar la globalización de la comunicación.

Efectivamente, nunca en el curso de la historia había sido posible sintonizar el mismo canal de televisión en más de 150 países, y tampoco había habido un medio de comunicación que lograra atraer a centenas de millones de usuarios. Sin embargo, los vínculos creados por el así llamado proceso de globalización se limitan principalmente a los países de la OCDE y del G7, los cuales constituyen un tercio de la población mundial. Y aun cuando un medio, por ejemplo, CNN, puede anotar a más de 150 países en su mapa, el grado de penetración y consumo real presenta un panorama bastante distinto.

Uno de los defectos de muchos estudios dedicados a la globalización de la cultura radica precisamente en la tendencia a privilegiar sus formas objetivadas –productos, imágenes, artefactos, informaciones-, sin hacer la más mínima referencia al significado que les confieren sus productores, usuarios o consumidores en un determinado contexto de recepción.

Estos son algunos de los temas cada vez más importantes para una parte de la sociedad mundial que exige alternativas a los efectos negativos de las empresas globales y que viven en un entorno de violencia y de inseguridad "que se extienden por el mundo de la mano de una creciente desigualdad, un tejido social que se deshilacha, y el desmoronamiento de los sistemas medioambientales esenciales. Es esta realidad de la desintegración social y medioambiental la que ha reunido a millones de personas en una amplia coalición global que traspasa las fronteras nacionales, para constituir lo que se puede considerar el movimiento social más auténticamente global e integrador de la historia de la humanidad". (Mander, Cavanagh et al, 2003, p16).

En el proceso de globalización se pueden observar dos tendencias aparentemente contradictorias: por una parte, la tendencia a la convergencia u homogeneización cultural, ligada a la cultura mediática, al mercantilismo generalizado y al consumismo; y por otra la tendencia a la proliferación y a la heterogeneidad cultural.

La primera tendencia se fundamenta en el hecho de que con la globalización el vínculo entre cultura y territorio se ha ido gradualmente rompiendo y se ha creado un espacio cultural electrónico sin un lugar geográfico preciso. La transmisión de la cultura occidental, crecientemente mediatizada por los medios de comunicación, ha ido superando las formas personales y locales de comunicación y ha introducido un quiebre entre los productores y los receptores de formas simbólicas. La existencia de conglomerados internacionales de comunicaciones que monopolizan la producción de noticias, series de televisión y películas es un aspecto relevante de este quiebre. En virtud de todo esto algunos interpretan esta tendencia como un proceso convergente hacia la conformación de una única cultura global capitalista o como expresión de un imperialismo cultural.

Como crítica a esta interpretación hay que señalar que la supuesta existencia y hegemonía de una cultura capitalista global no deben extrapolarse a partir de la mera localización urbana o suburbana de bienes de consumo global introducidos mediante el libre comercio, las franquicias, la publicidad y la inmigración internacional. La omnipresencia de la Pizza Hutt o el Burger King en el ámbito urbano no implica por sí misma la norteamericanización o la globalización cultural capitalista, y mucho menos cambios en la identidad cultural. Como ya se destacó antes, los productos culturales no tienen significado en sí mismos y por sí mismos, al margen de su apropiación subjetiva; y nuestra cultura / identidad no se reduce a nuestros consumos circunstanciales.

Sin embargo, el capitalismo transnacional puede inducir, mediante el concurso convergente de los medios de comunicación, de la publicidad y del marketing incesante, una actitud cultural ampliamente difundida y estandarizada que puede llamarse mercantilista o consumista. En este caso ya se puede hablar de un proceso de homogeneización cultural orientado a la conformación de lo que algunos llaman una cultura del mercado, entendida como un determinado conjunto de modos de pensar, de comportamientos y de estilos de vida, de valores sociales, patrones estéticos y símbolos que contribuyen a reforzar y consolidar en las personas la hegemonía de la economía de mercado.

En efecto, la cultura de mercado atribuye a las mercancías un valor simbólico y no sólo la inmediata finalidad de satisfacer una necesidad humana. Se trata de consumir marcas a las cuales se les atribuye un predicado simbólico," una cualidad inmaterial (más elevada), que no está presente en la cosa misma, pero que constituye su imagen, y que la reviste de un valor económico superior a las demás mercancías".

Esto estimula a las personas a desear más de lo que necesitan para su vida, pues se crea una confusión entre deseo (siempre abierto e insaciable) y necesidades (necesidades humanas básicas, impostergables), y les exacerba una especie de impulso mimético que las lleva a buscar sistemáticamente la identificación con los patrones de vida, comportamientos, gustos y valores de las clases más ricas.

En la "sociedad del espectáculo", los individuos se relacionan entre sí a través del espectáculo, y en función de éste, configurándose una sociedad de masas, crecientemente atomizada y pasiva. La banalidad y el hedonismo insolidario de la sociedad del "entretenimiento" se consolidan, al mismo tiempo que progresa la decrepitud moral individual y colectiva. Lo cual crea el caldo de cultivo idóneo para la proliferación de toda suerte de comportamientos asociales, individuales y colectivos derivados de la penetración y el uso de modos abusivos y/o superficiales y alienantes de buscar la propia seguridad y felicidad por la vía de la acumulación privada, del consumismo y del entretenimiento; sometimiento a las leyes del mercado consumista, promovido propagandísticamente en todo tipo de actividades, incluso en el terreno cultural; insolidaridad manifiesta del individuo, de la familia, del Estado en contra de otros individuos, familias o Estados.

El estilo de vida propuesto por el proceso globalizador no humaniza, no plenifíca ni hace feliz, como lo demuestra, entre otros índices, el creciente consumo de drogas, constituido en uno de los principales problemas del mundo desarrollado. Ese estilo de vida está movido por el miedo y la inseguridad, por la vaciedad interior, por la necesidad de dominar para no ser dominado, por la urgencia de exhibir lo que se tiene, ya que no se puede comunicar lo que se es.

No cabe duda de que hay elementos de verdad en la interpretación de la globalización cultural como una tendencia hacia la conformación de una monocultura capitalista a escala global, pero es necesario matizarlos, porque la idea de una cultura mundial capitalista, desterritorializada y convergente no considera suficientemente el hecho de que las culturas de los países pobres no han sido ajenas a los conflictos, las imposiciones, las "colonizaciones", las disoluciones coercitivas, etc., ya antes de su contacto con la cultura occidental. Todas las culturas tienen un carácter híbrido y están sometidas a imposiciones exteriores, lo que no excluye la existencia de formas propias de recepción, adaptación y resistencia, por lo que se no se puede afirmar que la globalización conlleve necesariamente una integración homogeneizadora, ni un proceso de nivelación mundial.

Beck comparte el hecho de que existen procesos donde las generalizaciones a nivel mundial, así como la unificación de instituciones, símbolos y modos de conducta (por ejemplo, McDonald, los vaqueros, la democracia, la tecnología de la información, la banca, los derechos humanos, etc.) y el nuevo énfasis, descubrimiento e incluso defensa de las culturas e identidades culturales (islamización, renacionalización, pop alemán y rap norteafricano, carnaval africano en Londres o la salchicha blanca de Hawái), no constituyen ninguna contradicción. Aunque esta proliferación de culturas urbanas aparentemente dispersas, segmentadas y descentradas se encuentra implícita o explícitamente jerarquizada por poderosos actores culturales (el Estado, las Iglesias, los medios de comunicación, las industrias culturales, etc.), se hace muy difícil postular la existencia en nuestras ciudades de una masa culturalmente homogénea y con una sola identidad colectiva.

Hay que entender que la globalización cultural al mismo tiempo que universaliza algunos aspectos de las sociedades occidentales fomenta la intensificación de diferencias. "Por una parte introduce instituciones y prácticas parecidas pero por otra las reinterpreta y articula en relación con prácticas locales. Crea comunidades y asociaciones transnacionales pero también fragmenta comunidades existentes; mientras por una parte facilita la concentración del poder y la centralización, por otra genera dinámicas descentralizadoras; produce hibridación de ideas, valores y conocimientos pero también prejuicios y estereotipos que dividen.

De ahí que haya que matizar un poco las tesis de Beck sobre la relación entre lo global y lo local. Dada la asimetría evidente en el plano cultural, lo que se puede afirmar es que lo global restringe lo local. Lo segundo puede efectivamente determinar lo primero, pero es más fuertemente determinado por éste, lo que no quiere decir que lo global lo asimile y lo homogenice, "sino que lo global en el espacio de sus posibilidades prácticas de darse forma y expandirse establece el espacio (im) posible de conformarse y expresarse lo local. Las diferencias espacio-temporales no desaparecen, pero son modificadas con arreglo a la racionalidad propia de la actividad globalizada correspondiente.

En contraparte, para los integrantes del Foro Internacional sobre la Globalización los movimientos ciudadanos que abordan la globalización no disponen "de un ente rector, una ideología oficial ni un líder carismático con el mandato de hablar en nombre del conjunto. Los une la creencia compartida de que existe una capacidad humana para la cooperación, la compasión, la creatividad y la elección responsable que hará posible un mundo mejor, pese a que la cultura y las instituciones de la globalización corporativa la eliminan muy a menudo". (Mander, Cavanagh et al, 2003:13).

Una institución, las comunicaciones modernas han forjado culturas homogéneas como la base para una sociedad civil internacional. Los medios internacionales hacen posible un conjunto de culturas cosmopolitas, ambos de elite y popular, científica y artística, que se vinculan mediante el uso del inglés como un lenguaje universal más bien que como un idioma nacional.

Tales culturas, desde niños vieron a Tom y Jerry, Los Supersónicos, Los Simpson, en el televisor. La homogeneidad cultural llega a ser cada vez más problemática: las culturas nacionales son meramente miembros de un conjunto de culturas en que a gente participa para propósitos diferentes. Las culturas cosmopolitas y nacionales obran recíprocamente. La homogeneidad cultural se completa y las exclusiones son cada vez menos posibles. Las culturas nacionales con el fin de ser dominantes sobre sus individuos son cada vez más proyectos de resistencia y se retiran desde el mundo. Una visión enfocada al interior del nacionalismo y la cultura fundamentalista son, para ponerlo directamente, política de perdedores. Esto es virtualmente imposible para continuar operando en los diversos mercados mundiales e ignorar a la vez que las culturas se internacionalizan que van juntamente con ellos. Tales miradas internas a los nacionalismos existen y continuarán desarrollándose, pero, en el grado que sus proyectos políticos tienen éxito, ellos tienen el efecto de marginación de sus sociedades. Aunque ellos sean la respuesta a la torpeza económica, tales nacionalismos actúan para reforzarlo.

Lo mismo es cierto para grupos sociales dentro de Estado avanzados que sostienen toda una identidad penetrante, que son étnicos, religiosos o cualquiera: ellos condenan sus miembros a la marginación social. La existencia de religiones e idiomas diferentes virtualmente garantiza la diversidad cultural. Las tradiciones culturales locales distintas continuarán coexistiendo con prácticas culturales cosmopolitas.

La amenaza, sin embargo, es la idea de una cultura exclusiva y virtualmente suficiente propia nacional, de que los individuos son simplemente ejemplares, compartiendo un idioma, las creencias y las actividades comunes. Los Estados intentan vigorosamente crear tales culturas mediante sistemas comunes de educación nacional, servicio militar, etc. Que tales proyectos no son más posibles para los medios avanzados de Estado es cierto, pero se tienen que buscar bases de regalías del ciudadano, en la homogeneidad cultural primitiva.

En las ciudades importantes de la mayoría de los países avanzados hay docenas de idiomas y casi cada religión concebible está en uso común. Como veremos, el Estado encontrará probablemente un nuevo razonamiento al administrar esta misma diversidad, actuando como el poder público que permite a tales comunidades paralelas coexistir y solucionar sus conflictos.

El espacio y la cultura no tienen ninguna relación definitiva. En las grandes ciudades de los países avanzados por lo menos, las culturas del mundo están más o menos accidentalmente mezcladas. El Estado está construyendo, tratando de convertir a su gente en artefactos de sí mismos, especímenes representativos de la cultura nacional. En el interés de libertad individual y los valores del cosmopolitismo y la diversidad cultural, deberíamos estar agradecidos que los Estados pueden hacer menos y menos reclamos creíbles sobre nuestras imaginaciones y creencias.

Los estudiosos de la cultura mundial destacan la difusión mundial de tales políticas "progresistas" tales como los derechos humanos (Hafner-Burton y Tsutsui, 2005; Suárez 2007a, 2007b), el ecologismo (Bromley y otros, 2011; Frank Robinson, y Olesen, 2011; Luna y Koo, 2011; Pizmony-Levy, 2011), y el derecho al voto de la mujer y las oportunidades educativas (Ramírez, Soysal, y Shanahan, 1997; Ramírez y Wotipka, 2001; Wiseman, 2008). Al mismo tiempo, describen la difusión global de las tendencias en educación como currículos estandarizados (Meyer, Kamens y Benavot,

1992; McEneaney y Meyer, 2000, Meyer y Ramírez, 2000; Benavot y Braslavsky, y 2006), la descentralización, la desconcentración y la privatización de las escuelas (Astiz, Wiseman, y Baker, 2002; Baker y LeTendre, 2005); la evaluación educativa nacional y las pruebas internacionales (Benavot y Tanner, 2007; Kamens y McNeely, 2007, 2010), la política educativa basada en evidencias (Wiseman, 2010) y la gestión y racionalización de las universidades (Krücken y Meyer, 2006). De manera creciente, la teoría de la cultural mundial se ha ido centrando en la difusión de las políticas educativas y prácticas globales que, para muchos especialistas en educación comparada, han sido centrales en los análisis de la expansión coercitiva de la ideología neoliberal en la educación (Dale, 2000; Apple, 2006, 2009; Arnove y Torres, 2007; Robertson, 2007; Klees, 2008; Resnik, 2008; Torres, 2009; Rizvi y Lingard, 2010). Pero descartada la coerción como posibilidad en la teoría de la cultura mundial, estas tendencias son vistas como productos de un consenso cultural.

Estas preferencias se concretan en un cambio conceptual en la teoría de la cultura mundial a través del cual el concepto de "mitos racionalizados" —central para explicar la aparición de la sociedad mundial imaginada por Meyer— ha sido reemplazado por el de "modelos". Parecería que se trata precisamente de la sustitución de la contingencia por la inevitabilidad. Mientras que se utilizó consistentemente entre la década de los setenta y ochenta para resaltar la validación colectiva de la realidad social (más que su aprobación), el término "mito" parece estar desapareciendo en publicaciones posteriores, incluyendo los trabajos de Astiz y otros (2002), Chabbott (2006), Suárez (2007a, 2007b) y Wiseman (2008).

De hecho, ahora parecemos estar al borde de una hoja de ruta cada vez más definidas para el futuro: "La globalización cultural supone la difusión mundial de modelos y proyectos de progreso y redes de organizaciones y expertos que transmiten estas lógicas de adecuación a los Estados y otras colectividades" (Suárez y Ramírez, 2007, p. 43, énfasis añadido).

Coincidiendo con la indiscutida hegemonía política y económica de los Estados Unidos en el contexto de la Guerra Fría, este cambio tiene implicaciones importantes. Cuando sugiere que "los efectos de los mitos son inherentes, no por el hecho de que las personas los crean, sin por el hecho de que 'saben' que hacen los demás, y así a efectos prácticos, los mitos son ciertos", Meyer (1977) no indicaba cómo estos mitos se traducen en políticas reales.

Más bien, él trató de explicar por qué las personas actúan de determinada manera (p. 75). Sin embargo, cuando los "mitos" se convirtieron en "modelos", los actores pasaron de ser un mito socialmente construido a algo que se moldea, mapea y modela según las concepciones particulares del "buen" (occidental) actor.

Por lo tanto, los teóricos de la cultura mundial ya no tratan de entender lo global como una serie de "mitos" fluidos (como el proyecto teórico originalmente defendía). En cambio, el proyecto se convierte en una manera de ver lo global a través de una mirada particular donde las explicaciones teóricas están inevitablemente ligadas a determinados modelos educativos y a las soluciones políticas.

J. La vertiente política y de comunicación.

Las ideas de Paglliani y Sorrells se concretan en una postura en la que los estudiosos de las relaciones internacionales, las comunicaciones y los procesos políticos fueron los primeros que pregonaron el nacimiento de "la aldea global" y ganaron la batalla por el reconocimiento, porque fueron los sistemas políticos democráticos, la tecnología de la información y el acercamiento social y cultural entre países los que hicieron posible que los grandes capitales se trasladaran rápidamente entre ellos y surgiera la "fábrica global", pero perdieron, junto con todos los demás, la guerra, porque el fenómeno alcanzó dimensiones incontrolables que no fueron previstas, además, en un tiempo mucho más reducido de lo pronosticado eliminó todas las distancias y las barreras entre los países del mundo acercándose al sueño del gobierno mundial. La aldea global resultado de los procesos de las empresas globales implica que nuestras comunidades "funcionan como un microcosmo reflejo de como la globalización tiene un efecto en el nivel comunitario" (Mendis, 2007, p2).

En la sociología se habla de la cultura mundial de un "mundo único" (*one world*), que podría establecerse gracias a la apertura de culturas regionales y nacionales, así como a la intensificación de la comunicación. La apertura de espacios hasta ahora más o menos distantes (si no es que cerrados) y su integración a un sistema mundial pueden identificarse en principio como las dos caras de un proceso unitario. ¿Dónde se encuentra el origen del proceso de la globalización? ¿En la época posterior a la segunda guerra mundial, en el siglo XIX con su irrefrenable industrialización, a comienzos del moderno sistema mundial capitalista que se dio hace quinientos años, o en los inicios de la historia de la civilización humana? ¿Qué duración tendrá la globalización? Todas ellas son preguntas que tienen múltiples ángulos en las respuestas.

De cualquier manera, los aspectos de la globalización, negativos o positivos lo revelan los rasgos y características que presenciamos en las vinculaciones entre economías mundiales y los procesos a través de los cuales la interrelación de los sistemas financieros nacionales e internacionales puede contribuir tanto para consolidar la economía de un país como para destruirla. Pero su impacto negativo siempre será mayor en los países en vías de industrialización. Ese vínculo se refleja en escándalos recientes que involucran a grandes empresas multinacionales, especialmente norteamericanas, acusadas de fraguar balances, corromper a gobiernos, deteriorar el medio ambiente, están poniendo en jaque la credibilidad del movimiento de la Responsabilidad Social Empresarial.

En los últimos años, varios factores determinaron el surgimiento de una amplia movilización empresarial que pretende alcanzar otros objetivos además de las metas tradicionales de lucro y liderazgo de mercado. La democracia representativa dio lugar a la democracia participativa, y cada ciudadano, cada organización y cada empresa pasaron a enfrentar el desafío de asumir la responsabilidad por los intereses públicos.

K. La vertiente organizacional.

Hoy se ha intensificado la interdependencia y se ha consolidado lo global como un horizonte económico, social y cultural –todo ello capturado en el cada día más popular término de globalización- que ha provisto de las bases fértiles para la creación de un nuevo tipo de empresas –las organizaciones globales – y para el cambio y la expansión cualitativa y cuantitativa de las organizaciones existentes. En la actualidad, las fronteras o límites, el proteccionismo, el localismo y la etnicidad parecen definir la época de la radicalización de la globalización y de su utilización para justificar todo cambio social, organizacional y político. Se afirma que la red de relaciones de las organizaciones penetra cada vez más en los recónditos ámbitos de la vida humana, regulando conductas, vidas y actividades (Held y McGrew, 2007).

Nunca como ahora las organizaciones habían estado tan presentes en nuestra vida y de lo que ahora percibimos como el mundo moderno, nacemos en organizaciones y morimos en ellas. Las organizaciones como entidades sociales, y el término organización, son criaturas comunes de nuestro tiempo. Cada grupo social imaginable - económico, social, político, religioso, educativo, médico o científico – clamará explícitamente y de manera autoconsciente ser una organización (Drori et al, 2006: xvii). La ideología del discurso del globalismo sobre el cual la globalización construye como "acto social" o sobre la que depende la ontología, está desapareciendo con el resurgir del nacionalismo, el fundamentalismo religioso y los cambios geopolíticos (Saul,

2005).

Las organizaciones globales empujaron reformas - principalmente la desregulación en materia fiscal, comercial, económica y laboral - en los países como precondición para establecer la fábrica global para producir algunas de las partes de sus productos que luego ensamblarán en otros países creando clústeres industriales. Las fuerzas aglomeradoras que producen los clústeres se basan en la interdependencia del comercio, debido a la proximidad de las organizaciones que realizan actividades diferentes, pero interrelacionadas en la cadena de producción que conlleva a la reducción de los costos de producción asociados y hacen posible la interacción entre organizaciones. Lo anterior constituye la base de las organizaciones globales, la mejor imagen que representa la globalización son productos baratos fabricados con la participación de una docena de países.

El quid de la cuestión es que "los sistemas que insisten en la independencia local o regional son extremadamente subversivos para el libre comercio, la globalización económica y el hipercrecimiento corporativo. Todos éstos dependen de que se maximicen la cantidad y la escala de las transacciones económicas. La producción local y regional para el consumo regional es el enemigo acérrimo de la globalización, porque funciona a una escala inherentemente menor, y el proceso consta de menos fases". (Mander, Cavanagh et al, 2003, 41-42).

Es ampliamente aceptado que vivimos en una época en que gran parte de los acontecimientos de la vida social, política y económica están determinados por un proceso global, en el cual las culturas, las economías y las fronteras nacionales se están disolviendo. Un elemento central de esta percepción es la noción de la existencia de un proceso rápido y reciente de globalización económica impulsada por las organizaciones.

Esas organizaciones globales con su poderío económico amenazan las políticas locales. Presionan para tener ventajas frente a otras organizaciones propiciando problemas de gobernanza. Ante las amenazas de los globalifóbicos se requiere una respuesta para compatibilizar los elementos positivos y negativos del proceso de globalización. Aunque el camino no será fácil de transitar porque la mundialización ha creado nuevas oportunidades para las empresas, pero ha aumentado también el grado de complejidad organizativa, al tiempo que la creciente expansión de sus actividades en el extranjero hace surgir nuevas responsabilidades a escala global, en particular en los países en desarrollo.

A medida que aspectos como el conocimiento y la innovación cobran mayor relevancia para la competitividad, aumenta el interés de las empresas por mantener una mano de obra competente y altamente cualificada con la implicación que el ciudadano medio no cumple con la exigencia de habilidades globales, por lo tanto, será un marginado laboral primero y un marginado social después.

Por ese impacto marginador la globalización se ha convertido en un concepto atractivo en las ciencias sociales, políticas y, principalmente, económicas. Para Paglliani es ya también un *core dictum* en la prescripción de los gurús de la economía, las finanzas y la administración; y una frase que produce prestigio a los políticos, sociólogos, filósofos, gobernantes, historiadores y economistas de todas las tendencias, quienes la utilizan para aplicarla prácticamente a cualquier asunto: para ellos todo es parte o resultado de la globalización. Dentro de esta complejidad un marco conceptual "solo puede ser propuesto si se entienden las fuerzas generales que subyacen en el proceso de globalización propiciando que el mundo se convierta en una pequeña villa global interconectada" (Mendis, 2007, p12).

Es claro que de acuerdo con las expectativas de cada uno, en relación a ese mundo futuro, en general, podría ser considerada como un trasfondo ideológico, un proceso neutral de modernización, un bien o un mal para la sociedad. Es la utopía y es la realidad. Y fueron, y lo son en la actualidad, las empresas las causantes de esta orientación consumista y depredadora de las culturas locales.

Frente a los deterioros de las culturas locales causadas

por las empresas globales, las políticas sociales son un taburete de tres patas, una imagen peculiar pero que parece que encanta a los interesados. Las dos primeras patas son la filtración de los valores bursátiles y la defensa de los accionistas. La tercera es la inversión comunitaria. Ello induce al nacimiento del nuevo dios al que hay que adorar con todas sus consecuencias negativas: el libre mercado. El socialismo real murió gritan los neoliberales, ¡viva el libre mercado y las organizaciones globales!

Amin y Thrift (1994) enfatizaron desde hace más de una década las bases socioculturales de la aglomeración que conducen a la reducción de los costos, y por ende, de los precios finales de los productos. Lo anterior constituye la base de las organizaciones globales, la mejor imagen que representa la globalización son productos baratos fabricados con la participación de una docena de países.

El quid de la cuestión es que "los sistemas que insisten en la independencia local o regional son extremadamente subversivos para el libre comercio, la globalización económica y el crecimiento corporativo. Todos éstos dependen de que se maximicen la cantidad y la escala de las transacciones económicas. La producción local y regional para el consumo regional es el enemigo acérrimo de la globalización, porque funciona a una escala inherentemente menor, y el proceso consta de menos fases". (Mander, Cavanagh et al, 2003: 41-42). El surgimiento de clústeres responde a esta necesidad.

Dentro de esta complejidad, un marco conceptual "solo puede ser propuesto si se entienden las fuerzas generales que subyacen en el proceso de globalización propiciando que el mundo se convierta en una pequeña villa global interconectada" (Mendis, 2007: 12).

2. LA VISIÓN INTEGRADA

Este esquema multidimensional sirve a Held (2007) como matriz de su interpretación, en la que se pueden ordenar perfectamente los procesos históricos, aunque no queda claro hasta qué punto se trata verdaderamente de transformaciones. El concepto de la forma pierde sus contornos claros. Lo que queda es la afirmación de que "en el núcleo del caso de transformacionista está la creencia de que la globalización contemporánea está reconstituyendo o "reconstruyendo" el poder, las funciones y la autoridad de los gobiernos nacionales", de que los "transformacionalistas no reclaman la trayectoria futura de la globalización", que surge "una nueva configuración del poder global" y que a los "patrones tradicionales de inclusión y exclusión" serán sustituidos por nuevos contrastes entre las sociedades y dentro de ellas. Pero siempre se puede uno referir críticamente a estas afirmaciones. Entonces, con Held la globalización debería entenderse como el proceso de la transformación de la sociedad. De hecho, sí cambia es el fin de *sicle* para 1) la forma tradicional del estado nacional como sujeto del sistema político internacional a consecuencia de la desregulación y la pérdida de soberanía, debido a que la compatibilidad entre el pueblo, el poder y el territorio del estado está desapareciendo paulatinamente. Esto es 2) consecuencia de las relaciones económicas que tienden a traspasar fronteras, de la expansión del comercio mundial, del aumento de las inversiones directas transfronterizas, del desarrollo de los mercados globales de capital y de los movimientos migratorios transfronterizos.

Como académicos hemos observado que muchas de las personas que profesan tener un entendimiento de la globalización, la han visto primariamente a la luz de los hechos positivos que resultan de ella, y tienden a responder dentro de sus organizaciones a las demandas de la administración para "globalizar" sus empresas sin ningún análisis del impacto negativo real en las personas y en el entorno y su potencial para bien y para mal. Hemos asistido a foros de discusión sobre ello y hemos sido testigos del casi nulo entendimiento de cómo estas afectan, han afectado o tienen el potencial de afectar nuestras vidas y la de la   sociedad en su conjunto. Con la excepción de pocas publicaciones y unos pocos practicantes e intelectuales, poco se ha publicado de forma equilibrada de los cambios positivos y negativos de la globalización. Incluso algunos defensores de la globalización y de la RSE muestran escepticismo acerca de la habilidad que tienen para crear mejores entornos sustentables. La realidad es que, si queremos controlar los impactos negativos, debemos entender mejor los aspectos positivos y sus relaciones con muchos aspectos de la vida y la cultura de las sociedades globales.

Hemos hablado de cómo la desregulación de este conjunto de reglas estatales tiene su contraparte en la creación de reglas globales, negociadas en el marco de organizaciones internacionales: para el comercio, las relaciones financieras, la comunicación, las inversiones, etc. Puesto que las instituciones globales similares a los estados sólo existen de manera incipiente, se establecen modelos informales de política: redes políticas globales, foros con actores públicos y privados, instituciones y procesos de global *governance* (gobierno global), rating agencies (agencias de calificación) globales y compañías de abogados, que mantienen en forma a la globalización. Pero también surgen nuevos centros de poder geoestratégicos en el mundo "unipolar", que no controlan las transformaciones globales por medio del dinero o el derecho o de forma "discursiva", sino sirviéndose del poder militar y de la utilización de la violencia. Las relaciones financieras globales han obtenido una nueva calidad en el curso de los procesos de transformación; las crisis económicas desarrollan un efecto devastador como crisis financieras, sobre todo porque ya no se las puede circunscribir a una economía "nacional".

Después de haber sostenido durante décadas que la realidad en cuanto tal, sin limitaciones ni simplificaciones, no podía ser afrontada ni comprendida sin tomar en cuenta la dimensión internacional, hoy los estudiosos profesionales del tema y los ansiosos futurólogos deberían cantar victoria, pues la realidad se ha internacionalizado tal como lo esperaban; ha rebasado las fronteras de los Estados desde prácticamente cualquier perspectiva: política, económica, cultural, social, médica, jurídica, etcétera. Por ello, si el concepto de internacionalización durante cierto tiempo fue considerado solamente un punto de vista, hoy también es un hecho, es una realidad. Ningún Estado está fuera de algunos de los efectos - positivos o negativos - de la globalización.

Es esta visión la que ha propiciado que "en los últimos diez años, millones de personas hayan tomado la calle en la India, Filipinas, Indonesia, Brasil, Bolivia, Estados Unidos, Canadá, México, Argentina, Venezuela, Francia, Alemania, Italia, la República Checa, España, Suecia, el Reino Unido, Nueva Zelanda, Australia, Kenia, Sudáfrica, Tailandia, Malasia y otras partes, en manifestaciones masivas contra las instituciones y las políticas de la globalización corporativa". (Mander, Cavanagh et al, 2003, p15).

Sin embargo, si como afirmamos, los cambios económicos son más complejos que los que predicen y vislumbran los globalistas, entonces es posible que las acciones nacionales racionales y el control de los mercados internacionales se enfoquen a promover cambios sociales propicios para el encubamiento de una forma todavía más avanzada de globalización. No es de extrañar que la llamada "tercera vía" de los países nórdicos haya podido resolver la contradicción haciendo coexistir globalización con Estado de bienestar.

Ahora bien, la reducción de las distancias espaciales y temporales ha tenido como consecuencia que, en primer lugar, hayan surgido estándares globales que, en segundo lugar, obligan a realizar ajustes; por eso se vuelve indispensable sustituir las formas rígidas por formas flexibles dentro de un marco aceptado globalmente.

Es este imperativo de la adaptación en la organización laboral, en el salario, en la inversión de dinero en los mercados financieros globales, en la capacitación profesional, en resumen, en todas las áreas de la vida, el que es glorificado como la "gran oportunidad" de la globalización y que, al mismo tiempo, es la base material del neoliberalismo, de los hiperglobalistas y de los entusiastas. En esa medida el neoliberalismo no sólo es la ideología de la *pensée unique,* sino el conjunto de formas de pensamiento que reproducen la realidad de la globalización.

La globalización es una transformación fundamental de diversas economías dentro de un solo "libre" mercado integrado y sus subsiguientes respuestas organizacionales y sociales a esta transformación. Wartick y Wood (1998, p. 8) agregan, "... no solo es la economía la que está globalizándose. La globalización de aspectos sociales y políticos se está convirtiendo en la regla más que la excepción. Otra vez, la globalización social y política puede ser simplemente una respuesta o un producto de la globalización económica". Por todo lo anterior, las explicaciones que economistas y políticos dan a la decadencia o al ascenso del mundo actual culminan siempre con una palabra: globalización.

Es indudable que los patrocinadores de la orientación neoliberal y los promotores de la globalización despertaron demasiadas expectativas en la sociedad que creyó que con este sistema y con estas prácticas desaparecerían tanto la pobreza, el desempleo como la desigualdad en los ingresos, para dar paso al casi paraíso terrenal en materia económica.

Con respecto a la justicia y equidad en el trato de las empresas globales hacia los países pobres "implica la decisión de trabajar dentro del sistema de la globalización, en el que nos sentimos atrapados. Si realmente trabajamos dentro de este sistema, empezamos por preguntarnos: ¿Son justas las reglas del juego, sobre todo para los socios más débiles, o las tergiversan y manipulan los socios fuertes para mantener sometidos a los países pobres? Si ocurre lo segundo, entonces debemos luchar por reformar las reglas del juego para que puedan ser más justas. Debemos controlar y observar cuándo estas reglas van en contra de los débiles y los pobres". (Mander, Cavanagh et al, 2003, p28).

Después de tantas promesas incumplidas, las críticas sobre el modelo neoliberal y de la globalización por parte de las organizaciones no gubernamentales en un sinnúmero de países, llevaron a que hoy el sistema de economía de libre mercado y la globalización se encuentren en el umbral de la conciencia de un gran número de ciudadanos tanto en los países desarrollados como en los que están en vías de desarrollo. Es en ese proceso de tomar conciencia de las promesas incumplidas, adicionalmente a la confluencia perfecta de fuerzas sociales, políticas y económicas críticas, que surgen las propuestas de organismos internacionales de instrumentar una serie de propuestas encaminadas a lograr la Responsabilidad social de las Empresas (RSE) y el establecimiento de políticas públicas para apoyar a los marginados por la globalización.

La expansión de la globalización: La GRI considera que tanto la expansión de los mercados de capitales mundiales como las tecnologías de la información "siguen ofreciendo oportunidades nunca vistas para la creación de nueva riqueza. Al mismo tiempo, existe un profundo escepticismo sobre si esa riqueza acabará con las desigualdades sociales. Mientras las entidades gubernamentales y no gubernamentales son los protagonistas del proceso de globalización, es la actividad corporativa la que sigue actuando como su fuerza motriz. Como resultado de esto, se están buscando nuevas formas de responsabilidad que den cuenta, de un modo fiable, de las consecuencias de las actividades empresariales en todo lugar, momento y modo en que éstas se produzcan". (GRI, 2002: 9).

La reforma del gobierno corporativo: se reconoce que existen presiones por parte de las empresas para que establezcan y mantengan un control interno de calidad. Ello derivado de que "la sociedad observa cómo aumenta la influencia de las empresas en los cambios económicos, ambientales y sociales, los inversionistas y otras partes interesadas esperan de los directivos y administradores de esas compañías el más alto grado de transparencia, sensibilidad y ética" (GRI, 2002: 10).

Como vemos, la necesidad de una acción pública se deriva también de la gestión inadecuada a nivel mundial y nacional. En su Comunicación «Hacia una asociación global en favor del desarrollo sostenible», de 13 de febrero de 2002, la

Comisión de las Comunidades Europeas destacó las posibles consecuencias negativas de una globalización incontrolada. Ya que "las políticas públicas en el ámbito de la responsabilidad social pueden imprimir una evolución positiva a la globalización, fomentando las buenas prácticas en las empresas como complemento de los esfuerzos realizados por las autoridades en favor del desarrollo sostenible" (CCE, 2002: 8-9).

3. Reflexiones finales

Al analizar el número de las organizaciones internacionales y nacionales, las ONGs, los grupos gubernamentales, los grupos de consultores y las organizaciones que fomentan, regulan, promueven o aplican la RSC para reducir las críticas sobre las formas de la globalización actual, es necesario puntualizar que este es un fenómeno que se extiende rápidamente. Ello es parcialmente posible porque "pocas frases han sido definidas pobremente y usadas tanto como la "filantropía estratégica", "Responsabilidad Social Corporativa". El término cubre prácticamente toda clase de actividad caritativa que tiene un tema, objetivo, acercamiento o enfoque definible" (Porter y Kramer, 2003, P59). Sin embargo, el concepto y las acciones y programas que involucra no deja satisfechos a todos. Con respecto a la pobreza y las definiciones, Hopkins es devastador en sus afirmaciones de que "... no existen muchas elaboraciones sobre el concepto. la definición, a los ojos de algunos, deja fuera demasiados aspectos claves. Por ejemplo, la palabra sustentabilidad" no se menciona.... "(Hopkins, 2006: 17)

Contrastando las prácticas negativas de las empresas durante los últimos diez años, Bakan, como resultado de ello argumenta que "la corporación es una institución patológica, peligrosa poseedora de un gran poder para ejercer sobre personas y sociedades". (Bakan, 2004: 1). Es potencialmente destructiva de ambientes sociales, culturales, políticos y del medio ambiente. La visión de Bakan que coincide con los muchos otros más, despierta demasiadas preguntas, algunas de ellas como las siguientes: ¿Cuál es la naturaleza y cuáles las implicaciones de su carácter patológico?; ¿Qué poder tiene sobre la sociedad?; ¿Qué puede hacerse para mitigar su capacidad potencial de causar daño a la sociedad? (Bakan, 2004: 2).

Por la vastedad de implicaciones, ausencia de definiciones puntuales y parámetros cuantitativos, no existe consenso de las características de la conducta virtuosa corporativa. En el momento de analizar la conducta o prácticas de las organizaciones pueden surgir cientos de preguntas que pueden ser contradictorias con desarrollo sustentable de una comunidad. Vogel (2006: 4-5) argumenta que si la búsqueda de bajos costos de mano de obra y materia prima en otros países genera desempleo en el país de origen es una práctica contraria al desarrollo equilibrado. O si lo es el pagar los salarios bajos de mercado en lugar de salarios que permitan una vida decente del trabajador y su familia. ¿Puede ser responsable realizar desarrollos en países en vías pobres corrompiendo gobiernos? Por todo ello, en el área norteamericana se trata de pasar a una fase superior del concepto proponiendo que sea sustituido por otro más integral e ideológicamente más neutro: la Sustentabilidad Corporativa. Hopkins, pregunta si "... será la Sustentabilidad Corporativa un mayor concepto que la RSE? La Responsabilidad Corporativa emerge desde el movimiento de la protección ambiental ..." (Hopkins, 2006: 20), por lo que tiene raíces más sólidas que la RSE.

Debemos ser críticos con las empresas y la forma en que han conducido sus prácticas empresariales que penetran cada espacio y cada momento de nuestras vidas moldeando la forma de las culturas y orientándolas hacia un consumismo desmedido, las empresas gobiernan nuestras vidas, determinan lo que comemos, lo que vemos en televisión, lo que usamos, donde trabajamos, y lo que hacemos. Estamos rodeados por su cultura, iconografía e ideología de las cuales no podemos escapar. Y como la iglesia y la monarquía en otros tiempos, sus posturas son infalibles y omnipotentes, glorificándose a sí mismas en grandiosos edificios y en elaborados anuncios. Incrementalmente, las empresas dictan las decisiones sobre los que se supone deberían de vigilarlas: el gobierno y la sociedad. (Bakan, 2004: 5).

Son las empresas las que gobiernan la sociedad, quizás más que los gobiernos mismos, irónicamente, es ese mismo poder que han ganado a través del proceso de globalización las que las hace vulnerables. Como ocurre con toda corporación gobernante, la corporación ahora atrae la atención de un público ansioso sobre aspectos de desconfianza, temor y demandas por rendición de cuentas. Hoy, los líderes de las grandes empresas entienden más que nunca antes de la crisis, que necesitan hacer muchos esfuerzos para recuperar y mantener la confianza del público. (Bakan, 2004: 26).

Al inicio de los años noventa, las demostraciones masivas contra el abuso y el poder de las empresas se levantaron en ciudades de Europa y de Estados Unidos. Quienes protestaban se asumían como parte de un amplio movimiento de la "sociedad civil" que luchaba contra los daños corporativos a trabajadores, consumidores, comunidades y medio ambiente. Sus preocupaciones eran diferentes de los grupos que protestan en la era post Enron, dirigidas a la vulnerabilidad de los *shareholders* a las prácticas corruptas de los administradores de las empresas. Pero los dos grupos tenían algo en común: Ambos creían que las empresas han llegado a convertirse en una peligrosa mezcla de poder y de falta de rendición de cuentas. (Bakan, 2004: 27).

El reto ahora es encontrar maneras de controlar las empresas, sujetarlas a las restricciones democráticas y proteger a los ciudadanos de sus tendencias peligrosas, aun cuando en el largo plazo luchemos por un orden económico democrático. Mejorar la legitimidad, efectividad y rendición de cuentas de la regulación gubernamental puede ser lo mejor, o al menos la estrategia más realista para lograr lo anterior. (Bakan, 2004: 161). Al orientar los negocios para convertirlos en "un buen ciudadano e impulsándolo a enraizar en la comunidad, se puede ayudar a alcanzar las utilidades y el éxito a largo plazo de la compañía" (Hamel y Denhart, 2007: 1). La transición se puede hacer mejor "cuando se está motivado por alegría y esperanza, no por el miedo y la crítica, porque el cambio siempre produce descontento" (Albion, 2006: 130). Debido a que todo gasto razonable es deducible de impuestos, las organizaciones no ven una ventaja especial en el gasto en acciones filantrópicas comparados con otros propósitos corporativos" (Porter y Kramer, 2003: 30).

La corporación en sí misma no puede escapar tan fácilmente del diagnóstico del psicópata. La corporación es irresponsable porque en el intento de satisfacer sus fines corporativos pone en riesgo a todos. Las empresas tratan de manipular todo incluyendo la opinión pública y ellas son grandiosas, siempre insistiendo que son lo mejor. Las empresas carecen de empatía y las tendencias asociales también es una de sus características claves. Finalmente, las empresas se relacionan con otros de una manera superficial, su objetivo es presentarse a sí mismas de una manera deslumbrante y atractiva para el público, aunque ello sea una representación de lo que no son las empresas. (Bakan, 2004: 56, 57).

A pesar de los problemas que tiene que enfrentar, la corporación global está llegando a institucionalizarse, su engrandecimiento contemporáneo es distinto por su nuevo enfoque y por su difusión en todo el mundo, pero ahora su enfoque primario está en ubicarse en países en vías de desarrollo, donde las leyes son más laxas y los gobiernos se corrompen más fácilmente.

7 GLOBALIZACIÓN E INTERNACIONALIZACIÓN

1. INTRODUCCIÓN.

Una economía globalizada es un tipo ideal distinto de la economía internacional y puede ser desarrollada en contraste o en paralelo con ella. En tal sistema global las distintas economías nacionales se subsumen y rearticulan dentro de procesos e interacciones internacionales. La economía internacional, por el contrario, es una en la que los procesos que dominan el fenómeno internacional son aquellos que se determinan en el nivel nacional, esto es, es un agregado de las funciones de la economía nacional. La globalización eleva estas interacciones nacionales a un nuevo nivel y con distinto poder. El sistema económico internacional se derrumba y desgaja produciendo la anarquía en la medida en que la producción llega a ser totalmente globalizada.

Así, la "anarquía" se convierte en el acto cotidiano. El comportamiento de la economía, de las finanzas y de la producción industrial que no solamente no tienen fronteras, sino tampoco regulaciones; mientras el conjunto de la economía formal está regulado por la Organización Mundial de Comercio (como mera síntesis de un conjunto de un sistema normativo internacional, sólido y eficiente), negociado entre Estados que tienen no obstante que defender sus industrias estratégicas en el comercio, por ser una contienda entre empresas, las relaciones entre los sujetos económicos resultan del todo anárquicas. Esos sujetos ya no establecen relaciones de subordinación como en un sistema estatal; no conocen relaciones jerárquicas, sino exclusivamente paritarias; y no conocen límite alguno en sus desplazamientos.

Pero también existe anarquía en otro aspecto: el de la política internacional; pues la desaparición de las grandes potencias que verdaderamente estaban en posibilidad de obtener la obediencia de la mayoría de los Estados del mundo (aunque ello ocurriese sólo de hecho y no de derecho) ha "igualado" a tal grado a los Estados en su capacidad de acción que realmente debemos observar hoy a la sociedad internacional como un conjunto coordinado sin que algún poder (de hecho) esté por encima (podríamos llamar a esta situación "competencia desregulada") de otro.

Podríamos decir que las relaciones internacionales que no eran anárquicas se hicieron así, y que las sociedades que no lo eran se volvieron anárquicas, cambiando completamente nuestras expectativas. La anarquía que hoy palpamos es la mejor prueba de su inexistencia anterior. Al abordar las relaciones internacionales se debería meditar acerca de la conveniencia de construir un paradigma de análisis completamente nuevo.

Esta peculiar situación genera una serie de dificultades en el campo de la interpretación teórica, sobre la problemática fundamental de su gobierno, particularmente cuando los mercados globales se descontextualizan de su entorno social y se incrementa la dificultad de regularlos, aun suponiendo una cooperación activa y cuando se trata de analizar las tendencias que originan y posibilitan la globalización; así mismo, cuando se trata de distinguir las interrelaciones y patrones nacionales e internacionales y las variables que determinan su dinámica.

Las dificultades no se agotan en el campo teórico. También parecen cuando se busca conocer el alcance y las probables configuraciones en las cuales sedimentarán estos procesos globalizadores, especialmente en relación con las profundas y radicales transformaciones que están provocando en las instituciones económicas existentes y de las posibilidades que los miembros de dichas organizaciones tengan la capacidad para descubrir mecanismos de control para dirigir estos procesos de cambio resolviendo los problemas que la globalización genera.

La transformación impuesta a los productores a través de los mecanismos de mercado y la sistemática interdependencia de los países y los mercados de ninguna manera resulta en una integración armónica en la cual los consumidores mundiales se beneficien de un mecanismo eficiente, y verdaderamente independiente, de asignación de recursos. También es cierto que las organizaciones tienen restricciones para modificar radicalmente estructuras, normas y procedimientos actuales, lo cual no será posible que se realice de la noche a la mañana, en un proceso inmediato, casi espontáneo, de manera tal que les permita ser competitivas y reinsertarse en el mercado global.

Aun cuando las organizaciones que no sean capaces de realizar los ajustes correspondientes quedarán excluidas del sistema y estarán irremediablemente condenadas a desaparecer. Parecería que la globalización es el premio para quienes sostuvieron que los grandes eventos dirigidos a valer para toda la humanidad proviniesen de la dimensión internacional. Pero esta vez puede ser que el resultado no sea satisfactorio: ¿Hubo algún error? Al quedar anclados en la lógica estratégico propagandista de los beneficios de la globalización, no se percataron que el mundo había cambiado y que, por consiguiente, los paradigmas de las organizaciones también debían hacerlo. Por lo demás, ¿Cuántos todavía hoy se han quedado como "nostálgicos del intervencionismo de Estado"? ¿Quienes quisieran volver a un gobierno que subsidia, protege, apoya y es factor de éxito en las organizaciones?

Aun cuando no se acepte que el proceso de globalización tiene el ritmo y las características que mencionamos, los pasos que se han dado hasta ahora pueden ilustrar algunos aspectos de importancia en la integración de bloques de comercio regional. Tanto la Unión Europea (UE) como el Tratado de Libre Comercio de América del Norte (TLCAN o NAFTA) ahora TMEC Y USTCM ya son ejemplo de mercados altamente integrados a una escala casi continental en Europa y con las economías más pujantes en América en el otro caso. En el ámbito de las organizaciones la conceptualización teórica de este fenómeno de la globalización económica, las llevará a tomar riesgos compartidos y oportunidades a través de inversiones Inter- organizaciones, asociaciones, integraciones, etc. intento que podría contribuir a incrementar los factores o variables relevantes de éxito, al mismo tiempo que originan y determinan las transformaciones en las estructuras y procesos productivos y organizacionales de las empresas globales que propician la eficiencia que les permita reinsertarse en la competencia global. De lo que no existe duda es que las organizaciones deberán modificar sus estructuras, conocimientos y procesos productivos, romper su actual paradigma, al mismo tiempo que desarrollen un nuevo paradigma donde la efectividad organizacional será la clave del éxito o del fracaso en la globalización. En este contexto, la globalización de la economía producirá la transformación de las organizaciones nacionales en organizaciones globales presionando hacia la heterogeneidad y la coexistencia de distintos niveles tecnológicos con eslabonamientos productivos entre empresas débiles y discontinuas, con patrones de producción y paradigmas de eficiencia muy diferentes. Hasta que evolucionen para integrarse al mercado global.

En la última década del siglo XX se desencadenaron una serie de procesos de gran trascendencia, tanto por la magnitud de los efectos generados como por la complejidad que estos asumieron en su expresión fenoménica, en donde se advierte la tendencia hacia la globalización de las organizaciones (Julios, 1990; Ohmae 1990; 1993; 1995) donde las empresas "sin Estado" son las encargadas de hacer los movimientos económicos en la triada (Japón, Norteamérica y Europa).

La tendencia es hacia la búsqueda de la estrategia de la "globalización de la localización" de las plantas productivas en respuesta a la escala de los mercados regionales, donde la localización permite dar respuestas eficientes a los distintos grupos de consumidores regionales. Glocalización será un término que describa la fusión de lo global con lo local y lo estaremos oyendo continuamente en el futuro inmediato.

La competencia en el mercado global y la acelerada dinámica del desarrollo científico y tecnológico, ambos serán responsables de las transformaciones que de manera dramática alteran la configuración tecno-económica, y modifican la tecnología organizacional requerida para configurar una nueva arquitectura organizacional ante nuevas plataformas científico-tecnológicas que transforman los procesos de producción orientados hacia la completa domesticación de la producción para satisfacer las demandas específicas del mercado. Esto contrasta con la estrategia de flexibilidad especializada en una sola planta y localidad de la empresa "centralizada".

Por otra parte, estos cambios también han provocado el derrumbe de muchas de las certezas que guiaron gran parte de la actividad en la época moderna; certezas derivadas a partir de marcos teóricos de interpretación elaborados en el siglo XVII al XX, hoy bajo serios cuestionamientos, pues no proporcionan las respuestas ante la complejidad de la dinámica y magnitud que asumen las actuales transformaciones.

Al mismo tiempo, se desdibujan valores, ideologías y doctrinas políticas, sociales y económicas que impregnaron de sentido a los proyectos individuales y colectivos de una parte importante de la humanidad por un período de tiempo bastante amplio. Por ello, han sido abandonadas, o por lo menos no tienen el poder de convocatoria que antes tuvieron. Sin embargo, se advierte que, aunque en forma precaria, a finales del siglo XX se impusieron una serie de consideraciones en torno a las determinaciones centrales de la política económica contemporánea.

Solamente podemos empezar a evaluar la magnitud del asunto de la globalización si tenemos un modelo relativamente claro y riguroso de lo que es la economía global y de cómo ésta representa una nueva fase de la economía internacional y un entorno totalmente diferente y transformado de los actores económicos nacionales. En su sentido más radical, la globalización debe tomarse como el desarrollo de una nueva estructura económica, y no simplemente un cambio coyuntural hacia un mayor grado de internacionalización del comercio y la inversión dentro de un conjunto de relaciones económicas. Un tipo ideal extremo nos permite diferenciar los diferentes grados de internacionalización para eliminar las confusiones.

En el plano económico es evidente que al mercado le fue otorgado un rol preponderante: se impone como el instrumento más apropiado para manejar los intereses competitivos. En la medida en que la economía y la hermandad de naciones eliminan la economía internacional el mundo será más "industria" y menos "militante" de una ideología económica o política. En el plano político, una consecuencia final inevitable es el crecimiento de una multipolaridad en el sistema político internacional. El sistema de poder hegemónico nacional no podrá ya imponer sus propios y distintivos objetivos regulatorios ni en su propio territorio ni en ningún otro. El nacimiento de cuerpos de gobierno y empresas globales cambiará para siempre la naturaleza de la política internacional.

En el plano social, las cosas no están muy claras, aunque existen tendencias definitivas. Una de ellas se impone; los gobiernos abandonan la pretensión de una sociedad más equitativa que asegura el bienestar social para el conjunto de los ciudadanos, propiciando en cambio, el surgimiento entre los individuos, de atomizadas formas de autoayuda, mediadas por el mercado y no por formas colectivas de solidaridad, donde el Estado complementa las acciones del mercado en la asignación de beneficios a la sociedad.

Estos elementos que están presentes en la orientación económica contemporánea, de algún modo, configuran un sistema político, económico y social ligado en forma indisoluble a dos procesos estrechamente relacionados: la competencia derivada de la economía global y la dinámica del desarrollo tecnológico, que además de generar las condiciones para la consolidación de un cierto sistema, imponen un nuevo paradigma de eficiencia, entendiendo por ello la sustitución de un modelo rector del progreso tecnológico-comercial que las empresas utilizaban para identificar y desarrollar los procesos, productos y sistemas de gestión más rentables a partir de las alternativas tecnológicas que están disponibles en el mercado.

Las nuevas formas e intensidades que la competencia adquiere en el marco de una economía globalizada manifiestan su significado e importancia por una parte, en las colosales dimensiones que adquieren las organizaciones transnacionales líderes del mercado global y, por otra, en las modificaciones que está experimentando la conducta empresarial. Las dimensiones y las complejas articulaciones y características que adoptan las estructuras tecno-económicas de las empresas productivas, financieras y comerciales contemporáneas, simbolizadas por las empresas transnacionales, que aunque poseen elementos comunes son extremadamente diferenciadas, corresponden a un mismo proceso de concentración y centralización del capital, pero se cristalizan en distintas formas y por ello, no existen modelos únicos susceptibles de ser aplicados en forma universal. Más aún, ni siquiera para un mismo sector de la actividad económica existen "recetas" para lograr el éxito.

En lo que se refiere a la conducta empresarial -en el contexto de una competencia globalizada- se observa la adopción de una estrategia muy singular en la cual se combinan simultáneamente tácticas de competencia y colaboración inter y entre empresas. Para ejemplificar lo anterior usaremos el ejemplo del sector de las tecnologías de la información y las telecomunicaciones (TICs) que para muchos observadores se ha constituido en el núcleo del desarrollo industrial para finales del siglo XX y uno de los tres pilares de la globalización.

La magnitud del mercado global de las TICs crecerá en un futuro inmediato debido a la liberalización de los mercados y la privatización de los servicios, procesos que se están llevando a cabo a escala mundial y están modificando dramáticamente la configuración de los mercados exigiendo a las empresas del sector un cambio radical en sus estrategias antes basadas en la manutención de posiciones monopólicas derivadas de su naturaleza tecnológica.

Estas mismas empresas por una parte ven multiplicadas sus oportunidades de negocios, pero al mismo tiempo afrontan una aguda competencia en el abastecimiento de equipos de información y telecomunicación como en el equipamiento y operación de las redes de servicios y, la incesante multiplicación de opciones tecnológicas que ofrecen a los usuarios las nuevas tecnologías de "multimedia" que hacen posible la combinación de imágenes virtuales, películas en movimiento, sonido, textos y datos que permiten la transmisión instantánea y un procesamiento oportuno y eficaz de enormes, variados y complejos volúmenes de información.

Sin embargo, en relación con los efectos generados por la innovación en este sector quizás de mayor importancia sean las asociaciones que están siendo forjadas entre las empresas de información y telecomunicación tales como aquellas dedicadas a la información de sistemas tecnológicos, las que proveen información, las empresas de publicidad, editoriales medios escritos y electrónicos, etc. La computación, las telecomunicaciones, la publicidad, la educación y el esparcimiento están generando no sólo productos y servicios complementarios sino más bien, mercancías de muy difícil diferenciación.

Una forma de alianza estratégica se establece a través de fusiones, proyectos conjuntos de inversión y/o la integración de redes y estructuras productivas para la generación de un insumo, producto o línea de productos. Por su parte, en la temporalidad las empresas buscan asociaciones delimitadas en el tiempo, diseñadas a partir de objetivos específicos, sean estos contribuir en la investigación y desarrollo de un producto o insumo principal o, con el fin de controlar importantes segmentos de los mercados nacionales, regionales y globales. Aquí cabe destacar la singularidad de estas formas de cooperación.

Existen otros aspectos de la competencia global que es preciso destacar. Decíamos anteriormente que la competencia es reforzada, intensificada y canalizada a través de mecanismos diseñados para incrementar aquella eficiencia empresarial que le permita la sobrevivencia y expansión a través de las alianzas estratégicas. Sin embargo, la competencia se desplaza también a otros ámbitos y se le agregan, por tanto, otros objetivos.

Uno de ellos es reducir los conflictos sociales - al interior de la empresa- reemplazando las formas tradicionales de mediación y negociación de los sujetos colectivos (sindicatos) por formas competitivas, es decir, ubicando a los trabajadores en férreas formas de competencia en las cuales los individuos luchan entre sí para asegurarse una privilegiada inserción laboral ubicándose en los nichos productivos más dinámicos (aquellos de mayor expansión y rentabilidad) y con ello, reducir la incertidumbre del desempleo y/o la expulsión hacia ramas estancadas de la actividad económica.

En este marco, la conducta estratégica de los trabajadores se dirige, entonces, hacia el drástico incremento de sus conocimientos, habilidades y destrezas, capacitándose para mostrar eficiencia ante un mercado laboral (especialmente el de las empresas globales) cada vez más reducido y competitivo.

Para efecto de nuestro trabajo en relación con las empresas globales y la competencia queremos destacar un aspecto específico de su actividad. Nos referimos no sólo al hecho por demás conocido de que las empresas globales están incesantemente incrementando los flujos del comercio y de la inversión sino más bien, nos interesa resaltar la estructura de este intercambio. Esto es, la importancia creciente que en estos flujos están adquiriendo las denominadas operaciones internas de una red global en expansión: el intercambio de insumos y de bienes tecnológicos (resultados de la investigación y desarrollo) al interior de la empresa global - entendiendo por ello no sólo una empresa o un conjunto de empresas ligadas por un centro de control financiero común- sino que más bien, con este concepto queremos enunciar una compleja y extendida red de relaciones de competencia y colaboración (alianzas estratégicas) y que progresivamente se van integrando en vastos conglomerados o sistemas complejos de interdependencia en donde las tareas de investigación y desarrollo, las de producción, mercadeo y financiamiento se van compartiendo y configurando entidades económicas y organizacionales de vastas proporciones y de singulares atributos (Ernst, 2019).

En este punto cabe la advertencia de que una cabal comprensión de este fenómeno no parece ser lograda cuando se le analiza mediante el concepto de empresa transnacional acuñado por la teoría económica de los setenta.

El efecto de la introducción de la tecnología y el decaimiento de la producción en los setenta vinculado a un alza en los salarios y un decaimiento en la producción total tiene un efecto de retroceso (Weber y Rugby, 1996). Aunque dicha conceptualización enuncia una forma que está íntimamente relacionada con el fenómeno que nos preocupa (esto es, son resultado de un mismo proceso de internacionalización del capital) la evolución del proceso está generando entidades diferentes: la empresa global. Habría que preguntarse por el alcance de estas modificaciones o si se trata de una alteración cualitativa que cambiaría la naturaleza misma de la empresa transnacional. Esta es una pregunta que por ahora queda en suspenso pero que requiere una respuesta.

A. Las formas de cooperación en el mundo global

El incremento del sistema global de comercio está redefiniendo las normas y prácticas del Estado y representa una amenaza a la manera como se construyen las economías nacionales. Con la internacionalización de la producción y el incremento de la movilidad del capital, los Estados enfrentan un doble reto. Las economías tradicionales sostienen la habilidad de un país de desempeñarse exitosamente en los mercados internacionales en base a las ventajas comparativas. Existe la idea de que, a través de la especialización, las industrias desarrollan "expertise" en la producción en masa de un selecto grupo de productos y les permite ganar competitividad en precio y calidad. Ello es cierto, pero se olvidan o descuidan los factores negativos de la dependencia. Efectivamente, es fácil constatar que la última década del siglo XX estuvo marcada por el incremento de la interdependencia y la globalización de los mercados a través de una rápida aceleración de los flujos del comercio y de la inversión, la creación y difusión de nuevas tecnologías, el explosivo crecimiento de los mercados de capital y la integración de los mercados financieros, así como por la modificación de las conductas que guían las operaciones empresariales ahora ubicadas en un ámbito planetario. Los actores primarios de este proceso de globalización obviamente son las empresas globales, a través de los flujos de inversión y del fortalecimiento de los lazos corporativos. Pero para adecuarse a los requerimientos del entorno, la empresa transnacional mutó y surgió la empresa global.

Esta transformación empero no transcurre sin conflictos. Estos procesos generan una creciente rivalidad entre las transnacionales y las empresas globales, representadas política y comercialmente por los gobiernos nacionales de los países centrales y/o los bloques regionales. Por otra parte, el altísimo costo en el que se incurre para mantener a las empresas en situaciones tecnológicamente competitivas, paradójicamente, está fomentando una singular forma de cooperación denominada alianza estratégica, o también definida bajo la conceptualización del llamado "tecnoglobalismo". En síntesis, nos encontramos con una nueva forma de vinculación Inter empresas, llevada a cabo a través del establecimiento de complejas redes internacionales, tejidas por las empresas transnacionales y globales en su incesante búsqueda tendiente a reducir costos y disminuir las elevadas incertidumbres propias de procesos productivos que requieren elevados volúmenes de inversión, derivados del alto grado de contenido tecnológico que conllevan sus productos y servicios.

Así, empresas rivales realizan coinversiones para desarrollar productos no existentes y que no significan una competencia directa para ninguna de las empresas que constituyen la alianza. Ello sucede lo mismo en la industria farmacéutica como en la de telecomunicaciones, aunque la más representativa es la industria automotriz con diversas empresas líderes mundiales involucradas en proyectos de desarrollo de autos con otras empresas del mismo ramo.

Resultado de lo anterior, al conjuntar sus esfuerzos de investigación y desarrollo con sus empresas rivales - incluso con aquellas con las cuales se disputan los mismos mercados- disminuye la magnitud de sus inversiones al compartirlas entre varias empresas pero, además, logran disminuir los niveles de incertidumbre, pues se están asociando con sus principales competidores tecnológicos y el riesgo de que aparezca un producto con mayor innovación incorporada en ese particular segmento de mercado disminuye notablemente.

Postulamos como común denominador de todos estos cambios, esto es una de las determinaciones básicas de estos procesos de transformación, el reforzamiento de la competencia. Como efecto inmediato para las empresas se impone la urgente necesidad de conocer y respetar las reglas de este nuevo juego: la competencia en una economía global.

Esta nueva forma de competencia no ha afectado a todos los países y empresas por igual. En este sentido, la nueva era de la competencia internacional está basada en un puñado de miles de grandes e innovadoras empresas líderes que desarrollan sus actividades en un reducido número de ramas industriales; no más de una docena de industrias de alta tecnología e intensivas en uso de capital que tienen como objetivo servir a los tres mercados más importantes y dinámicos: América del norte, Europa y Japón.

Estos fenómenos han originado importantes procesos

entre ellos, el de la reestructuración industrial lo cual constituye un aspecto central para este nuevo orden industrial internacional que genera la economía global.

En uno de los trabajos más fructíferos en torno a la reestructuración industrial (Dicken, 1998) se señala que este fenómeno a lo menos ha sido comprendido mediante distintas interpretaciones de entre ellas podemos destacar las siguientes.

De acuerdo con los regulacionistas franceses la reestructuración es el medio por el cual adviene un determinado patrón de acumulación sostenible basada en el régimen de acumulación (que equilibra consumo, ahorro e inversión) y el modo de regulación (formas institucionales y patrones sociales de conducta que determina el régimen de acumulación).

Por su parte, los Schumpeterianos estructuralistas visualizan estos fenómenos como procesos generados por ciclos de onda larga de cincuenta años de rompimientos tecnológicos fundamentales que sostienen el crecimiento. Por ejemplo, los ciclos de crecimiento industrial previos, de acuerdo con este esquema estarían basados en la industria textil, acero, ferrocarriles y maquinarias de combustión interna.

Posteriormente irrumpe la industria química y siderúrgica y el recurso energético principal es la electricidad. Más tarde son otras las ramas dinámicas, destacando por sobre todo la industria automotriz, la explotación del petróleo y la industria petroquímica. Por último, aparecen ramas tales como la microelectrónica, la robótica, la generación de nuevos materiales, la telemática, informática, cibernética, los sistemas expertos, etc.

Otra interpretación visualiza la presente transición en términos del agotamiento del paradigma de producción masiva, esto es, que la producción de mercancías estandarizadas mediante el uso de máquinas con propósitos especiales y una rígida división del trabajo es ahora reemplazada por un nuevo paradigma de especialización flexible basado en la producción de pequeños lotes de productos diferenciados, generados con maquinaria de uso múltiple integradas en cadenas productivas flexibles, autorreguladas y diseñadas por sistemas expertos y por la inteligencia artificial; modificaciones que necesariamente implican la adopción de nuevas formas de organización del trabajo. En otras palabras, se interpreta la reestructuración industrial en términos de una transición desde la máquina-factura al sistema-factura, esto es una nueva práctica organizacional en la cual la integración de las unidades productivas, vía la tecnología automatizada, genera nuevas relaciones interorganizacionales o empresariales y prácticas integrales de trabajo supeditadas a orientaciones individuales.

Cada una de estas interpretaciones contiene alguno de los elementos que conforman la esencia de este nuevo orden industrial internacional que se está configurando desde el final del siglo pasado. Ahora bien, esta reestructuración industrial cuyas características más importantes acabamos de mencionar, sin embargo, no explica, de manera inmediata el incremento de la competitividad internacional. Debemos, a continuación, dedicar a las formas que adopta la empresa transnacional en los procesos de globalización, especialización y regionalización.

B. La empresa global y los procesos de globalización

El rol preponderante de las empresas globales, en el campo de la reestructuración industrial, se visualiza especialmente en relación con las dos áreas principales, en las cuales se ha incrementado la competencia internacional, el comercio y la inversión directa. Justamente aquí, es donde se expresan las tendencias que impulsan la competencia internacional, cuestión que desarrollaremos a continuación.

Antes, con el objeto de una mejor comprensión del fenómeno del incremento de la competencia internacional parece pertinente referirse primero a la naturaleza de la evolución del capitalismo y la descripción de los más importantes rasgos que caracterizan a la empresa industrial moderna. La primera fase del capitalismo se caracteriza por la empresa familiar. A finales del siglo XIX una nueva forma de capitalismo aparece en Europa y Estados Unidos: el capitalismo gerencial. El capitalismo gerencial estaba basado en el reclutamiento de ejecutivos profesionales los cuales emprendieron proyectos de inversión a largo plazo e implementaron prácticas organizacionales para asegurarse cuotas o nichos del mercado. Sin embargo, en este capitalismo gerencial al menos se pueden observar dos formas distintas a saber; el gerencial competitivo y el gerencial cooperativo. El primero en Estados Unidos y el segundo en Alemania. En Alemania, el capitalismo gerencial fue en grandes términos similar al desarrollo en los Estados Unidos sin embargo, es posible advertir las tres diferencias siguientes:

a) las empresas alemanas se concentraron más bien en bienes intermedios y de capital, logrando un significativo desarrollo en la industria química-farmacéutica, la producción de aceros y la industria de maquinaria pesada.

b) las ventajas competitivas de las empresas alemanas se basaban tanto en las economías de escala como en las economías dirigidas.

c) la relación Inter empresas (con abastecedores y competidores) y la intra-empresa (con el trabajo) tienden a ser más bien cooperativas que competitivas. Empero, el estímulo principal para esta cooperación fue el fenómeno de la concentración del capital industrial que posibilita la coordinación de las operaciones de negocios a través de la constitución de grupos financieros. Esta forma de dirección de las empresas le permite a Alemania convertirse en una de las más fuertes economías industriales de Europa y en una de las economías más competitivas en el ámbito mundial.

Sin embargo, el ejemplo más pleno del capitalismo gerencial cooperativo es Japón. Este sistema le ha permitido colocarse en posiciones de control de importantes mercados globales en la mayor parte de las actividades industriales de mayor dinamismo. De entre las características más importantes de este modelo de capitalismo, destaca el compromiso estratégico de largo plazo para con la innovación y el continuo mejoramiento de los productos. Por otra parte, en lo que se refiere a la cooperación, esta toma nueva características que la refuerzan. En lo referente a las relaciones laborales introduce en los salarios el principio de que los trabajadores no son pagados tanto por la tarea productiva sino más bien por aquellas tareas que el trabajador es capaz de realizar. Por otra parte, y de mayor importancia aún, en término de las relaciones con otras empresas destaca la formación de los Keiretsu o alianza estratégica de negocios, configurando asociaciones permanentes entre diferentes empresas, de tal modo que el conjunto de empresas japonesas más competitivas internacionalmente están organizadas en sólo seis grupos de negocios, centralización que les posibilita, además, operar bajo una estrecha colaboración con organismos gubernamentales, particularmente en la investigación y desarrollo de productos de tecnología de punta y para la detección y captura de nuevos mercados.

De lo anterior, se podrían deducir algunas conclusiones preliminares. Parece indudable que la fuerza rectora de la competitividad internacional es el modo capitalista de producción que, aunque se manifieste en algunas formas específicas o variantes nacionales -e incluso que estas variantes sean importantes-, no impide incluir a todas estas experiencias en un mismo modelo de economía de libre mercado. Las diferencias entre el capitalismo gerencial competitivo y el capitalismo gerencial cooperativo se encuentran entonces en tres puntos: en el rol del gobierno en la actividad económica; en los horizontes temporales considerados en los procesos de toma de decisiones; y en la naturaleza de las relaciones inter-empresas e intra-empresas (las relaciones laborales).

El avance lo demuestra la experiencia japonesa que configura un modelo en el cual resaltan las relaciones de interdependencia entre el mejoramiento estructural, las ventajas comparativas dinámicas y la inversión extranjera directa, juntamente con la unión de las estrategias de uso intensivo de capital y uso intensivo del recurso humano calificado para la generación de un constante progreso tecnológico. De esta manera, se puede comprender como un estadio particular del desarrollo competitivo es asociado con un patrón específico de exportación, basado en la adquisición y consolidación de niveles de competitividad. Así, el primer estadio estaría caracterizado por ventajas comerciales basadas en factores, produciendo mercancías primarias y bienes de uso intensivo de trabajo. Por su parte, el estadio guiado por la inversión basaría en cambio sus ventajas competitivas en la producción a escala de bienes intensivos en capital. Por último, el estadio de la innovación -que basa sus ventajas en la investigación y el desarrollo- se caracteriza por la exportación de productos cada vez más sofisticados tecnológicamente.

En este sentido, el crecimiento económico y la transformación serían acompañados por un cambio en los patrones de las ventajas comparativas dinámicas. Debe ser mencionado además, que estos cambios no suceden a partir de transformaciones instantáneas, más bien son el resultado de progresivas transiciones caracterizadas por el surgimiento y caída de actividades económicas específicas y puede ser conceptualizado como un cambio en el centro de gravedad de la economía como una totalidad. Pero quizás el aporte más importante es destacar la relación tan importante que tiene la inversión extranjera directa en los cambios estructurales de la economía. Continuaremos el análisis de este problema a través de la presentación de las principales tendencias del comercio internacional: globalización y especialización.

Podemos concluir que lo que está ocurriendo en el mundo afecta a todos los países industrializados por igual. Hasta a la economía más grande del planeta sufre las consecuencias, ello ha llevado a Estados Unidos a asumir las pérdidas de los empleos y la disminución de los ingresos mientras una minoría multiplica sus ingresos y otra se suma a la lista de los pobres. Esta caída tiene consecuencias brutales en el número de ciudadanos debajo de la línea de pobreza y amenaza la estabilidad política. Ello también ha llevado a reconsiderar la postura de franco apoyo al capitalismo salvaje por pensadores que antes lo promovían. Como ejemplo tenemos a Edgard Luttwak representante del pensamiento conservador de Washington, que ahora es un crítico acérrimo del libre mercado y afirma hoy como verdades lo que los marxistas decían hace cien años: los ricos se enriquecen cada día más mientras que la clase trabajadora se empobrece.

A Luttwak se han sumado Thurow, Reich e increíblemente en el 2007, una estrella del conservadurismo, Alan Greenspan, para quien la creciente desigualdad se está convirtiendo en una importante amenaza para la sociedad norteamericana. En "La Era de las Turbulencias" intenta entender, dice Greenspan, la naturaleza de este nuevo mundo: cómo hemos llegado hasta aquí, qué estamos viviendo y que espera el horizonte para bien o para mal (2008:23).

Ahora que los gobiernos nacionales están promoviendo los grandes recortes de trabajadores y las reducciones salariales siguen creyendo que hay que reducir aún más la influencia del Estado en la economía para que la prosperidad y los empleos surjan por sí mismos. Así se eliminan todas las empresas nacionales en aras de la libre competencia, Pero cuando se privatizan correos y teléfonos, carreteras, transporte aéreo y ferroviario y otras entidades nacionales, los directivos privados lo primero que realizan son recortes de personal. Así, los gobiernos incrementan la crisis del empleo que deberían combatir ya que para eso fueron elegidos.

De este modo, la estrategia desreguladora que persigue la eficacia refuerza la tuerca de la locura hasta llegar a la autodestrucción y aun así, se sigue invitando a seguir las mismas recetas que han probado ser ineficientes en la solución de las crisis pasadas y serán un fracaso más en la actual crisis. Eso lo veremos en cinco años cuando los países que ahora las aplican para la crisis regresen al FMI por más apoyo o porque los ciudadanos se cansaron de ver disminuidas sus niveles de bienestar y salgan a las calles pidiendo la caída de gobiernos neoliberales.

8 EL FIN DE LA GLOBALIZACIÓN

1. LA TIRANIA DE LA GLOBALIZACION

Hace ya 20 años que Forrester (2000) avizoró lo que pasaría con la globalización si no se escuchaba al hombre común, al hombre de la calle. Sus planteamientos, más validos hoy que ayer, son un cruel recuerdo a lo que debemos modificar. Ella tiene esa capacidad notable de verbalizar el creciente malestar frente a la modernización y la globalización que existía al final del siglo pasado; de expresar de modo simple, bello y directo las complejas realidades y amargas verdades de las sociedades contemporáneas, ello constituye la fortaleza y, a la vez, la debilidad de Una extraña dictadura. El éxito de sus obras reside, en importante medida, en su aptitud para elaborar su discurso desde la experiencia cotidiana del lector, de empatizar y comprender las angustias y temores de las personas ante el desempleo, el creciente deterioro del empleo, el deterioro de los servicios sociales, en suma el sacrificio de la calidad de vida de la mayoría está constantemente interferida y negada por la reproducción de un sistema socioeconómico crecientemente irracional y destructivo. Es impresionante, en este sentido, y ciertas y validas hoy las tesis centrales de la obra. La idea principal y que le da su título es la aseveración de que las sociedades contemporáneas están siendo gobernadas por "una extraña dictadura" y por un nuevo "totalitarismo". A diferencia de las tiranías tradicionales, está es una dictadura sin dictador, sin partido único de Estado, como lo fue la estalinista o nazi. Esta dictadura coexiste, o más bien se encubre con regímenes democráticos, carentes de autonomía política. La validez de la tesis se restringiría casi exclusivamente a los países europeos y latinoamericanos, y a algunos asiáticos y africanos.

Son los organismos internacionales como el Fondo Monetario, Banco Mundial y Organización Mundial de Comercio, entre otros, los cuales determinarían las principales políticas económicas y sociales. Sin embargo, a la vez sostiene que se trata de "un poder convertido en una potencia anónima, abstracta, inalcanzable, que determinaría la política planetaria" (pág. 79). Asimismo, muestra a las trasnacionales como los centros de poder mundial. La presión que ejercen sobre los principales gobiernos del primer mundo, hay que señalar que no son autónomos, y a la vez expresan, corresponden o siguen las orientaciones de los gobiernos de las naciones más poderosas.

De este modo, las relaciones entre las elites tecnocráticas internacionales y los dirigentes políticos del primer mundo son más complejas e interactivas de lo que parecieran, puesto que los gobiernos del primer mundo pueden trasgredir sus recomendaciones, como lo ha hecho Trump con sus políticas proteccionistas agrícolas y del acero, y el aumento impresionante del déficit fiscal. Estos organismos operan, a su vez, como una suprasoberanía internacional sobre las naciones periféricas. Stiglitz plantea una posibilidad de entender esta disparidad. Para este autor estos organismos operan en forma impositiva dirigiendo las políticas económicas y sociales de las naciones periféricas, y esa sería su función principal, pero sus recomendaciones serían inocuas frente a los gobiernos poderosos del primer mundo. "Las políticas que promueve el FMI en los países en desarrollo serían rechazadas por los países desarrollados. El fundamentalismo del mercado se promueve en el tercer mundo, el mismo que jamás se intentaría en Estados Unidos y otros países desarrollados" (Stiglitz 2002, 2012).

Esta es una interpretación muy discutible, puesto que el "ultraliberalismo" no es un sistema político. Los sistemas políticos no son ideas, por muy influyentes que sean éstas. Habría que recordar con Marx, que las ideas por sí mismas no tienen poder para hacer nada, son los hombres concretos los que hacen la historia, los que se organizan en sistemas políticos, y que orientan su acción de acuerdo a ciertas concepciones y proyectos. Asimismo, habría que recordar que los sistemas políticos y económicos del primer mundo aún no corresponden a las directrices del modelo de sociedad del neoliberalismo, y que el propio Friedman escribió un libro criticando a Reagan por haberse rendido a La tiranía del status quo (1983).

Se trata más bien de una metáfora que de una comparación reflexivamente analizada. Podría decirse que esta extraña dictadura y el estalinismo se asemejan en que son economicismos radicales en los cuales los seres humanos no valen por sí mismos, sino en cuanto son útiles para desarrollar las fuerzas productivas, en un caso, y en el otro en cuanto son útiles al mercado, o son valorados por éste.

En ambos casos hay una clase cuyos intereses son inmediatamente universales y coinciden axiomáticamente con los de la sociedad. En el primer caso, dicha clase era la de los representantes del proletariado -el Partido Comunista y, especialmente, la nomenclatura-, en el otro, la clase empresarial, *the bussiness class*. Asimismo, en ambos sistemas no se reconocen la totalidad de los derechos humanos, sino sólo algunos, en un caso parcialmente los sociales, y en el otro, principalmente, los políticos e intelectuales. Ambos buscan legitimarse mediante utopías economicistas. En el estalinismo fue la del pleno desarrollo de las fuerzas productivas, y en la extraña dictadura es el "el mercado total" (Hinkelammert 1984 y 1987). Sin embargo, hay diferencias considerables que habría que analizar sobre el modo que se ejerce la coerción, los márgenes de libertad que toleran y otros temas.

Dice Forrester que estamos sometidos a un "pensamiento único", a una propaganda intensiva y diversificada de internalización de la ideología ultraliberal que justifica y presenta como racional la creciente irracionalidad del sistema. Por ejemplo, cuando los empresarios amenazan con cerrar las fábricas o llevarse sus capitales si un gobierno cambia el sistema impositivo, dichos enunciados ya no son ideológicos, no apelan a ningún interés general, sino que son una expresión desnuda y cínica de coerción. Más aún, el compromiso de los individuos con el sistema actual, pese al creciente malestar frente al mismo, se reproduce mediante otras vías que no pasan por la persuasión, sino por mecanismos fácticos, por el condicionamiento económico, y la conquista de la subjetividad. Se trata de formas de "hegemonía fáctica" (Lechner 1984, Stiglitz, 2012). Estos son la publicidad, el endeudamiento privado, la alienación en el consumo, la evasión televisiva y otros (Vgr. Alberoni (1986), Andréani (2000), Bourdieu (1998 a y b), y Hinkelammert 2001).

Su *dictum* implacable en la búsqueda de la maximización de la ganancia. Este es un tema apenas mencionado, e incluso en países altamente abiertos al mercado resulta casi de mal gusto hacerlo (Eyal, 2021, Baylis, 2021 y Sorrells, 2021). En cambio, las grandes decisiones públicas y privadas se justifican por la búsqueda de la eficacia, la competitividad, las necesidades de racionalización, y otras objetivos de interés general. Pero, tras esta retórica se encuentra la búsqueda de esta maximización. "Este es el principio mismo a partir del cual- y en cuyo beneficio opera el sistema imperante, sin que jamás aparezca al vista ni, a fortiori, sea puesto en tela de juicio: la reflexión indicaría que es demasiado despreciable, pueril, para ser cierto. Sin embargo, nada podría ser más real. Es el efecto de droga, de insaciabilidad, esa voracidad maniática, ávida de lo superfluo son los que destruyen el sentido de multitudes de vida y generan ese sufrimiento inenarrable que consume, altera y destruye una masa de destinos, cada uno de ellos vivido por una persona singular, una conciencia única, en carne viva, una y otra vez" (Forrester, 2000: 24; Frieden, 2006, Piketty, 2016, Rodrick, 2011, King, 2017).

Aquí la autora hace suya la idea de "la teoría política del individualismo posesivo" de Hobbes, Locke y Smith que pensaban que la tendencia a la posesión es una pulsión natural y primaria. Y con ello, sin darse cuenta está asumiendo la creencia ideológica de que este capitalismo salvaje corresponde a la naturaleza humana. Pero, si así fuera, sería imposible transformar las sociedades de mercado en sociedades diferentes, orientadas por otros criterios. La referida tesis no sólo es cuestionable sino insostenible filosóficamente, dada la crítica de los historicistas y dialécticos a la idea de una naturaleza humana permanente e inmodificable. Y es también insostenible desde el punto de vista del estudio comparado de las sociedades, de la psicología humanista, del psicoanálisis social, y otras teorías científicas.

Haciendo suya la tesis de varios autores señala que estamos en el fin de la civilización basada en el empleo, en el sentido de trabajo de tiempo completo y estable. Esta civilización ya en decadencia continúa considerando al desempleado como incapaz, carente de voluntad de trabajar, ineficiente, en suma, como un ser deficitario. Se sigue repitiendo un discurso ideológico para el cual la dignidad humana reside y depende de tener un empleo. Hay quienes cuestionan la prédica (Eyal, 2021, Baylis, 2021 y Sorrells, 2021) invocando la declaración Universal de los Derechos Humanos; se da por sabido y evidente que la dignidad humana reside en el sólo hecho de serlo y no en la posesión de un empleo. Asimismo, denuncia el discurso ideológico que ve los seguros de desempleo como un regalo de la sociedad a los perdedores del mercado, como un derroche, una generosidad excesiva para "los que no quieren trabajar". Denuncia los mecanismos del workfare que obliga a los desempleados a tomar cualquier empleo durante un tiempo, aunque las remuneraciones y condiciones sean pésimas, bajo la amenaza de término del seguro de desempleo.

Por su parte Forrester comprende que las nuevas tecnologías permiten a las empresas pueden hacer estas reducciones sin disminuir su actividad, ni su producción. Señala, incluso, que era un fenómeno previsible, pero las sociedades no buscaron a tiempo las estrategias adecuadas para enfrentarlo. Sin embargo, la autora no realiza una reflexión sobre el tema, ni se refiere a la importancia de las técnicas de gestión para aumentar la productividad y, sobre todo sobre la contradicción de la economía contemporánea entre el aumento de productividad y la pérdida de empleos (Eyal, 2021 y Sorrells, 2021).

El empobrecimiento, la pérdida de autoestima, la autoculpabilización, la desesperanza que conduce a abandonar la búsqueda de empleo, el deterioro de las relaciones familiares, y otros. Pero, su preocupación central es la situación futura de los desempleados considerados como seres sobrantes e innecesarios en las sociedades de mercado. Y es aquí donde su discurso asume un tono crítico y profético que recuerda los textos del Antiguo Testamento: "Inútiles, superfluos, estorbosos —insiste la escritora—. En víspera del siglo XXI nos estamos tropezando con una realidad terrible; existe algo peor que la explotación de los hombres; es el hecho de que ahora millones de seres humanos ya no sirven siquiera para ser explotados. Hoy día la economía es cada vez más especulativa y cada vez menos basada en activos reales; por lo tanto, la explotación del trabajo se está convirtiendo en una fuente anexa de rentabilidad de los capitales. El concepto de trabajo que era el fundamento de nuestra civilización occidental es caduco. Mienten los políticos -y probablemente parte de ellos se mienten a sí mismos—, cuando hablan de crisis económicas pasajeras, transitorias. Vuelvo y repito: ya no se trata de crisis, sino de una mutación violenta de nuestra civilización.

Mientras estemos en democracia esa interrogante se queda en el campo de la paranoia. ¿Pero qué pasará si la ultraderecha toma el poder? ¿Usted lo ve imposible? ¿Acaso poco a poco no está ganando terreno en Europa? De todos modos, ese proceso de eliminación existe ya en numerosos países en desarrollo. Y lo sabemos muy bien. ¿Qué hacen, en estos países, los escuadrones de la muerte o, en algunos otros, las fuerzas armadas? Simplemente eliminan a quienes no aceptan morirse de hambre en silencio. Lo que molestó a ciertos expertos, pero que entendieron muy bien otras personas, fue que se dijera que, si seguimos así, lo que ocurre en países lejanos y pobres puede pasar en Europa. Debemos estar conscientes de que la excepcionalidad europea, su Estado de Bienestar, su prosperidad de masas está en decadencia, está amenazada por el proceso de la globalización y la recesión de onda larga, y por la modernización neoliberal.

Con lucidez y aguda sensibilidad descubre las tendencias al empobrecimiento, la degradación del empleo, el sometimiento de la mayoría por la coerción económica, en suma el horror económico y las consecuencias devastadoras de la extraña dictadura que se está constituyendo ejercida por los empresarios y grupos financieros. Su ensayo resulta muy esclarecedor para los habitantes de "un país lejano y pobre". Especialmente, porque nos hace más patente el horror económico en que nos ha sumido el experimento neoliberal en América Latina, y la dictadura económica a que estamos sometidos (Vergara 2021). Forrester ve el futuro indeseable de Europa en su latinoamericanización, y convoca a sus lectores a hacer todo lo posible para evitarlo. Sus obras son una apasionada convocatoria a resistir este (des)orden crecientemente inhumano y a organizar la esperanza de crear una sociedad alternativa. Quizá puedan contribuir a que nosotros, en primer lugar, recuperemos el asombro frente a lo que estamos viviendo y que potenciemos la esperanza, y nuestra capacidad de resistencia y acción por una sociedad sin exclusión, por una democracia participativa, por un mundo donde todos tengan cabida y la posibilidad de desarrollar sus capacidades. Sus palabras finales, sobre las instituciones internacionales, siguen tan vigentes como todas sus advertencias: "Cuándo falta la ética no hay límites. Lo mismo sucede cuando se acepta que se le niegue un solo derecho a una sola persona. Ni los habrá mientras reine, utilizando el término artificial de globalización, esta dictadura ultraliberal que da prioridad al lucro por encima del conjunto de los seres humanos" (Forrester, 2000:164)

2. LA DESIGUALDAD, EL GRAN PROBLEMA

Los políticos suelen hablar del aumento de la desigualdad y de la lentitud de la recuperación como si se tratara de fenómenos separados, cuando en realidad están estrechamente relacionados. La desigualdad sofoca, contiene y reprime nuestro crecimiento. Cuando hasta la revista The Economist, defensora del mercado libre, argumenta que la magnitud y la naturaleza de la desigualdad que hay en el mundo y en los países representan una seria amenaza para Estados Unidos, deberíamos tener claro que algo ha ido terriblemente mal. Y no obstante, tras cuatro décadas de desigualdad en aumento y la mayor desaceleración económica desde el crac de 1929, no hemos hecho nada al respecto.

Hay cuatro grandes razones por las que la desigualdad está asfixiando la recuperación (Stiglitz, 2015,320-21; Piketty, 2016, Rodrick, 2011, King, 2017). La más inmediata es una clase media demasiado débil para sustentar el gasto en consumo que históricamente ha impulsado el crecimiento económico. El crecimiento que se produjo en la década anterior a la crisis fue insostenible, ya que dependía de que el 80 por ciento de la parte inferior de la pirámide social consumiera en torno a un 110 por ciento de sus ingresos.

En segundo lugar, el encogimiento de la clase media que viene produciéndose desde la década de 1970, fenómeno que solo se vio brevemente interrumpido durante la década de 1990, implica que esta sea incapaz de invertir en su futuro para formarse a sí misma y a su descendencia, así como de abrir nuevas empresas o mejorar las que ya existen.

En tercer lugar, la debilidad de la clase media pesa sobre la recaudación fiscal, en particular porque quienes están en la cima de la pirámide social son sumamente hábiles a la hora de evitar pagar impuestos y lograr que Washington les otorgue rebajas fiscales. El reciente y modesto acuerdo para restablecer los tipos marginales superiores del impuesto sobre la renta de la era Clinton para individuos que ganen más de 400,000 dólares y hogares que ganen más de 450,000 no hizo nada para cambiar esto. Las ganancias de la especulación en Wall Street se gravan con unos tipos mucho más bajos que otras formas de ingreso. O lo que hace Biden con los actuales apoyos a las personas de ingresos medios y bajos. Una recaudación fiscal baja significa que el Gobierno no puede realizar las inversiones decisivas en infraestructura, educación, investigación y sanidad para restablecer la pujanza económica a largo plazo.

En cuarto lugar, la desigualdad está ligada a ciclos de prosperidad y depresión más frecuentes y severos, que hacen que nuestra economía sea más volátil y vulnerable.

Si bien la desigualdad no fue la causante directa de la crisis, no fue ninguna casualidad que la década de 1920 —la última vez que la desigualdad de ingresos y de riqueza en Estados Unidos fue tan elevada— desembocase en el crac y la crisis de 1929. El Fondo Monetario Internacional ha tomado nota de la relación sistémica entre inestabilidad económica y desigualdad económica, pero los líderes estadounidenses y del mundo no han aprendido la lección.

Nuestra desigualdad desbocada —tan opuesta a nuestro ideal meritocrático de Estados Unidos y Reino Unido como un lugar donde cualquiera que trabaje duro y tenga talento puede «triunfar»— significa que es probable que quienes sean hijos de padres con pocos recursos nunca hagan realidad sus expectativas. Los niños de países ricos como Canadá, Francia, Alemania y Suecia tienen más probabilidades de que les vaya mejor en la vida que a sus padres que los niños estadounidenses. Más de una quinta parte de nuestros niños viven en la pobreza, lo que nos convierte en la segunda peor de todas las economías avanzadas, y nos sitúa por detrás de países como Bulgaria, Letonia y Grecia.

Nuestra sociedad está despilfarrando su recurso más valioso: nuestra juventud. El sueño de una vida mejor, que atrajo a los inmigrantes a nuestras costas, está siendo destruido por una brecha de ingresos y riqueza cada vez mayor. Tocqueville, que en la década de 1830 consideró que el impulso igualitario constituía la esencia del carácter estadounidense, debe de estar revolviéndose en la tumba.

Aun en el caso de que pudiéramos darle la espalda al imperativo económico de solucionar nuestro problema de desigualdad, el daño que está haciendo a nuestro tejido social y a nuestra vida política debería ser motivo de inquietud. La desigualdad económica conduce a la desigualdad política y a un proceso de toma de decisiones disfuncional.

Después de la pandemia hay muchísima gente que ha abandonado la búsqueda de trabajo, y otra que que nunca ha entrado a formar parte de la población activa o que ha aceptado empleos a tiempo parcial porque nadie les ofrecía trabajo a tiempo completo (Stiglitz, 2017:320-21; Piketty, 2016, Rodrick, 2011, King, 2017, Eyal, 2021)

Los males ocasionados por la globalización en gran parte de las sociedades humanas que hoy se organizan bajo la forma de Estados son resultado de una utilización perversa de la política —esto es, como consecuencia de que ésta funciona como tapadera e instrumento de imposición de intereses económicos de todos conocidos— y de la predicación entre las naciones más desfavorecidas del evangelio según el cual la pobreza se erradica «ampliando la tarta». Sentadas estas premisas, debemos preguntar retóricamente qué cambios harían posible el cumplimiento de las promesas ofrecidas por la globalización. En el mundo, los activistas han escuchado de las promesas de la globalización, que supondría mejoras para todo el mundo, pero ven la realidad, a unos les ha ido muy bien, mientras que a otros les va cada vez peor (Stiglitz, 2017: 28, y Sorrells, 2021: 117-146).

La globalización posee el potencial de generar enormes beneficios para el mundo en desarrollo como para el desarrollado -quienes la han instrumentado de acuerdo con sus propios intereses. Pero existen pruebas abrumadoras de que no ha actuado con ese potencial (Stiglitz, 2017: 28).

Tanto los Foros Sociales Mundiales como los Foros Económicos (Davos) han sido encuentros abiertos que reúne a personas de todo el mundo que tienen aún esperanzas de hacer realidad el eslogan "Otro mundo es posible". Existe preocupación del rumbo que ha tomado la globalización, sobre todo después de la crisis de 2008.

Es claro que la globalización muestra dos caras, una la del desequilibrio, tanto entre países, como dentro de los mismos. Se crea riqueza, pero hay demasiados países y personas que no comparten sus beneficios. Para muchas familias, la globalización no ha creado los puestos de trabajo dignos y un mejor futuro para sus hijos. Muchos de ellos viven en el limbo de la economía informal sin derechos legales y asistencia social (Stiglitz, 2017: 33). Lo que preocupa es que la globalización pueda estar creando países ricos con población pobre.

Existen cinco inquietudes relacionadas con las dos caras de la globalización:

1. Las reglas que gobiernan la globalización son injustas, están diseñadas específicamente para beneficiar a los países industriales avanzados.
2. La globalización prioriza los valores materiales sobre otros valores.
3. La gestión de la globalización ha propiciado la pérdida de la soberanía y la toma de decisiones autónoma.
4. Hay pruebas de que en países desarrollados como en los menos desarrollados hay muchas personas que han salido perdiendo.
5. El sistema económico con el que se ha presionado a los países en vías de desarrollo es inadecuado y a menudo perjudicial (Stiglitz, 2017: 34).

Una de las críticas más sólidas es que cada vez es

mayor el número de personas que viven en la pobreza. La carrera del crecimiento económico y el poblacional tiene hasta ahora un claro ganador y es este último.

Está claro que la globalización ha desempeñado algún papel tanto en los mayores éxitos como el de China, como en los fracasos que se han producido (África que es la región más explotada por la globalización).

Entre las ventajas de la globalización se cuentan la disminución de una situación de aislamiento experimentada por numerosos países en vías de desarrollo; la posibilidad real de un intercambio entre éstos y otros países desarrollados en un mercado internacional; la globalización ha permitido crecer a numerosos países mucho más rápidamente que en otras épocas; ha permitido, igualmente que un número mayor de personas gocen en la actualidad de un mayor nivel adquisitivo y de un nivel de vida muy superior al que habían disfrutado nunca y ha brindado a un mayor número de personas el acceso a un grado de conocimientos que sólo hace un siglo no era alcanzable ni por los más ricos del planeta. A todo ello ha colaborado, sin duda, el acceso a las fuentes de información, entre ellas, la más poderosa, Internet. Los ejemplos en ese sentido son múltiples, desde las posibilidades de interconectar políticas activas para mejorar las condiciones de países sometidos a peligros reales, como las minas anti-personas, o aquellas campañas destinadas a condonar las deudas de países demasiado pobres.

En la parte negativa, no cabe duda de que la globalización ha favorecido una mayor diferencia entre los países ricos y los que se encuentran en vías de desarrollo; el número de pobres ha aumentado de forma dramática a escala global, mientras que los ricos lo son cada vez más. En África, los proyectos de desarrollo han chocado con políticas mal orientadas que han precipitado en la miseria a un número creciente de población, mientras que las elites dirigentes acumulan mayores índices de riqueza.

En los últimos años se ha alcanzado un consenso entre expertos y diseñadores de políticas de que debe existir un cambio, el problema es cuáles y cómo.

Stiglitz resume en seis los ámbitos donde existen problemas y se requieren cambios (Stiglitz, 2017: 39).
1. El calado de la pobreza.
2. La necesidad de la ayuda externa y la condonación de la deuda externa.
3. La aspiración a crear un comercio justo.
4. Las limitaciones a la liberalización.
5. La protección del medio ambiente.
6. Un sistema adecuado de gobernanza global.

Para muchos las corporaciones transnacionales simbolizan los peores males de la globalización y otros dirán que son las causantes de la mayoría de sus problemas. Sin embargo, estas tienen dos caras: una de ellas es la de las grandes inversiones que propician desarrollos regionales y nacionales, la generación de empleos, la creación de redes de suministro y la difusión de la modernización a través de la capacitación y desarrollo de personal (Stiglitz, 2017: 241-43). Por la otra se les culpa del materialismo de las sociedades, la depredación de los recursos naturales y la exportación de las utilidades.

La economía moderna ha demostrado que existen objetivos contrapuestos, no se puede alcanzar al mismo tiempo el beneficio social y la maximización de las utilidades. Otro ámbito de colisión de intereses en la corrupción donde las empresas minan las bases morales de funcionarios de países para obtener concesiones, como en el caso de la minería, la pesca, los recursos forestales y los petrolíferos. El pago de sobornos para conseguir favores es un grave problema que aqueja por igual a los países en vías de desarrollo como a los desarrollados. Otro de los problemas es el impacto en comunidades locales donde gigantes como Walmart pueden terminar con la competencia local imponiendo condiciones de compra de productos y presionando a la baja los salarios (Stiglitz, 2017: 244-47).

Los problemas que aquejan al mundo tienen que ver más con el rezago de la globalización política y con la falta de argumentos y razonamiento para entender las consecuencias con procesos políticas. Reformar la globalización es cosa de la política. También hay que reforzar las perspectivas que tienen los trabajadores no especializados y el impacto de la globalización en la desigualdad, el déficit democrático de nuestras instituciones económicas globales que debilitan las instituciones políticas en los regímenes democráticos (Stiglitz, 2017: 339-343).

La escala y la velocidad de la amenaza competitiva, de la pérdida de puestos de trabajo en un periodo relativamente breve, está alcanzando dimensiones incontrolables. Sólo en el largo plazo los salarios tenderán a homogenizarse con el arrastre que hacen los países industriales como China e India, sumados a Europa y Estados Unidos. Mientras, la globalización no podrá cumplir las promesas de millones de trabajadores que seguirán subsistiendo con salarios miserables y condiciones de trabajo infrahumanas (Frieden, 2006, Piketty, 2016, Rodrick, 2011, King, 2017).

Los críticos de la globalización tienen razón: tal y como se ha llevado a cabo, la globalización tiene demasiados perdedores. Sin una corriente reformadora que mejore las condiciones de los trabajadores, estos ejercerán su voto, y, nuevamente, vendrá una oleada de gobiernos proteccionistas que lo único que harán será empeorar las condiciones de los que se quejan de la globalización y sus promesas incumplidas (Stiglitz, 2017:346-348; Frieden, 2006, Piketty, 2016, Rodrick, 2011, King, 2017).

Del último de los capítulos del libro destacaríamos la nueva agenda en siete puntos que, a modo de conclusiones, propone el autor y que enumeramos a continuación de manera resumida.

En primer lugar, se hace evidente la necesidad de aceptar los peligros de la liberalización de los mercados de capitales y el hecho de que los flujos de capital de corto plazo ("dinero caliente") imponen abultadas externalidades, que se traducen en mayores costes soportados por quienes no son parte directa en las transacciones.

En segundo lugar, es preciso realizar reformas sobre quiebras y moratorias, que tendrían la virtud de inducir a la precaución a los futuros inversores en países en desarrollo, en lugar de estimular un tipo de préstamos temerarios, comunes en el pasado.

En tercer lugar, se impone destinar menos recursos a los salvamentos económicos -los rescates- que se orientan a garantizar que los acreedores occidentales cobren más que lo que habrían cobrado en otras circunstancias.

En cuarto lugar, el autor sugiere mejorar la regulación bancaria, tanto en los países desarrollados como en los que se encuentran en vías de desarrollo, ya que una mala regulación bancaria en los países desarrollados puede conducir a malas prácticas de préstamos y a los que se encuentran en crecimiento, a una exportación de inestabilidad.

En quinto lugar, se debe mejorar, también, la gestión del riesgo producido por la volatilidad de los tipos de cambio. El actual desastre de Argentina muestra que una paridad demasiado estricta con el dólar no resuelve tampoco los problemas cambiarios, sobre todo, a los países pequeños o a los que presentan una economía frágil. Los países desarrollados pueden sin duda absorber mejor las fluctuaciones en los mercados de capitales, y deberían ser éstos quienes deberían ayudar a los menores en forma de créditos que mitiguen esos riesgos.

En relación con esto, la sexta condición para un crecimiento global más armónico reside en gestionar el riesgo inherente a los cambios económicos de manera que dicho riesgo no deba ser absorbido por los más vulnerables dentro de los países en recesión, lo que supone fomentar la capacidad de incluir programas de desempleo más efectivos.

Por último, Stiglitz propone una mejor respuesta a las crisis. La asistencia a países en vías de recesión económica debería considerar necesario un mayor conocimiento de las condiciones políticas y sociales. Y, lo más importante, se debería regresar a los principios económicos básicos postulados en la teoría keynesiana, por una parte; por otra, el autor propone poner en práctica estrategias expansivas de carácter fiscal y monetario en los países en dificultades, de la misma manera que se realiza cuando Estados Unidos atraviesa una recesión económica, y no a la inversa, como ha venido sucediendo hasta ahora (7).

Por ello "más que concentrarse en la efímera psicología de los inversores, en la impredecibilidad de la confianza, el FMI debe retornar a su mandato original de proveer financiación para restaurar la demanda en los países que afrontan una recesión económica" (Stiglitz, 2017: 299).

Para todo ello, el autor considera que la ayuda al desarrollo debería ser liderada más que por el FMI por el Banco Mundial, ya que cree que esta institución responde mejor a las preocupaciones de los países en desarrollo. El Banco Mundial puede ajustarse mejor a las restricciones presupuestarias, es más sensible a la importancia de la educación -incluida la de las mujeres- y a la necesidad del establecimiento de una sólida base tecnológica, incluido el apoyo a una formación avanzada. Respecto a la condonación de la deuda para determinados países, Stiglitz es terminante: sin dicha condonación de la deuda, muchos países en desarrollo no podrán crecer. Todos conocemos que muchos de los países deudores sólo pueden pagar los intereses de su deuda a los países desarrollados; pero no tienen capacidad económica para nada más. Todavía va más lejos y considera que no sólo los países más pobres deberían acogerse a las condiciones de condonación de la deuda, sino muchos otros que, sin estar en esa situación, ya están experimentando las consecuencias de los errores de las instituciones supra-nacionales en el pasado.

En opinión del autor, es posible todavía promover la igualdad y el crecimiento rápido al mismo tiempo, a condición de que dicho impulso provenga de políticas más igualitarias y de la creación de nuevas empresas que potencien las exportaciones, para lo que el papel del Estado es fundamental al estimular sectores concretos y al ayudar a crear instituciones que promuevan el ahorro y a dirigir esos fondos de una manera eficiente.

Una "globalización con un rostro más humano" sería lo mejor que le podría pasar a la sociedad actual; una globalización que implicase el cambio de no sólo las estructuras institucionales, sino del propio esquema mental de dichas estructuras institucionales. Si en la actualidad la globalización se entiende en términos económicos, para muchos en el mundo subdesarrollado es bastante más; la globalización conlleva cambios que no han hecho más que empezar: está el problema del debilitamiento de las sociedades rurales tradicionales en favor de un proceso acelerado de urbanización; está el problema del ritmo de la integración global, que debería constituir un proceso gradual que no arrolle las instituciones precedentes, sino que se adapte y pueda afrontar la nueva situación observada desde más ángulos que el propiamente económico.

Está también, para Stiglitz, lo que la globalización debería poder hacer por la democracia. A menudo, sugiere Stiglitz, parece que, a las antiguas dictaduras de las elites nacionales, les está sucediendo la dictadura ejercida por las finanzas internacionales, lo cual explica el riesgo de la pérdida de soberanía que pueden experimentar algunos países que necesitan ayuda económica. Dichos países en desarrollo son avisados de que, si no cumplen determinadas condiciones, los mercados de capitales o el FMI se negarán a prestarles el dinero que necesitan para su progreso. En esencia, pues, dichos países son obligados a ceder una parte de su soberanía y dejar que los mercados de capitales "incluidos los especuladores, cuyo único afán es el corto plazo" influyan en sus políticas de desarrollo que, evidentemente, han planificado a unos plazos mucho más largos. O los países pobres se someten a los "caprichos" de los especuladores o se arriesgan a seguir su camino solos; y, en un mundo globalizado e interdependiente, pocos países están dispuestos a correr ese riesgo.

De momento, para el autor la globalización actual no funciona. "Para muchos de los pobres de la Tierra no está

241

funcionando. Para buena parte del medio ambiente no funciona. Para la estabilidad de la economía global no funciona. La transición del comunismo a la economía de mercado ha sido gestionada tan mal que -con la excepción de China, Vietnam y unos pocos países del este de Europa- la pobreza ha crecido y los ingresos se han hundido" (Stiglitz, 2017:289). A la misma conclusión, con los datos de 2020, arriba Sorrells (2021).

Sin embargo, el autor concluye que, a pesar de todo ello, la globalización puede ser una fuerza benigna. Puede ayudar a generalizar el conocimiento y el intercambio de ideas, puede contribuir a la transmisión de concepciones sobre la democracia y promover una sociedad civil más justa; y puede beneficiar a los países que, sin confiar en la noción de un mercado autorregulado, reconozcan el papel que puede cumplir el Estado en el desarrollo, y que, en consecuencia, estén en condiciones de resolver sus propios problemas. Su larga trayectoria académica, autoriza suficientemente, sin duda, al Premio Nobel de Economía 2001 a emitir su opinión ante el neoliberalismo acelerado que invade todas las parcelas de la vida social, política y económica de los pueblos en un mundo crecientemente globalizado.

No obstante, su declarado alegato en favor de la vuelta a las teorías económicas keynesianas quizás le ha hecho olvidar en el relato de los hechos recientes el papel desempeñado por las otras grandes corporaciones internacionales, como el propio Banco Mundial o la Organización Mundial del Comercio.

La impresión general que se obtiene tras la lectura de su extenso libro es que de la actual situación de desequilibrio económico, social y político a escala global prácticamente las únicas instituciones culpables son dos: el FMI y el Tesoro americano. Sin duda, el autor conoce de cerca las diferentes circunstancias que han coincidido en la historia económica reciente; pero para que se llegase a esa situación de indefensión en que se encuentran muchos de los países menos favorecidos algo han debido hacer los gobiernos de esos mismos países.

Quizás, y ahí radica una de las mayores virtudes de este libro, a partir de todo lo que se expone en él puede suceder que los gobiernos, especialmente los de países en vías de desarrollo valorarán más cuidadosamente el "abrazo del oso" que implica a menudo la ayuda internacional.

En opinión de Stiglitz, ocho grandes escollos deben salvarse si deseamos que la globalización funcione: lograr que el comercio internacional sea justo no sólo en teoría, sino también en la práctica; modificar el régimen vigente de propiedad intelectual de tal forma que, sobre todo los medicamentos, se pongan al servicio de la justicia social; acabar con la corrupción, la plaga maldita que impide a los pueblos más pobres explotar adecuadamente los recursos con que la naturaleza les ha dotado; salvar al planeta adoptando, mediante una sabia dosificación de incentivos y sanciones, las medidas necesarias para contener el cambio climático; hacer que las grandes corporaciones internacionales vean limitado su poder y sean responsables ante la sociedad; aliviar sustancialmente el pesado fardo de la deuda externa de los países en vías de de-sarro-llo; establecer los mecanismos adecuados para evitar las consecuencias que actualmente provocan las crisis de balanzas de pagos, poniendo en marcha una reforma del sistema internacional de reservas; y, por último, colmar el déficit democrático que la globalización, entendida en su actual esquema, origina, eliminando de esta forma la de-si-gualdad reinante mediante «un nuevo contrato social global» entre países más y menos desarrollados (Stiglitz 2017:358-62)

El nuevo libro de Branko Milanovic Global Inequality: A New Approach for the Age of Globalization proporciona algunas perspectivas vitales al mirar a los grandes ganadores y perdedores de la globalización en términos de ingresos durante dos décadas, desde el año 1988 al 2008. Entre los grandes ganadores estuvieron el 1% global, los plutócratas del mundo, pero también estuvo la clase media de las economías emergentes. Entre los grandes perdedores – los que ganaron poco o nada – estuvieron aquellos que forman parte de las clases baja, media y trabajadora en los países avanzados. La globalización no es la única razón, pero es una de las razones. Bajo el supuesto de mercados perfectos (que subyace a la mayoría de los análisis económicos neoliberales), el libre comercio iguala los salarios de los trabajadores no cualificados en todo el mundo. El comercio de mercancías es un sustituto para el desplazamiento de personas. La importación de mercancías procedentes de China – mercancías que para producirse requieren de una gran cantidad de trabajadores no cualificados – reduce la demanda de trabajadores no cualificados en Europa y Estados Unidos.

Esta fuerza es tan poderosa que, si no existieran los costos de transporte, y si Estados Unidos y Europa no tuvieran otra fuente de ventaja competitiva, como lo es, por ejemplo, la tecnología, con el transcurso del tiempo la situación se haría semejante a una en la que los trabajadores chinos habrían emigrado a Estados Unidos y Europa, hasta eliminar por completo las diferencias salariales. No es sorprendente que los neoliberales nunca publicitaron esta consecuencia de la liberalización del comercio, tal como afirmaron – se podría decir mintieron – sobre que todos iban a beneficiarse.

El fracaso de la globalización en cuanto a cumplir con las promesas emitidas por los políticos convencionales, sin duda, ha socavado la confianza en la "élite". Y, las ofertas hechas por los gobiernos con relación a rescates generosos para los bancos causantes de la crisis financiera del año 2008 – dejando simultáneamente a los ciudadanos comunes para que ellos, en gran medida, se valgan por sí solos – reforzaron la opinión de que el mencionado fracaso de la globalización no era simplemente un asunto de juicios erróneos económicos.

En Estados Unidos, los republicanos del Congreso incluso se opusieron a prestar ayuda a aquellos que se vieron directamente lastimados por la globalización. De manera más general, los neoliberales, al parecer preocupados por los efectos de los incentivos adversos, se han opuesto a las medidas de bienestar que habrían protegido a los perdedores.

Pero, no se puede tener ambas cosas: si la

globalización va a beneficiar a la mayoría de los miembros de la sociedad, se deben establecer fuertes medidas de protección social. Los escandinavos se dieron cuenta de esto mucho tiempo atrás; esto fue parte del contrato social que mantuvo a una sociedad abierta – abierta a la globalización y a los cambios en la tecnología. Los neoliberales en el resto del mundo no se dieron cuenta de ello – y ahora, en procesos eleccionarios en Estados Unidos, Latinoamérica y Europa, están recibiendo su merecido castigo.

La globalización es, por supuesto, sólo una parte de lo que está pasando; la innovación tecnológica es otra parte. Pero, se suponía que toda esa apertura y disturbios iban a hacernos a todos más ricos y que los países avanzados iban a poder introducir políticas para garantizar que las ganancias sean ampliamente compartidas.

Pero ocurrió todo lo contrario, se impulsaron políticas que reestructuraron los mercados en una forma que se incrementó la desigualdad y se socavó el rendimiento económico en general; en los hechos, el crecimiento se desaceleró en la medida que se reescribieron las reglas del juego con el propósito de hacer avanzar los intereses de los bancos y las empresas – es decir de los ricos y poderosos – a expensas de todos los demás. El poder de negociación de los trabajadores se debilitó; en Estados Unidos, al menos, las leyes de la competencia no se mantuvieron al día con los tiempos; y, las leyes existentes se aplican de forma inadecuada. La financiarización continuó a buen ritmo y el gobierno corporativo empeoró.

Ahora, como señala Stiglitz en su reciente libro Rewriting the Rules of the American Economy (A Roosevelt Book, 2015), se deben cambiar nuevamente las reglas del juego – y estas deben incluir medidas para sosegar la globalización. Los dos nuevos grandes acuerdos que el presidente Barack Obama estuvo impulsando – la Asociación Trans-Pacífico entre los Estados Unidos y 11 países de la costa del Pacífico, y la Asociación Transatlántica para el Comercio y la Inversión entre la UE y Estados Unidos– son pasos en la dirección equivocada.

El principal mensaje del Malestar en la globalización fue que el problema no era de la globalización, sino cómo se gestionaba el proceso de esta. Lamentablemente, la forma de gestión no cambió. Quince años más tarde, los nuevos malestares han hecho que ese mensaje llegue a las economías avanzadas.

3. LA GRAN BRECHA

Como ha demostrado de forma convincente Jamie Galbraith, existe un nexo innegable entre la creciente financiarización de las economías mundiales y el aumento de las desigualdades. El sector financiero es emblemático de los errores de nuestra economía: un factor importante del aumento de las desigualdades, la principal fuente de inestabilidad económica y una causa fundamental del mal comportamiento de la economía en los treinta últimos años (Stiglitz, 2015:24).

La crisis que golpeó a Estados Unidos y el mundo en 2008 fue "obra del ser humano. Era una película que yo ya había visto: cómo la mezcla de unas ideas convincentes (aunque equivocadas) y unos intereses poderosos puede producir unos resultados desastrosos" (Stiglitz, 2015:24; Piketty, 2016, Rodrick, 2011, King, 2017).

Pero es frecuente que las ideologías influyan más que las pruebas. Los economistas partidarios del libre mercado no se fijaron casi en el éxito de las economías de mercado dirigidas del este asiático. Preferían hablar de los fracasos de la Unión Soviética, que había rechazado por completo el mercado. Con la caída del Muro de Berlín y el comunismo, parecía que el libre mercado había vencido. Aunque era una conclusión equivocada (Stiglitz, 2015:25).

El sector financiero ha desempeñado también un último papel en la gestación de las desigualdades crecientes (y el mal comportamiento económico) en el mundo: las desmesuradas desigualdades del país son consecuencia de las políticas financieras adoptadas. El sector financiero impulsó esas políticas y elaboró una ideología para sustentarlas. Por supuesto, entre los participantes en los mercados financieros ha habido voces importantes que se han opuesto; muchos son partidarios del «propio interés razonable». Ahora bien, en general, el sector financiero ha promovido la idea de que los mercados, por sí solos, producían resultados eficientes y estables, y que, por tanto, los Gobiernos debían liberalizar y privatizar; que había que limitar los impuestos progresivos porque disminuían los incentivos; que la política monetaria debía centrarse en la inflación, y no en la creación de empleo. Cuando estas políticas desembocan en una recesión, la obsesión con los déficits fiscales hace que se lleven a cabo recortes del gasto público que perjudican a los ciudadanos corrientes. Y prolongan la crisis económica (Stiglitz, 2015:27-29).

El capitalismo es tal vez el mejor sistema económico que ha inventado el ser humano, pero nadie ha dicho nunca que vaya a crear estabilidad. En los últimos treinta años, las economías de mercado han experimentado más de cien crisis. Por eso muchos economistas creemos que la regulación y la supervisión del Gobierno son elementos fundamentales para que la economía de mercado funcione. Sin ellas, seguirá habiendo crisis económicas graves y frecuentes en distintas partes del mundo. El mercado no basta por sí solo, debe desempeñar una función el Estado (Stiglitz, 2015:62).

Algunas personas observan las desigualdades y se encogen de hombros. ¿Qué más da que esta persona gane y esa pierda? Lo que importa, aseguran, no es cómo se divide la tarta, sino el tamaño de la tarta. Es un argumento profundamente equivocado. Una economía en la que la mayoría de los ciudadanos están peor cada año no puede ir bien a largo plazo, por varios motivos.

En primer lugar, el aumento de las desigualdades es la cara de la moneda; la cruz es la disminución de las oportunidades. Cuando reducimos la igualdad de oportunidades, significa que no estamos utilizando uno de nuestros recursos más valiosos

—nuestra gente— de la forma más productiva posible. En segundo lugar, muchas distorsiones que generan las desigualdades —como las relacionadas con el poder de los monopolios y el tratamiento fiscal preferente a los grupos de intereses especiales— disminuyen la eficacia de la economía. Esa desigualdad crea a su vez nuevas distorsiones, que vuelven a reducir la eficacia todavía más. Un ejemplo: muchos de nuestros jóvenes de talento, demasiados, al ver las compensaciones astronómicas, han decidido dedicarse a las finanzas en lugar de trabajar en campos que permiten tener una economía más sana y productiva.

Tercero, y quizá más importante, es el hecho de que una economía moderna necesita una «acción colectiva», es decir, que el Gobierno invierta en infraestructuras, educación y tecnología. Estados Unidos y el mundo entero se han beneficiado enormemente de las investigaciones del Gobierno que desembocaron en la creación de Internet, los avances en la sanidad pública, etcétera. Pero el país lleva mucho tiempo sufriendo la escasez de inversiones en infraestructuras (no hay más que ver el estado de nuestras carreteras y nuestros puentes, nuestros ferrocarriles y aeropuertos), investigación básica y educación a todos los niveles. Y nos esperan más recortes en estos ámbitos.

Nada de esto puede extrañar, no es más que lo que sucede cuando la distribución de riqueza en una sociedad se desequilibra. Cuantas más diferencias de riqueza hay, más se resisten los ricos a gastar dinero en las necesidades colectivas. Los ricos no necesitan al Gobierno para tener parques, educación, asistencia médica ni seguridad personal, porque pueden comprar todas esas cosas. Al hacerlo, se alejan más de la gente corriente y pierden cualquier empatía que pudieran tener. Además, les preocupa que el Gobierno intervenga demasiado, que pueda utilizar sus poderes para ajustar el equilibrio, quitarles parte de su riqueza e invertirla en el bien común (Stiglitz, 2015:83-86).

Branko Milanovic (2016) presentó, en diciembre del 2017, en México su libro Desigualdad mundial, un nuevo enfoque para la era de la globalización (FCE, 2017) como parte de la formidable colección de títulos que sobre el tema de desigualdad publica el Fondo de Cultura Económica. El estudio de Branko, que compara la desigualdad entre países, es único y resulta uno de los textos más influyentes de la discusión del tema. Hasta recientemente, la evolución de la desigualdad de un país se explicaba con la llamada curva de Kuznets (desarrollada por el premio Nobel Simon Kuznets) y que tiene la forma de una U invertida. Se decía que, en un país pobre, a medida que se van desarrollando, el ingreso se concentra, pero cuando se alcanza cierto nivel de desarrollo, la desigualdad disminuye. Es por eso por lo que discutir la desigualdad no se consideraba importante, ya que el progreso necesariamente nos llevaría a alcanzar la equidad. Branko ofrece evidencia sistemática para mostrar que la figura de la evolución de la desigualdad se parece más bien a la silueta de un elefante, ya que eventualmente, después de ciertos niveles de desarrollo, la desigualdad vuelve a crecer 46-70. Son preguntas complejas, y las investigaciones recientes de Branko Milanovic y otros expertos apuntan varias respuestas. La Revolución Industrial, que comenzó en el siglo XVIII, produjo una riqueza inmensa en Europa y Norteamérica. Desde luego, las desigualdades en estos países eran espantosas —piensen en las plantas textiles de Liverpool y Manchester, en Inglaterra, durante la década de 1820, o los sórdidos edificios de apartamentos en el Lower East Side de Manhattan y el South Side de Chicago hacia 1890—, pero la brecha mundial entre los ricos y todos los demás fue ensanchándose cada vez más hasta la Segunda Guerra Mundial. Todavía hoy, la desigualdad entre países es mucho mayor que la desigualdad dentro de los países. Sin embargo, en la época de la caída del comunismo, a finales de la década de 1980, la globalización económica se aceleró y las diferencias entre unos países y otros empezaron a disminuir. En el periodo entre 1988 y 2008, «tal vez se produjo el primer descenso de las desigualdades globales entre los ciudadanos del mundo desde la Revolución Industrial», explica Branko Milanovic, nacido en la antigua Yugoslavia. Es cierto que la brecha entre ciertas regiones se ha estrechado de forma considerable —en particular, entre Asia y las economías avanzadas de Occidente—, pero sigue habiendo otras enormes. Las rentas medias mundiales, por país, se han aproximado en los últimos decenios, sobre todo gracias al crecimiento de China y la India. Pero la igualdad entre los seres humanos, entre las personas, ha mejorado muy poco (el coeficiente de Gini, un criterio para medir las desigualdades mejoró solo 1,4 puntos entre 2002 y 2008).

Milanovic demuestra que los beneficios de la globalización no se distribuyen uniformemente (2016, 10-25), al principio las clases medias salen ganando, pero hay un punto en que las ganancias en términos de ingreso se detienen, debido a las grandes brechas existentes entre el segmento de altos ingresos, los de medio y los de bajos ingresos. El último año de su análisis, 2008, muestra que el promedio del 1 por ciento más rico en el mundo es de 71 mil dólares anuales, el de las clases medias fue de 1,400 dólares y la de bajos ingresos fue de 450.

Eso también sucede cuando se mide la desigualdad entre países. Primero aumentó cuando las clases medias de países desarrollados crecieron, después disminuyó ante el aumento masivo de ingresos de personas en países como China y la India, pero ahora parecería volver a crecer por la desigualdad interna de la propia China. Branko explica la disminución de la desigualdad por causas tanto malignas como benignas. Las primeras pueden tener carácter endógeno, es decir, la propia desigualdad extrema puede ser una de las causas de fenómenos como guerras o cambios políticos extremos. Las segundas son políticas o fenómenos que incrementan los activos físicos o de capital humano de las personas de menores ingresos, los que fortalecen el salario, como el poder de negociación de los sindicatos, o mecanismos que reducen las transferencias del grupo privilegiado entre generaciones, como el impuesto a las herencias. Branko es crítico de propuestas como la del ingreso universal, porque terminaría como el estado de bienestar que se basa en ofrecer garantías a las personas ante fenómenos catastróficos, como la enfermedad, el desempleo, o el envejecimiento, a cambio de un ingreso que, sin un incremento muy grande de los impuestos, sería muy bajo (2016: 46-59).

Las razones que Branko encuentra para explicar los aumentos de la desigualdad son varias. Una es el cambio tecnológico que genera la robotización y, por tanto, reduce la oferta de mano de obra no calificada. Aunque también señala que se podría desarrollar tecnología para incrementar la productividad de personas con bajos recursos. Es, por supuesto, la tendencia desde los años 80 de reducir las tasas de Impuestos sobre la Renta y como consecuencia los servicios públicos, así como el hecho de que las personas que obtienen altos salarios ahora son también accionistas de empresas y poseen propiedades.

Lo que Branko señala es que se han consolidado en las democracias formales sistemas plutocráticos, capaces de capturar las instituciones políticas, para asegurar el crecimiento de los ingresos y activos del sector más rico de la población. Es por eso por lo que los gobiernos no impulsan políticas que benefician a la mayoría, como la inversión en universidades públicas, en transporte masivo o salud universal, mientras que se busca relajar las regulaciones laborales y permitir deducciones de impuestos a personas con rentas muy altas.

Las reflexiones que sobre México podemos hacer del trabajo de Branko son muchas. La más obvia es hasta qué punto el limitado debate sobre las alternativas de política económica en México se explica por una plutocracia interesada en mantener el escenario de estabilidad, bajo crecimiento y ninguna redistribución del ingreso. En realidad, las curvas que miden la desigualdad de México, elaboradas por el propio Branko, se parecen a las del mundo en su conjunto. Los sectores de la población más pobres de México tienen niveles de ingreso similares a sectores de ingreso bajo de los países más pobres, mientras que los más ricos del país cuentan con tantos recursos como el 1% más adinerado de las naciones de mayor desarrollo. El otro tema es la pregunta sobre la razón por la que México, uno de los países con mayor apertura económica, no fue, a diferencia de China o la India, capaz de recortar, durante el periodo de globalización, la brecha de ingresos frente a los países ya desarrollados. Branko lo atribuye a que no hemos sido capaces de exportar productos con mayor tecnología, y por tanto mayor valor agregado.

La desigualdad es un fenómeno mundial, quizá el reto más importante de nuestro tiempo y la dinámica de la globalización ha jugado un rol crucial en su comportamiento. Hoy podemos decir, con un grado elevado de confianza, que la desigualdad global es menor entre países, producto de la gran convergencia en estándares de vida que ha ocurrido en buena parte del mundo en desarrollo, en especial en China e India. A su vez, la desigualdad entre personas se incrementa conforme las clases sociales se vuelven relevantes nuevamente.

Con esta graciosa casualidad y reconciliando los resultados empíricos sobre menor desigualdad entre países y mayor desigualdad entre personas, Branko Milanovic, uno de los grandes expertos en la desigualdad global, comienza una lectura sumamente divertida y profunda sobre la evolución de la desigualdad entre los países, dentro de éstos, y los retos económicos y políticos que dichos cambios producen, concluyendo con una breve, pero enriquecedora, especulación sobre qué podría ocurrir al terminar el siglo XXI.

Parte central del libro se enfoca en la historia de quienes han ganado y quienes han perdido en la distribución global del ingreso desde la caída del muro de Berlín hasta la actualidad. Un periodo de veinticinco años que coincide con la fase actual del capitalismo global. Las ganancias de la globalización no se han distribuido de forma equitativa, los ganadores indiscutibles han sido grupos dentro de las poblaciones de India y China y algunos países más en el este asiático, mismos que han ascendido rápidamente en los deciles de la distribución global y se unieron a lo que el autor llama la "clase media global".

Al ascenso de la clase media global se debe que la desigualdad entre los países se encuentre en una trayectoria descendiente, obra indiscutible del proceso de convergencia económica que ha ocurrido en el mundo -cuando países en desarrollo crecen a tasas más altas y sostenidas en el tiempo que los países desarrollados-. Sin embargo, esta historia tiene su lado amargo, el otro gran grupo que ha ganado en la era del capitalismo global es el 5% más rico de la distribución global del ingreso, capturando el 44% de todas las ganancias y formando lo que Milanovic bautiza como la "plutocracia global".

Para tener un panorama completo de qué dicta la evolución de la desigualdad en el mundo es importante poner atención a lo que ocurre dentro de los países, y aquí es donde la desigualdad se vuelve un asunto no sólo económico, sino predominantemente político. La desigualdad al interior de los países se encuentra en aumento incluso entre países desarrollados, hecho que en algún momento era considerado imposible, al menos desde la perspectiva de la hipótesis de Kuznets. Dicha hipótesis considera que la desigualdad aumenta en la primera fase del desarrollo económico, cuando el cambio estructural ocurre, para luego disminuir cuando el país se ha desarrollado, la famosa U invertida.

La U invertida de Kuznets ha sido la hipótesis dominante durante décadas al pensar sobre la desigualdad, sin embargo, la evidencia empírica sugiere que la hipótesis requiere una corrección. En esta parte del libro es donde Branko Milanovic realiza lo que es una gran aportación teórica a nuestra comprensión sobre la desigualdad. Milanovic corrige la hipótesis de Kuznets para reconciliarla con el hecho de que países como Estados Unidos, el Reino Unido o incluso los países igualitarios en Escandinavia, tengan una desigualdad que crece. Con este propósito Milanovic introduce el concepto de los ciclos u ondas de Kuznets (2016:103-53).

Bajo esta nueva hipótesis los países experimentarían el comportamiento descrito bajo la U invertida de Kuznets, pero no se detendrían en su punto más bajo, sino que justo ahí comenzaría un proceso ascendente hasta llegar a una nueva cresta y, desde ese punto, descender nuevamente —como una onda sonora con crestas y valles–.

De esta nueva hipótesis se desprende la siguiente pregunta: ¿Por qué es relevante la corrección? Porque permite tener una idea del comportamiento de la desigualdad dentro los países y de la magnitud de sus oscilaciones y trayectorias históricas, le da una mayor importancia a la evolución histórica de cada nación. Para que podamos comprender esto, el autor nos lleva a un viaje en el tiempo a la Roma antigua y la España de hace setecientos años, presa hasta el siglo XIX de los ciclos malthusianos, con la desigualdad oscilando entre mayor y menor dependiendo del aumento del salario que, a su vez, dependía de los aumentos y disminuciones en la población y el valor de renta de la tierra.

Al comenzar la revolución industrial y escapar de la trampa malthusiana, dio inicio un nuevo tipo de ciclo, el de Kuznets. Estos ciclos no son parejos entre países, algunos comenzaron antes, algunos, como Estados Unidos, se encontrarían hoy en la parte ascendente de su segunda onda de Kuznets; países como China en la parte ascendente de la primera. Las oscilaciones en estos ciclos dependen en gran medida de las circunstancias políticas dentro de las sociedades y son influenciadas por fuerzas benignas y malignas, como lo son la redistribución fiscal o la guerra, el sesgo del cambio tecnológico como fuera expresado por Claudia Goldin y Lawrence Katz o la desaparición de las primas a la educación como esperaba Jan Timbergen.

Estas ideas forman la parte central del libro y, una vez expuestas, Branko Milanovic aborda la desigualdad desde una óptica política y filosófica. ¿La igualdad de oportunidades a nivel global es deseable? Para Milanovic, a diferencia de muchos teóricos de la justicia como John Rawls, la respuesta es que sí. Por lo que, partiendo de esta idea, realiza una gran provocación: impulsar la libre migración global, el libre movimiento de personas, que sería una fuerza ecualizadora en el mundo, pero que requiere compromisos políticos difíciles de asumir.

Milanovic propone que dicho compromiso sea el de modificar lo que él llama "primas de ciudadanía" –las rentas económicas que obtiene un ciudadano de un país sólo por ser ciudadano de dicho país, podríamos llamarlo el valor intrínseco de nuestro pasaporte– y para modificarlas quizá se debería permitir una migración donde el migrante no goce de los mismos derechos plenos que un ciudadano; por ejemplo, pagando impuestos más elevados que permitan retribuir el costo de su seguridad social y resarcir a los trabajadores locales que pudieran perder sus empleos a causa de la migración.

La idea es provocadora porque implica aceptar que pudieran existir habitantes de primera y de segunda clase en los países ricos; sin embargo, en sus efectos llevaría a un mundo más equitativo y posiblemente a un mayor crecimiento económico en los países en los dos extremos de los flujos migratorios, pues en el mundo hoy la desigualdad es más determinada por dónde se vive –locación– que por la clase social a la que se pertenece.

Sin embargo, justo este último punto, la relevancia de la locación vis á vis la clase social podría cambiar en el mediano plazo. En un futuro no muy distante, el mundo podría ser más desigual y más parecido al mundo de principios del siglo XIX donde la clase –quiénes son tus padres, su estatus social– es más importante que dónde te encuentras geográficamente.

Sobre el potencial peligro de este mundo es que Milanovic nos advierte de sus consecuencias políticas. Una sociedad desigual es poco compatible con la democracia liberal que caracteriza a las sociedades occidentales del último siglo. Mayor desigualdad transforma a las democracias en plutocracias y las vuelve presas fáciles del populismo xenófobo y nativista. Un claro ejemplo de esta tendencia es el fortalecimiento de partidos del populismo de derecha, como el Frente Popular en Francia, el UKIP en el Reino Unido o el discurso radical de Donald Trump en los Estados Unidos.

En la última parte del libro, Branko Milanovic –en contraste con otros economistas que estudian la desigualdad como Thomas Piketty, Antony B. Atkinson o François

Bourguignon– no habla mucho sobre políticas públicas sino sobre el futuro. Para hacerlo es cauteloso y advierte de los errores clásicos que se cometen al elaborar predicciones.

Entre sus preocupaciones está el estado de la convergencia económica contemporánea: no todos los países en el mundo están convergiendo; el continente africano, por ejemplo, se encuentra lejos de ser uno de los beneficiados de la globalización y por momentos pareciera que la convergencia es un fenómeno más asiático que global. Otra preocupación a futuro es la capacidad política que China pueda tener para manejar los cambios en su ciclo de Kuznets, mayor desigualdad puede causar presiones hacia la democracia o endurecer el autoritarismo, puede producir transformaciones positivas o negativas como fracturas regionales; todas éstas con consecuencias poco agradables sobre la economía global.

De entre todo lo que puede suceder en los próximos 85 años quizá lo más peligroso sea la extinción de la clase media que tradicionalmente, desde Tocqueville hasta la actualidad, se considera el colchón de la democracia, el fiel de la balanza entre las fuerzas de los extremos. Y hoy está desapareciendo en muchos países del mundo.

Una omisión en el libro es lo que sucede en América Latina, una región que posiblemente se encuentra próxima a la cresta de su primera onda de Kuznets, con una democracia erosionada y una plutocracia creciente, donde la clase a la que se pertenece, más que la locación, es un factor determinante sobre la calidad de vida. Quizá el mundo del que habla Branko Milanovic en el futuro es una versión global de la experiencia latinoamericana del siglo XX (2016:155-211 y 212-238).

Las últimas palabras de Milanovic en el libro son una respuesta a una pregunta que él mismo plantea y que tienen mucha relevancia para la discusión actual sobre los ganadores y perdedores de la globalización: "¿La desigualdad desaparecerá mientras la globalización continua?" Y responde de manera contundente, sin mucha esperanza: "No, las ganancias de la globalización no se distribuirán de forma equitativa" (2016:239).

Es decir, aunque hay países de Asia, Oriente Próximo y Latinoamérica que, en conjunto, quizá estén poniéndose a la altura de Occidente, los pobres siguen quedándose atrás en todas partes, incluso en lugares como China, donde les ha beneficiado hasta cierto punto la mejora del nivel de vida.

De acuerdo con Milanovic, entre 1988 y 2008, los miembros del 1 por ciento más rico del mundo incrementaron sus rentas en un 60 por ciento, mientras que los que componen el 5 por ciento más pobre no mejoraron nada. Y a pesar de que las rentas medias han aumentado enormemente en las últimas décadas, todavía existen grandes desequilibrios: el 8 por ciento de la humanidad obtiene el 50 por ciento de las rentas mundiales; el 1 por ciento más rico obtiene el 15 por ciento. Los mayores incrementos de rentas se han producido entre la élite mundial —los directivos financieros y empresariales de los países ricos— y las vastas «clases medias emergentes» de China, la India, Indonesia y Brasil. ¿Quién ha perdido más? Los africanos, algunos latinoamericanos y los habitantes de la Europa del Este poscomunista y la antigua Unión Soviética, descubrió Milanovic. La clave en estos países es incrementar la calidad de la educación tecnológica.

Estados Unidos es un ejemplo especialmente desalentador. Y dado que suele «dirigir al mundo» en tantos aspectos, la posibilidad de que otros países sigan su ejemplo no presagia nada bueno para el futuro. Por un lado, el aumento de las desigualdades de rentas y riqueza en Estados Unidos forma parte de una tendencia que se observa en todo el mundo occidental.

Entre las economías avanzadas, Estados Unidos tiene una de las mayores desigualdades de rentas y oportunidades, con devastadoras repercusiones macroeconómicas. El PIB estadounidense se ha multiplicado por más de cuatro en los últimos cuarenta años y casi por dos en los últimos veinticinco, pero, como ya sabemos, los beneficios han ido a parar a lo alto de la escala social y sobre todo, cada vez más, a lo más alto de lo alto.

El año 2016, el 1 por ciento más rico de los

estadounidenses se embolsó el 22 por ciento de los ingresos del país; el 0,1 por ciento más rico, el 11 por ciento. El 95 por ciento de todos los ingresos desde 2009 ha ido a parar al 1 por ciento. Las cifras del censo hechas públicas recientemente muestran que la renta media en Estados Unidos es la misma desde hace casi veinticinco años. El varón estadounidense medio gana menos de lo que ganaba hace 45 años (después del ajuste por inflación); los varones que tienen el bachillerato, pero no un título universitario superior gana casi un 40 por ciento menos que hace cuarenta años.

Las desigualdades empezaron a aumentar en Estados Unidos hace treinta años, al mismo tiempo que las rebajas de impuestos a los ricos y la relajación de las reglas del sector financiero. No es una coincidencia. La situación ha empeorado a medida que han disminuido las inversiones en infraestructuras, educación, sanidad y las redes de protección social. La desigualdad, cuando crece, se refuerza a sí misma mediante la corrosión de nuestro sistema político y nuestro sistema democrático de gobierno.

Europa parece muy dispuesta a seguir el mal ejemplo de Estados Unidos. Las medidas de austeridad, desde el Reino Unido hasta Alemania, están provocando el aumento del desempleo, la caída de los salarios y unas desigualdades cada vez mayores. Autoridades como Angela Merkel, la recién reelegida canciller alemana, y Mario Draghi, presidente del Banco Central Europeo, alegan que los problemas de Europa son consecuencia de un gasto en bienestar excesivo. Pero esa línea de pensamiento ha llevado a Europa a la recesión (e incluso a la depresión). El hecho de que quizá la situación haya tocado fondo —que quizá la recesión se haya terminado «oficialmente»— es magro consuelo para los 27 millones de personas en paro en la UE. A ambos lados del Atlántico, los fanáticos de la austeridad dicen que hay que seguir adelante, que son unas píldoras amargas necesarias para alcanzar la prosperidad. Y todas estas conclusiones se hicieron antes de la pandemia, la crisis que provocó volverá a cobrárselas a los más pobres ya que se sumarán más de 300 millones de ellos a los que existían antes de la pandemia.

Pero también debemos preguntar ¿la prosperidad para quién? El exceso de financiarización —que ayuda a explicar el dudoso honor de Gran Bretaña por ser el segundo país con más desigualdades entre las economías más avanzadas del mundo, después de Estados Unidos— ayuda a explicar asimismo por qué se ha agrandado tanto la brecha. En muchos países, el mal gobierno corporativo y el deterioro de la cohesión social han producido diferencias cada vez mayores entre el sueldo de los altos directivos y el de los empleados normales; todavía no se acercan al nivel de la proporción en las grandes empresas estadounidenses, 500 a 1 (según cálculos de la Organización Internacional del Trabajo), pero son mayores que antes de la recesión (Japón, que ha puesto un límite a la remuneración de los ejecutivos, es una notable excepción). Las innovaciones estadounidenses en la captación de rentas — enriquecerse no a base de aumentar el tamaño de la tarta económica sino manipulando el sistema para quedarse con una porción más grande— se han extendido a todo el mundo.

La globalización asimétrica también se ha cobrado un precio en todo el mundo. La movilidad del capital exige que los trabajadores hagan concesiones salariales y los Gobiernos, concesiones fiscales. El resultado es una competición a la baja. Los salarios y las condiciones de trabajo están en peligro. Empresas innovadoras como Apple, que basa su éxito en enormes avances en ciencia y tecnología —muchos de ellos financiados con dinero público—, han mostrado un talento increíble para eludir el pago de impuestos. Están dispuestos a recibir, pero no a dar.

La desigualdad y la pobreza infantiles son un escándalo moral especialmente grave. Refutan las insinuaciones de la derecha de que la pobreza es consecuencia de la vagancia y las malas decisiones, porque los niños no pueden escoger a sus padres. En Estados Unidos, casi uno de cada cuatro niños vive en la pobreza; en España y Grecia, uno de cada seis; en Australia, Gran Bretaña y Canadá, más de uno de cada diez. Y no son cosas inevitables. Algunos países han decidido crear economías más equitativas: Corea del Sur, donde hace medio siglo solo una de cada diez personas completaba sus estudios en la universidad, tiene hoy una de las mayores cifras de titulados universitarios del mundo.

Estos factores me hacen pensar que entramos en un mundo dividido no solo entre ricos y pobres, sino también entre los países que no hacen nada para remediarlo y los que sí. Algunos conseguirán construir una prosperidad colectiva, el único tipo de prosperidad, en mi opinión, que es verdaderamente sostenible. Otros dejarán que las desigualdades crezcan sin control. En estas sociedades divididas, los ricos se atrincherarán en urbanizaciones cerradas, separados casi por completo de los pobres, cuyas vidas les resultarán casi imposibles de imaginar, y viceversa. He visitado sociedades que parecen haber escogido este camino. No son sitios en los que nos gustaría vivir en general a nosotros, ni en los enclaves protegidos ni en los desesperados barrios de chabolas (Piketty, 2016, King, 2017).

En contraste con esta interpretación tan catastrofista de la gobernanza global, otras interpretaciones a favor de la globalización abogan por el carácter dinámico, institucional y pluralista de la misma, por una multiplicidad de niveles en la que los diseños y ejecuciones de políticas globales implican un proceso de cooperación entre organismos, ya no solo transnacionales, sino también nacionales y a veces subestatales. En cualquier caso, esto no debe conducirnos erróneamente a pensar que se les concede igual importancia a todos los intereses mostrados por los distintos estados u organizaciones internacionales. Como dijo Friedrich Wilhelm Nietzsche, "Nada más hipócrita que la eliminación de la hipocresía". No podemos, ni creo que debamos, contentarnos con lo que se nos dice y pensar que la globalización con todo lo que implica es inalienablemente buena o mala y que funciona igual para todos. De llegar a este punto no sé qué sería peor si aquel que quiere vendernos una necedad y a fuerza de repetirla acaba creyéndosela o aquel que su ignorancia, desinterés y falta de criterio le lleva a asumir todo lo argumentado por los partidistas de la globalización sin pararse a pensar y hacer una criba de lo esencialmente bueno de aquello que no lo es.

Para hacer más claras ambas posturas (que difieren en si realmente se está teniendo lugar o no la globalización) los autores distinguen entre dos grupos bien definidos:

- Los globalizadores rechazan la afirmación según la cual globalización es sinónimo de americanización o imperialismo occidental (de los escépticos). Ponen el énfasis en la expresión de cambios estructurales que acarrea la globalización en la escala de la organización social moderna (esperemos que no "alineación'") a través del crecimiento de los mercados financieros, del desarrollo de los medios de comunicación, la difusión de la cultura popular, del crecimiento en número y tamaño de sociedades multinacionales y la degradación medioambiental del globo terráqueo.

- Para aquellos que adoptan una postura más escéptica (los denominados escépticos) la globalización no es tal cual se presenta. Consideran que se ha exagerado considerablemente la importancia y el impacto de la globalización. En un mundo en que "la política de poder es la realidad dominante para los estados, la lucha endémica por la ventaja nacional relativa asegura que nunca será erradicada la desigualdad (...) siendo improbable que surja un orden mundial más justo mientras las instituciones globales no tengan el poder efectivo para garantizar que los estados más ricos acometan políticas para conseguir una distribución más equitativa de la riqueza y la renta global" (Held y McGrew, 2007:102-103). Para los escépticos los Estados Unidos, como superhegemonía mundial, sigue siendo la fuerza principal que determina la gobernanza internacional (más que global).

Lo que es innegable por todos, da igual que apoyen la globalización o la rechacen, es que en los últimos tiempos ha habido un crecimiento de las conexiones de comunicación, económicas y políticas en y entre los estados y las regiones. Cada día surgen nuevos problemas que transcienden los límites fronterizos entre países y, en más de una ocasión, entre continentes al tiempo que aumenta la expansión de multinacionales, organismos oficiales de control internacional y de organizaciones no gubernamentales (ONG´s).

Cada día existen más adeptos a la visión de un nuevo orden mundial, de una nueva política más compleja a la que denominan socialdemocracia cosmopolita cuyos valores son el imperio de la ley, la igualdad política, la justicia social, la solidaridad social y la eficacia económica

Describir y analizar adecuadamente el mundo actual, y diagnosticar correctamente su futuro y las encrucijadas que enfrenta y enfrentará, implica mucho más que simplemente tomar partido y decirse globalifílico o globalifóbico, aceptar o rechazar un concepto ambiguo, puramente descriptivo y hoy a la moda. Pues más allá de lo que revela, y sobre todo de lo que oculta y omite el término de "globalización", están los problemas estructurales y de proceso que genera en las sociedades que debería necesariamente afrontar.

La crisis actual podría, por ejemplo, conducir a los gobiernos a ignorar la oposición de los actores nacionales y reimponer los controles de capital como una manera de defender la balanza de pagos.

Igualmente, y vinculado con este nuevo rol de los movimientos migratorios, la liberalización financiera y la limitación del accionar político de los Estados contemporáneos, se impone la teorización sobre las formas y los desarrollos de los Estados, y de la anunciada "muerte de la política" que la acompaña. Porque cuando los Estados de todo el mundo, comienzan a privatizar la educación en todos sus niveles, a suprimir las jubilaciones, las pensiones y los seguros de desempleo, a recortar y escatimar los servicios de salud, y a demostrar su incapacidad total para mantener un mínimo de control sobre la violencia global del cuerpo social y para proveer de un mínimo de seguridad a la sociedad, entonces es claro que lo que está desestructurándose de modo definitivo el Estado moderno.

4. GLOBALIZACIÓN Y GOBERNABILIDAD

Lo que los profetas de la globalización anunciaron de la muerte del Estado-nación ha quedado en el pasado. América Primero, América Primero, es el grito de guerra para consolidar un estado fuerte y revertir todas las tendencias de la globalización. Lo dijeron el mismísimo Fukuyama, esa mezcla de filósofo y yuppie que despistó a tantos con su Fin de la Historia y su lenguaje cuasi-hegeliano: "El nacionalismo y la cultura nacional son menos racionales que la democracia universal.... Son obstáculos para el establecimiento de democracias exitosas y economías de mercado, obstáculos condenados a desaparecer a medida que se imponen los valores liberales". Lo decía Naisbitt, el autor afamado de las Megatendencias: "Vivimos una época de grandes cambios y de comienzos nuevos. Un mundo de mil países es mi metáfora para describir el fin del Estado-nación. Los Estados serán cada día menos relevantes.... El gobierno central como base de la gobernabilidad es obsoleto".

Lo dice el historiador Paul Kennedy, el mismo que nos cautivó con sus tesis sobre El Fin del Imperio: "Estos cambios globales están poniendo en duda la utilidad misma del Estado-nación. El Estado es demasiado grande para actuar con eficiencia en algunos campos y demasiado pequeño para operar en otros... Sin duda alguna están aumentando las presiones para redistribuir la autoridad del Estado, tanto hacia arriba (hacia la aldea global) como hacia abajo (hacia los gobiernos locales) ".

Todo lo anterior fue borrado con cuatro plumazos de Donald Trump. Cuatro órdenes ejecutivas que transforman la ideología y la política de la globalización en su contrario: un mundo en el cual los nacionalismos se suman para buscar sacar ventajas de países en lo particular contribuyendo al aislacionismo. Pero sólo duró cuatro años.

Y en efecto, la globalización es una fuerza económica, cultural y geopolítica que parece contradecir la idea misma de naciones y estados. (a) El manejo autárquico de las políticas macroeconómicas es un recuerdo del pasado. Por ejemplo: las reservas conjuntas de la banca central de Estados Unidos, Alemania y Japón no alcanzan a valer tanto como los movimientos transnacionales de capital en un solo día. (b). Las culturas nacionales, según se alega, están en trance de convertirse en "piezas de museo" ante el embate de la cultura global. Y (c), a medida que la capacidad de destrucción logra escala planetaria, la seguridad militar de cada país depende más y más de sus aliados. Nuevos tratados y organismos supranacionales regulan y vigilan cada día una materia antes reservada a los estados individuales. Y hasta la noción clásica de "soberanía", intocada desde el s. XVII, comienza a resquebrajarse a la luz de figuras como la superior "soberanía de la humanidad" o el dudoso "derecho de injerencia". No es de extrañar, por todo eso, que sean tantos los que entonan un réquiem por el Estado-nación.

Pero se equivocaron, no solamente porque España, Gracia, Reino Unido y ahora Estados Unidos y puede seguir Francia, eligieron a populistas de derecha y de izquierda con promesas de hacer renacer a sus países con ese viejo nacionalismo retrograda que hará que se puedan no solamente años, sino décadas de avance en la conformación de un mundo más solidario.

Pero Nietzsche también decía que cuando muchos están de acuerdo en una idea compleja, hay que buscar una explicación más simple. La explicación simple del declive de los Estados-nación consiste en que en la globalización: "El Estado no es la solución a nuestros problemas; el Estado es nuestro problema". Ahora Trump dice lo contrario.

Con Trump, Biden y otros nacionalistas, el Estado-nación está vivo y está activo en la economía, en la cultura y en la geopolítica. (a) A medida que pierden autonomía macroeconómica, los Estados optan por una especie de mercantilismo microeconómico, para defender sus industrias a base de apoyo tecnológico, capacitación de trabajadores y otros subsidios que incluyen la protección "selectiva" contra competidores extranjeros. ¿O no estamos presenciado un arduo debate entre partidarios y enemigos del "fast track" en la superpotencia exportadora? (b) Es más: Las culturas nacionales todavía no parecen piezas de museo - ¿o alguien no está enterado de la ex-Yugoslavia?. (c) La vieja idea de "seguridad nacional" sigue por supuesto dominando la política militar de cada país, y la guerra no ha sido expulsada de las costumbres internacionales. Los tratados y organismos multinacionales actúan por delegación y no por suplantación de la vieja soberanía... De suerte que aquel réquiem por el Estado-nación fue un tanto prematuro.

Por eso hay hoy una carrera declarada entre los países de la periferia para mover sus organizaciones a un vecindario más amable dentro de la aldea global. Lejos de Estados Unidos. Los testigos son, entre otros, Israel y Chile, Singapur y la República Checa, Nueva Zelandia y Sao Paulo, Malasia y Costa Rica. ¿A quién se le ocurrirá decir que el Estado no ha tenido nada que ver con estas historias de éxito, o con sus contrapartidas de fracaso, desde Libia hasta Usbequistán? ¿Quién no ve que aquí hay un papel delicado y decisivo, un abanico de responsabilidades nuevas y poderosas para el viejo Estado?

Es un tiempo de fragmentación. De perplejidad. De confusión, de turbulencia, de caos, de cambio. El tiempo de la incertidumbre. No, como dijo alguna vez Ionesco, porque falten las ideologías simplificadoras, sino porque ninguna de ellas conduce a ninguna parte. Y por eso los pactos que ayer mantuvieron el orden tienen que ser revisados hoy para volver a revisarlos mañana. Y quedamos en que el Estado, en cuanto orden jurídico, tampoco ha desaparecido. Sólo está en trance de reinventarse cada día. Pero las lecciones de la historia no lo las entiende "The Aprentice". Él quiere reescribir otra historia.

"Globalismo" y "aislacionismo" son en efecto, las dos "ideologías" de nuestro tiempo: en cada país del mundo, los electores y los gobiernos se alinean y realinean en torno a esta disyuntiva.

Y en Estados Unidos de Norteamérica y en México ganó el segundo, así lo decidieron los electores, quienes en su mayoría pertenecen al "rust belt" en un lado, y en otro, a las ciudades medias con grandes cinturones de miseria, esto es, los perdedores de la globalización.

Donald Trump y Andrés Manuel López Obrador ganaron con su discurso de que la gobernabilidad en esta era global supone una profunda "reingeniería" de la administración pública, para hacerla de verdad más eficiente y eficaz, sacando sus narices de donde no le importa y haciendo las cosas como deben "hacerse" sin los políticos ineficaces de Washington y México. Aquel prometió drenar el sucio pantano de Washington, este prometió acabar con el sistema y los políticos corruptos.

Trump y López Obrador proponen renegociar bien la salida del su país de la aldea global; quieren asegurar el orden común o público en una sociedad segmentada; para cumplir las metas que el pueblo le señale; y para filtrar los impactos redistributivos de la globalización sobre las clases sociales menos favorecidas. Al menos ese es su discurso, la forma en que lo hacen -poner freno a la globalización – traerá exactamente los efectos contrarios. Trump ya salió de la escena, López nunca estuvo en ella.

Los países ganadores de la globalización se conforman con el "buen gobierno", porque no necesitan nada más. Pero se han equivocado también, no hicieron nada para prevenir el miedo y la "indignación" de los excluidos. Esos "indignados" que hoy son anti sistémicos y que quieren regresar a los días de "gloria" donde ellos recibían una atajada del pastel. Los países en proceso de construcción, como tantos de América Latina, necesitan de gobernabilidad, porque no han acabado de resolver el quíntuple desafío de la dependencia, la violencia, el autoritarismo, la injusticia y la ineficacia del sector público. Así que, el asunto va más allá del "buen gobierno". Incluso va más allá de la gobernabilidad. El real desafío es lograr una gobernabilidad democrática, comenzando por hacer gobernables nuestras democracias. El trabajo apenas estaba comenzando, hoy eso quedó atrás, la globalización está muriendo con la elección de los populistas.

De acuerdo con Paul Krugman, ahora vamos hacia un mundo "Z" polar. El mundo Zero polar implica que no habrá una potencia o dos hegemónicas, que Trump dejará a su suerte a Europa, y China y Rusia aceptarán el regalo: dividirse nuevamente las regiones de control e influencia. La tesis del "desacople" sería una expresión de ese proceso. Sin embargo, la crisis parece indicar algo distinto, y más alarmante: con la globalización y el celo desregulador del neoliberalismo, en el ámbito financiero el poder se habría "evaporado" en un vasto mercado global en el que ningún actor podría ejercerlo eficazmente: ni los Estados avanzados ni emergentes, cuyas opciones se ven limitadas por la integración financiera global, ni las firmas privadas, que ven volatilizarse su valor bursátil o se ven empujadas a la quiebra por un proceso que de una forma u otra contribuyeron a desencadenar. Para los países en desarrollo, que siguen viendo el sistema internacional a través del prisma de y que creyeron poder aumentar su influencia y al tiempo aislarse de esos procesos, se trata de un doloroso aprendizaje, y debería contribuir a alentar una participación más activa en la gobernanza global.

La crisis pondrá claramente de manifiesto que, ante la globalización del comercio y las finanzas, es necesario crear mecanismos eficaces y legítimos para la gobernanza global, a través de un "nuevo multilateralismo" que sea capaz de dar un papel más relevante a los países emergentes y en desarrollo, pues sin ellos, o contra ellos, no habrá salida a la crisis de relaciones entre el mundo y Estados Unidos.

Es cierto que la globalización no pudo ni puede

resolver el problema que afecta a la distribución de la riqueza en un mundo caracterizado por una marcada desigualdad, en el que la reducción de la pobreza y el desarrollo sostenible, además de ser un imperativo político, se convierten en elementos clave de la recuperación. Los magros resultados alcanzados a escala global en la reducción de la pobreza y la desigualdad dependían de un modelo de crecimiento que en muchos aspectos se ha mostrado insostenible, y su mero restablecimiento ya no es una opción viable. Hay que evitar que la crisis se lleve por delante esos logros, por limitados que puedan ser en algunos países, o que se produzcan retrocesos.

Joseph Stiglitz arguye que la globalización, la escuela dominante del pensamiento económico en Occidente, del FMI y el Banco Mundial en los pasados 30 años, se encuentra en su fase terminal.

Sabemos que en el mundo académico la globalización ha sido rechazada y ahora los jóvenes estudiantes tratan de entender dónde fracasan los mercados y qué hacer al respecto, con el conocimiento de que sus fracasos son expansivos a nivel micro y macroeconómico. La quintaesencia de la ideología neoliberal ha sido rechazada: la idea que los mercados funcionan mejor cuando son dejados solos y que un mercado desregulado es la mejor manera de incrementar el crecimiento económico.

Los mercados no funcionan, y el debate es cómo podemos hacer que los gobiernos funcionen en forma tal que alivie esto, ya que el neoliberalismo está muerto, la globalización está muriendo tanto en los países desarrollados como en vías de desarrollo.

No debemos temer a Trump o Biden por lo que hagan o dejen de hacer en su país, debemos preocuparnos por él. Las crisis generan oportunidades y esta es una de ellas. La debemos aprovechar para sacudir las políticas neoliberales y modernizar la globalización en lo económico, en lo político y en lo social. Los cambios deben ser radicales como lo son las circunstancias que enfrentamos.

Podemos concluir que, de lograr la reelección en 2024,

Trump con los planes de su agenda, la crisis de la pandemia y el resentimiento social de los excluidos, la globalización como la conocimos antes del 2021 habrá muerto. El retroceso será terrible para Estados Unidos y para el mundo. ¿Qué descanse en paz!!!??

No tan rápido, Trump aún debe triunfar…

• 9 REFLEXIONES FINALES

1. REFLEXIONES FINALES.

Como lo establecen los críticos de la globalización, cualquier visión de un futuro alternativo que podamos elaborar es terriblemente incierta. La característica principal de la globalización es la complejidad, la incertidumbre y el caos, ello contiene múltiples posibilidades y siempre es dinámica. Los ciudadanos del mundo que intentan visualizar los senderos y tendencias de la globalización no disponen de una base firme ni de un ente rector, una ideología oficial ni de un líder carismático y visionario que nos muestre con certeza cuál será el camino para recorrer y menos aún cómo será ese camino. Solamente nos une la creencia compartida de que existe una capacidad humana para la cooperación, la creatividad y la elección responsable que hará posible darle un rostro más humano a la globalización, pese a que la cultura y las empresas la eliminan muy a menudo. Necesitamos aprender nuevas formas de unión mundial para hacer realidad lo posible.

Dani Rodrik ha afirmado que los mercados cada vez son más globales y, por ello, las reglas e instituciones que necesitan para supervisarlas también han de serlo. Es una visión muy atractiva, sin embargo, tiene muchos límites, de tipo práctico en primer lugar, porque es muy difícil que los gobiernos lleguen a un acuerdo y pongan en marcha una regulación global coordinada. Pero más importantes aún son las razones de peso que explican por qué ese conjunto universal de políticas y reglas no van a satisfacer las necesidades de un grupo de países que son distintos. Las políticas que necesitan India o China son muy distintas de las que necesita Europa. Los países de Occidente mantienen diferentes opiniones respecto a las medidas apropiadas para los mercados financieros, incluso entre los miembros de la Unión Europea. Y estas son diferencias reales que no van a desaparecer porque asumamos que no existen o por muchas reuniones que mantenga el G-20. Es un camino peligroso, ya que puede llevar a lograr acuerdos regidos por la ley del mínimo común denominador y estos acuerdos dan la falsa sensación de haber alcanzado un logro importante, cuando, en realidad, no son suficientemente sólidos.

Hemos de entender que esto sólo puede llevarnos a logros limitados y, por eso, hemos de crear una economía global que se asiente en sólidas regulaciones nacionales, lo que significará que con diferentes regulaciones nacionales no tendremos mercados globales necesariamente. Eso lleva a ciertas limitaciones de la globalización, sí, pero que la harán más sostenible y saludable que la actual, basada en ese camino falso, a mi juicio, de reglas globales.

Una de las opciones es la instrumentación de regulaciones y políticas globales para las corporaciones internacionales. Sin embargo, el concepto y las acciones y programas que involucra no deja satisfechos a todos. Con respecto a la pobreza e las definiciones, Hopkins es devastador en sus afirmaciones de que "... no existen muchas elaboraciones sobre el concepto. la definición, a los ojos de algunos, deja fuera demasiados aspectos claves. Por ejemplo, la palabra sustentabilidad" no se menciona...." (Hopkins, 2006: 17)

Contrastando las prácticas negativas de las empresas

durante los últimos diez años, Bakan, como resultado de ello argumenta que "la corporación es una institución patológica, peligrosa poseedora de un gran poder   para ejercer sobre personas y sociedades". (Bakan, 2004: 1) La visión de Bakan que coincide con los muchos otros más, despierta demasiadas preguntas, algunas de ellas como las siguientes: ¿Cuál es la naturaleza y cuáles las implicaciones de su carácter patológico?; ¿Qué poder tiene sobre la sociedad?; ¿Qué puede hacerse para mitigar su capacidad potencial de causar daño a la sociedad? (Bakan, 2004: 2, Eyal, 2021, Baylis, 2021 y Sorrells, 2021).

Por la vastedad de aplicaciones, ausencia de definiciones puntuales y parámetros cuantitativos, no existe consenso de las características de la conducta virtuosa corporativa. Vogel (2006: 4-5) argumenta que si la búsqueda de bajos costos de mano de obra y materia prima en otros países generando desempleo en el país de origen es una práctica común de buen comportamiento de las corporaciones. O si lo es el pagar los salarios bajos de mercado en lugar de salarios que permitan una vida decente del trabajador y su familia. ¿Puede ser responsable realizar desarrollos en países en vías pobres corrompiendo gobiernos?

Una crítica a las empresas es la forma en que han conducido sus prácticas de mercadotecnia que penetran cada espacio y cada momento de nuestras vidas moldeando la forma de las culturas y orientándolas hacia un consumismo desmedido. En nuestros días, las empresas gobiernan nuestras vidas. Ellas determinan   lo que comemos, lo que vemos en televisión, lo que usamos, donde trabajamos, y lo que hacemos. Estamos rodeados por su cultura, iconografía e ideología de las cuales no podemos escapar. Y como la iglesia y la monarquía en otros tiempos, sus posturas son infalibles y omnipotentes, glorificándose a sí mismas en grandiosos edificios y en elaborados anuncios. Incrementalmente, las empresas dictan las decisiones sobre los que se supone deberían de vigilarlas: el gobierno y la sociedad. (Bakan, 2004: 5).

Las empresas en la actualidad gobiernan la sociedad,

quizás más que los gobiernos mismos, irónicamente, es ese mismo poder que han ganado a través del proceso de globalización las que las hace vulnerables. Como ocurre con toda corporación gobernante, la corporación ahora atrae la atención de un público ansioso sobre aspectos de desconfianza, temor y demandas por rendición de cuentas. Hoy, los líderes de las grandes empresas entienden, como lo hicieron sus predecesores, que necesitan hacer muchos esfuerzos para recuperar y mantener la confianza del público (Bakan, 2004: 26). Para lograrlo. Ahora se le quiere presentar con una nueva imagen: la de la benevolencia, humanista y, finalmente, la de Empresas Socialmente Responsables.

La responsabilidad social empresarial es una estrategia de mercadotecnia, que ciertamente lo es, ésta presenta las empresas como responsables rindiendo cuentas a la sociedad y ganando el apoyo de su legitimidad en un nuevo rol en la sociedad. Aun así, ya se pronostica su desaparición "sin embargo, con la breve dominación del término RSC en los primeros años del 2000, los términos RSC han tendido a dominar los círculos corporativos…"(Hopkins, 2006: 39).

Los líderes de los negocios dicen hoy que sus compañías se preocupan más por utilidades y pérdidas, que ellas se sienten responsables frente a la sociedad como un todo, no solamente para sus accionistas. La RSC es un nuevo credo, una corrección consiente a su visión previa inspirada en la codicia. A pesar de este cambio, la corporación misma no ha cambiado. Permanece, como fue en el tiempo de sus orígenes, una persona legalmente designada para valorar el auto interés e invalidar los asuntos morales (Bakan, 2004: 28)

El reto ahora es encontrar maneras de controlar las empresas, sujetarlas a las restricciones democráticas y proteger a los ciudadanos de sus tendencias peligrosas, aun cuando en el largo plazo luchemos por un orden económico democrático. Mejorar la legitimidad, efectividad y rendición de cuentas de la regulación gubernamental puede ser lo mejor, o al menos la estrategia más realista para lograr lo anterior (Bakan, 2004: 161). Al orientar los negocios para convertirlos en "un buen ciudadano e impulsándolo a enraizar en la comunidad, se puede ayudar a alcanzar las utilidades y el éxito a largo plazo de la compañía" (Hamel y Denhart, 2007: 1)

Ente los aspectos positivos a destacar está el hecho que las empresas multinacionales pueden mejorar radicalmente las vidas de miles de millones de personas estimulando el comercio y el desarrollo en la sima de la pirámide económica, ayudando a crear un mundo menos peligroso y más estable. Para lograr este objetivo las empresas multinacionales no requieren necesariamente impulsar indicativas de desarrollo social con propósitos caritativos. Sólo necesitan actuar en la búsqueda de su propio auto interés. (Prahalad y Hammond, 2003: 1). La corporación en sí misma no puede escapar tan fácilmente del diagnóstico de psicópata. La corporación es irresponsable porque en el intento de satisfacer sus fines corporativos pone en riesgo a todos. Las empresas tratan de manipular todo incluyendo la opinión pública y ellas son grandiosas, siempre insistiendo que son lo mejor. Las empresas carecen de empatía y las tendencias asociales también es una de sus características claves. Finalmente, las empresas se relacionan con otros de una manera superficial, su objetivo es presentarse a sí mismas de una manera deslumbrante y atractiva para el público, aunque ello sea una representación de lo que no son las empresas. (Bakan, 2004: 56, 57)

Sin embargo, no hay que condenar la globalización, Helpman (2018) afirma que la globalización no es la razón primaria del incremento la desigualdad. Esto puede ser una sorpresa para muchos. La desigualdad dentro de las naciones se ha incrementado en forma paulatina y constante en las décadas recientes, en un tiempo cuando los países alrededor del mundo han disminuido las restricciones en flujo de bienes, servicios, recursos financieros y personas. Muchos, como los anteriores autores, sostienen que existe una relación causal que ha sido motivada por la oposición a políticas que promueven el libre comercio. Elhanan Helpman, muestra, sin embargo, en un estudio a través de varios años, que este supuesto acerca de los efectos de la globalización es más un mito que un hecho

(2018).

La globalización y la desigualdad es analizada en dos décadas de investigación acerca de las conexiones entre comercio internacional, cambio en el nivel de ingresos, y muestra una increíble conclusión de que la globalización contemporánea no es responsable por más de un pequeño porcentaje del incremento en la desigualdad. La causa principal sigue siendo el desarrollo tecnológico que favorece a los trabajadores altamente calificados y los cambios en las políticas y programas públicos sobre esos aspectos. La globalización crea otros problemas en la visión de Helpman: la autonomía cultural, mano de obra infantil y soberanía de los países.

François Bourguignon (2017) también examina las ligas complejas y paradójicas entre la economía vibrante del mundo que ha logrado elevar sus estándares de vida de millones de personas en naciones emergentes como China, India y Brasil, al mismo tiempo, que se incrementa la desigualdad al interior de los países. Reconoce que es difícil separar los factores causales de la desigualdad para naciones específicas, sin embargo, sostiene que son las políticas redistributivas las responsables de elevar el bienestar.

Por su parte, Finbarr Livesey (2017) desmantela los supuestos que subyacen en la toma de decisiones de empresas y gobierno en todo el mundo, para mostrar que la narrativa de la economía global está distorsionada: 1. Que la globalización continuará extendiéndose; 2. Que el comercio es la máquina del crecimiento y el desarrollo y 3. Que el poder económico seguirá moviéndose de oeste a este. Para Livesey, los adelantos tecnológicos de la siguiente década cambiarán el panorama global y las reglas deberán reescribirse, significando un reto y una oportunidad para empresas y países.

David S. Jacoby (2018) augura el fin de la globalización, se basa en sus análisis de las políticas y la guerra comercial de Trump. Al prever una escalada en el ámbito internacional, no ve esperanza de que el mundo de una vuelta hacia los gobiernos afines a la globalización. Contrario a lo que afirma Jacoby, Charles C. Lemert (2018) cree que se avecina un mundo más globalizado, por lo que hay que implementar los cambios con optimismo, eso sí, nos previene que hay que construir ese nuevo mundo con cautela.

En tiempos de globalización, si se altera la idea de distancia, también existe implosión en la idea del tiempo; no para el que trabaja de manera tradicional, pero sí para aquel cuya labor está ligada a los medios, al Internet, para los que utilizan el espacio electrónico, etc., de ahí que lo cercano y lo lejano no sea igual para todos; lo cerca y lo lejos también. Cercano, por ejemplo, lo habitual, lo familiar, lo conocido, lo cotidiano; lo lejos es donde ocurren cosas que uno no puede anticipar o comprender y no sabría cómo reaccionar cuando sucedieran.

Lo lejano se asocia a la incertidumbre, lo cercano a la certeza.

Bauman, de manera seductora, con su polémica pluma derriba obstáculos para explicar que la nueva velocidad, lejos de homogenizar a la condición humana, la polariza, porque emancipa a ciertos seres humanos de las distancias y los territorios, pero restringe a otros y los confina a vivir ahí donde siempre han vivido; es una paradoja: algunos se liberan y actúan en la distancia, otros quedan aprisionados en la localidad y no pueden liberarse de ella.

El poder de hoy no se puede observar, como lo hacíamos años atrás; en la actualidad, asume la nueva incorporeidad, no tienen territorio, aunque sus cuerpos permanezcan in *situ*.

Aún queda la esperanza que las tareas más nobles de los políticos democráticos del mundo en estos tiempos por venir del presente milenio se encaminen al fortalecimiento del Estado y a reinstaurar la primacía de la política sobre la economía. Si lo anterior se olvida y no podemos concretarlo, la deshumanización a través del comercio y la técnica nos llevara al cortocircuito global. Lo único que quedará será el recuerdo de los años dorados, los últimos del segundo milenio, cuando en el mundo aún había orden y quedaba la esperanza de poder cambiar el mundo.

Así, a velocidades casi inaprensibles, avanza la globalización…. Esa "unión de charcos, estanques, lagos y mares de las economías locales, provinciales, regionales y nacionales en un único océano económico global que expone a los ámbitos pequeños a las olas gigantescas de competencia económica en vez de, como antes, a pequeñas olitas y tranquilas mareas".

La visión de los globalistas es un mundo entero es un solo mercado, en apariencia próspero y con un comercio justo entre naciones. ¿No se cumple así un sueño de la Humanidad? ¿No debemos alegrarnos por el ascenso de tantos países en desarrollo? ¿No está la paz global al alcance de la mano?
NO.

Creer en una globalización sin estragos es hoy un ejercicio que oscila de forma indescifrable entre una compartida visión utópica y un superficial optimismo conformista. Globalización justa. ¿Qué es esto, un juego de palabras o una perspectiva real y factible?

Imaginarse una globalización que no hiera de muerte al planeta, que sea humana, producida "desde abajo", civil y moral. ¿Qué es esto, la enésima ilusión o un verdadero proyecto posible? Yo, sobre este asunto, no tengo grandes certezas que ofrecer. Apenas puedo plantear una sospecha: la globalización buena, si existe, está hecha con los mismos ladrillos que la globalización mala. Utilizados de manera distinta, pero los ladrillos siguen siendo los mismos. […]. "(Bernardo Subercaseaux).

La visión de Marshall McLuhan de la Aldea Global, del mundo como una aldea homogénea, no se ha hecho en manera alguna realidad. Existe una proximidad mediática y de simultaneidad, pero siguen sin producirse vinculaciones culturales, y mucho menos igualdad económica ya que la globalización no redistribuye los beneficios de las grandes corporaciones y la brecha entre países ricos y pobres se amplía en lugar de disminuir.

Arrogantes máquinas urbanas altamente tecnificadas

dominan entretanto el globo terráqueo, aunque cada vez más como islas. El archipiélago de la riqueza consta de florecientes enclaves pero son únicamente ciudadelas de la economía global. La mayor parte del mundo sigue siendo un planeta de miseria, rico tan solo en megaciudades con megasuburbios, en los que miles de millones de personas se abren paso trabajosamente día con día, año tras año, y siempre con la misma embarazosa indiferencia por parte nuestra.

Trescientos sesenta y dos multimillonarios son en conjunto tan ricos como dos mil quinientos millones de personas de los casi siete mil quinientos millones que pueblan el mundo.

Con las restricciones de Trump y ahora Biden al comercio, la guerra comercial con China y el mundo saliendo de la pandemia del Covid19, al final, quedará siempre la pregunta de si la globalización es un falso amanecer y son los espejismos que promete los que han deslumbrado a mucha gente, o si la globalización en el mediano plazo puede mejorar los niveles de bienestar de los ciudadanos del mundo al llevarles los empleos que de otra manera no tendrían.

O como lo específica, Dani Rodrik respecto al futuro de la globalización, en esta fase en que la economía mundial atraviesa momentos muy duros y…la Historia nos previene contra la complacencia. Hemos visto surgir y caer la globalización con anterioridad y por ello debemos entender que para que exista una economía global saludable hay que cuidarla; no mantendrá la salud por sí misma…. Por ello, creo que debemos luchar por un mejor equilibrio entre la visión desde una perspectiva de los mercados globales y la que tienen los gobiernos en su empeño para lograr el crecimiento económico y la armonía de las sociedades nacionales. Creo que en las últimas dos o tres décadas hemos ido demasiado lejos y hemos estrechado el espacio de maniobra de los gobiernos para lograr esos objetivos. Si reconsideramos esto, la economía global se recuperará; si no, seguiremos con problemas en el horizonte".

De si la globalización tiene un futuro posible, sólo la historia tendrá la respuesta.

☐

10 BIBIOGRAFIA

BIBLIOGRAFÍA

1. Althusser, Louis. Ideología y los aparatos ideológicos del estado. México: 1970

2. Amin, A. y Thrift, N. Globalization, Institutions and Regional Development in Europe. Oxford University Press, 1994.

3. Anderson-Levitt, K. A World Culture of Schooling?. En Local Meanings, Global Schooling: anthropology and World Culture Theory, ed. Kathryn Anderson-Levitt. Nueva York: Palgrave Macmillan, 2003..

4. Appadurai, A. (1996). Modernity at Large: Cultural Dimensions of Globalization. Minneapolis: University of Minnesota Press, 1996. [Ed. cast.: La Modernidad desbordada: dimensiones culturales de la globalización, Buenos Aires: Fondo de Cultura Económica, 2001].

5. Apple, M. (2009). Global Crises, Social Justice, and Education. Nueva York: Routledge. Arnove, R. y Torres, C.A. (2007).

6. Auby, Jean-Bernard. La Globalización, el Derecho y el Estado. Global Law Press S.L.; LGDJ edition, 2015.

7. Comparative Education: The Dialectic of the Global and the Local. Nueva York: Rowman & Littlefield.

8. Astiz, F.M., Wiseman, A.W. y Baker, D,P. (2002). Slouching towards Decentralization: Consequences of Globalization for Curricular Control in National Education Systems. Comparative Education Review, 46 (1), 66–88.

9. Anderson-Levitt, K. A World Culture of Schooling?. En Local Meanings, Global Schooling: Anthropology and World Culture

Theory, ed. Kathryn Anderson-Levitt. Nueva York: Palgrave Macmillan, 2003.

10. Appadurai, A. (1996). Modernity at Large: Cultural Dimensions of Globalization. Minneapolis: University of Minnesota Press. [Ed. cast.: La Modernidad desbordada: dimensiones culturales de la globalización,

Buenos Aires: Fondo de Cultura Económica, 2001].

11. Apple, M. 2006. Educating the Right Way: Markets, Standards, God, and Inequality. Nueva York: Routledge [Edic. cast.: Educar como Dios manda: mercados, niveles, religión y desigualdad. Barcelona: Paidós, 2002].

12. Apple, M. (2009). Global Crises, Social Justice, and Education. Nueva York: Routledge. Arnove, R. y Torres, C.A. (2007). Comparative Education: The Dialectic of the Global and the Local. Nueva York: Rowman & Littlefield.

13. Astiz, F.M., Wiseman, A.W. y Baker, D,P. (2002). Slouching towards Decentralization: Consequences of Globalization for Curricular Control in National Education Systems. Comparative Education Review,

46 (1), 66–88.

14. Baker, D. P. (2009). The Invisible Hand of World Education Culture. En Handbook of Education Policy Research, ed. D. Plank, G. Sykes, y B. Schneider. Nueva York: Routledge.

15. Baker, D.P. y LeTendre, G. (2005). National Differences, Global Similarities: World Culture and the Future of Schooling. Stanford, CA: Stanford University Press.

16. Ball, S. J. (1990). Politics and Policy-Making in Education: Explorations in Policy Sociology. Routledge: Londres.

17. Ball, S. J. (1994). Researching Inside the State: Issues in the Interpretation of Elite Interviews. En Researching Educational Policy: Ethical and Methodological Issues, ed. D. Halpin y B. Tryona. Londres: Falmer.

18. Ball, S. J. (2007). Education Plc: Private Sector Participation in Public Sector Education. Londres: Routledge.

19. Ball, S. J. y Youdell, D. (2008). Hidden Privatisation in Public Education. Brussels: Education International.

20. Bailey, D., Harte, G., y Sugden,R. Making transnational Accountable. London, Routledge, 1994.

21. Baricco, Alessandro. Next. Sobre la globalización y el mundo que viene. Editorial Anagrama, Barcelona, 2002.

22. Bakunin, Mijail. Escritos de filosofía política, I.G.P.Maximoff, comp. Alianza Editorial. 1978.

23. Barnet, Richard. J. Global Dreams: Imperial Corporations and the New World Order. Touchstone, 1995.

24. Bhagwati, Jagdish. In Defense of Globalization. Oxford University Press, 2004.

25. Baylis, John. The Globalization of World Politics: An Introduction to International Relations. Oxford University Press, 2021.

26. Benjamin, Roger y S.L. Elkin. The Democratic State. University of Kansas, 1985.

27. Berlin, Isaiah. Cuatro ensayos sobre la libertad, Madrid. Alianza Universidad, 1988.

28. Bessis, Sophie. Occidente y los otros. Historia de una supremacía. Alianza Editorial,Madrid, 2002.

29. Bigellow, Bill. Rethinking Globalization: Teaching for Justice in an Unjust World. Rethinking School Publishing, 2004.

30. Barón, Enrique. Europa en el alba del milenio. Acento editorial. Madrid, 1999.

31. Bauman, Zygmunt. La globalización. Consecuencias humanas. Fondo de Cultura Económica, 2017.

32. Boyer, R. y Drache, D. (editors). States Against Markets: The Limits of Globalization. Routledge Press, 1996.

33. Bourguignon, François. The Globalization of Inequality. Princeton University Press; 2017.

34. Benetti, Carlo. La Acumulación en los Países Capitalistas Subdesarrollados. FCE/ Economía Contemporánea, México, 1987.

35. Camilleri, J.A., y Falk, J. The End of Sovereignty. Aldershot: Edward Elgar. London, 1992.

36. Castells, M. (2000): La era de la información. La sociedad red. Segunda edición. Madrid: Alianza Editorial.

37. Castells, Manuel. 1998. La era de la información. Economía, sociedad y cultura. Vol. 3. Finde Milenio. Madrid. España Alianza Editorial.

38. Cannon, Tom. Welcome to the Revolution. Pitman Publishing, London, 1996.

39. CEPAL Transformación Productiva con Equidad: Un Enfoque Integrado. Chile. 1992.

40. Chatelet, Francois y E. Pisier-Kouchner. Las concepciones políticas del siglo XX. Espasa Universidad, España 1996.

41. Collins, Susan M. (Editor). Brookings Trade Forum, 2004: Globalization, Poverty, and Inequality. Brookings Institution Press. 2005.

42. D. Sachs, Jeffrey. The Ages of Globalization: Geography, Technology, and Institutions. Columbia University Press; 2020.

43. Debreu, Gerard. Theory of Value: An Axiomatic Analysis of Economic Equilibrium. Yale University Press, 1972.

44. Dervis, Kemal y Ceren Ozer. A Better Globalization: Legitimacy, Governance, and Reform. Center for Global Development, 2005.

45. Dicken, Peter. Global Shift. Guilford. 2003.

46. Dobb, Maurice, Teorías del Valor y de la Distribución desde Adam Smith, Ideología y Teoría Económica. Siglo XXI, 1982.

47. DiMaggio, P. y Powell, (1983). The Iron Cage Revisited: Institutional Isomorphism and Collective Rationality in Organizational Fields. American Sociological Review, 48 (2), 147–60. [Ed. cast.: "Retorno a la jaula de hierro: el isomorfismo institucional y la racionalidad colectiva en los campos organizacionales", en Paul DiMaggio y Walter W. Powell: El Nuevo institucionalismo en el análisis organizacional, México: Fondo de Cultura Económica, 1999].

48. Drori, G. S., y Krücken, G. (2009). World Society and a Research Program in Context. En World Society: The Writings of John W. Meyer, ed. Georg Krücken and Gili S. Drori. Nueva York: Oxford University Press.

49. Drori, G. S., Meyer, J.W. y Hwang, H. (eds.) (2006). Globalization and Organization: World Society and Organizational Change. Oxford: Oxford University Press

50. Espinal, Juan Carlos. Escritos sobre capitalismo, globalización. CreateSpace Independent Publishing Platform, 2018.

51. Eyal, Nadav. Revolt: The Worldwide Uprising Against Globalization Ecco, 2021.

52. Featherston, M. (ed.) (1990): Global culture: nationalism, globalization and modernity. London: Sage.Friedman, Millton y Rose Friedman. Libertad de elegir. Grijalbo 1980.

53.   Falk, Richard. La globalización depredadora. Una crítica. Siglo XXI. España Editores, Madrid, 2002.

54. Frieden, Jeffry R. Global Capitalism. Norton Paperback, 2007.

55. Friedman, Thomas L. Tradición versus innovación. Atlántida, 1999.

56. Friedman, Thomas L. The World Is Flat: A Brief History of the Twenty-first Century. Farrar, Straus and Giroux, 2003.

57. Frieden, Jeffery A. Global capitalism. W.W. Norton. 2006.

58. Fukuyama, Francis. La gran ruptura. Atlántida, 1999.

59. Gereffi, Gary (Editor).   Commodity Chains and Global Capitalism. Praeger, 2003.

60. Giddens, A. (1999): Consecuencias de la modernidad. Madrid: Alianza Editorial (versión de Ana Lizón Ramón).

61. -, (2001): "Introduction". En Giddens, A. (ed.). The Global Third Way Debate. Cambridge: Polity Press.

62. Giddens, Anthony. Un mundo desbocado. Los efectos de la globalización en nuestras vidas. Editorial Taurus, Bogotá, 2000.

63. Giménez, Gilberto. "Globalización y cultura". Estudios Sociológicos del Colegio de México, vol. XX, No. 58, enero-abril, 2002, pp. 18-19.

64. Greenspan, Alan. La era de las turbulencias. Ediciones B, 2008.

65. Gwynne, Robert (Editor). Latin America Transformed: Globalization and Modernity. Arnold Publishers, 2004.

66. Habbermas, J. et all. La posmodernidad. Kairós. 2002.

67. Hamel, Gary. Leading the Revolution. Harvard Business School Press, 2000.

68. Helpman, Elhanan. Globalization and Inequality. Harvard University Press, 2018

69. Heal,   G.M.   Planning, Prices and Increasing Returns.   Review of Economic Studies 38; 281-94, 1971.

70. Held, David. Political Theory and the Modern State.   Stanford University Press, 1999.

71. Held, D. y McGrew; A. (2000): The Global Transformation Reader. Cambridge: Polity Press.

72. Held, David y Anthony McGrew. Globalization / Anti-Globalization.

Polity Press, 2002.

73. Henderson, Jeffrey. The Globalizations of High Technology Production. Routledge, London. 1999.

74. Hinsley, F. H. Power and the Pursuit of Peace: Theory and Practice in the History of Relations Between States. Cambridge University Press, 1986.

75. Hirst, P. Globalization in Question: The International Economy and the Possibilities of Governance. Polity Press, 1999.

76. Hitt, Michael A. et al. Strategic Management: Competitiveness and Globalization, Concepts. South-Western College Publishing, 2004.

77. Hoffman, K. y R. Kaplinsky. Driving Force: the global restructuring of technology, labor and investment in the automobile and components industries. Westview Press, Boulder, Co., 1988.

78. Hobsbawm, Eric. Age of Extremes: The short Twentieth Century. Vintage, 1996.

79. Huerta, Arturo. Riesgos del Modelo Neoliberal Mexicano. Ed. Diana. México. 1992.

80. Huntington, Samuel P. El orden político en las sociedades en cambio. Editorial Paidós. Barcelona, 1996.

81. Huntington, Samuel P. The Third Wave. University of Oklahoma Press. 1991.

82. Jacoby, David S. Trump, Trade, and the End of Globalization. Praeger; 2018.

83. Jepperson, R.L. (2001). The Development and Application of Sociological Neoinstitutionalism. Working paper 2001/5. Robert Schuman Centre, European University Institute, Florence.

84. Julius, A. Global Companies and Public Policy. RIIA, London, 1990.

85. Julius, A. Imagining the World Economy. RINTER, IDC, Washington, 1994.

86. Kapstein, Ethan. Governing the Global Economy: International Finance and the State. Harvard University Press, 1996.

87. King, Stephen D. Grave New World. The end of Globalization. Yale University Press.2017.

88. Kitson, Michael y Mitchie Jonathan. Political Economy of Competitiveness: Essays on Employment, Public Policy and Corporate Performance. Routledge, 2005.

89. Krugman, P. Development, Geography and Economic Theory. MIT Press, 1995.

90. Krugman, P. Arguing with Zombies: Economics, Politics, and the Fight for a Better Future. Norton, 2021.

91. Krugman, P. Pop Internationalism. MIT Press, 1996.

92. Krugman, P. y Krugman Paul R. The Great Unraveling: Losing Our Way in the New Century. W. W. Norton & Company, 2004.

93. Laswell D. Harold. La orientación hacia las políticas en Antología de Políticas Públicas. Coordinador Luis F. Aguilar. Ed. Miguel Porrúa Editores de México.

94. Lele, Uma. Addressing the Challenges of Globalization: An Independent Evaluation of the World Bank's Approach to Global Programs. World Bank Publications. 2005.

95. Le Monde Diplomatique. No al pensamiento único. Otro mundo es posible. Editorial Aún creemos en los sueños, Santiago, 2001.

96. Lemert, Charles C. Globalization: An Introduction to the End of the Known World. New Worlds Edition. 2018.

97. Lechner, Frank J. The Globalization Reader. Wiley Blackwell 2021

98. Lichtensztejn, Samuel y Baer, Mónica. Políticas Globales en el Sistema económico de libre mercado: El Banco Mundial. Ed. CIDE. México. 1986.

99. Livesey, Finbarr. From Global to Local: The Making of Things and the

End of Globalization. Pantheon, 2017.

100. Meyer, J.W. (2009b). Reflections: Institutional Theory and World Society. En World Society: The Writings of John W. Meyer, ed. Georg Krücken y Gili S. Drori. Oxford: Oxford University Press.

101. Meyer, J. W., Boli, J. y Thomas, G.. (1987) 2009. Ontology and Rationalization in the Western Cultural Account. En World Society: The Writings of John W. Meyer, ed. G. Krücken y G. Drori. Nueva York: Oxford University Press.

102. Meyer, J. W., Boli, J.,Thomas, G. y Ramírez, F.O. (1997). World Society and the Nation-State". American Journal of Sociology, 103 (1), 144–81.

103. Meyer, J. W. y Jepperson, R.L. (2000). The 'Actors' of Modern Society: The Cultural Construction of Social Agency. Sociological Theory, 18 (1), 100–120.

104. Meyer, J.W., Kamens, D.H. y Benevot, A. (eds.) (1992). School Knowledge for the Masses: World Models and National Primary Curricular Categories in the Twentieth Century. Washington, DC: Falmer.

105. Meyer, J.W. y Ramírez, F.O. (2000). The World Institutionalization of Education—Origins and Implications. En Discourse Formation in Comparative Education, ed. Jürgen Schriewer. Frankfurt: Peter Lang. [Ed. cast.: "La institucionalización mundial de la educación" en Jürgen Schriewer (comp.) Formación del discurso en la educación comparada, Barcelona: Ediciones Pomares. 2002].

106. Meyer, J.W., Ramírez, F.O., Rubinson, R. y Boli-Bennett, J. (1977). The World Educational Revolution, 1950–1970. Sociology of Education, 50 (october), 242–58.

107. Meyer, J. W., Ramírez, F.O. y Soysal, Y.S. (1992). World Expansion of Mass Education, 1870–1940. Sociology of Education, 65 (2), 128–49. Meyer, J.W. y Rowan, R. (1977). Institutionalized Organizations: Formal Structure as Myth and Ceremony. American Journal of Sociology 83, 340–63

108. Malmberg, A. y Maskell, P. European Planning Studies. Vol. 5, 1997.

109. Martin, H.P. y H. Schuman. La trampa de la globalización. Taurus. 2000.

110. Martin, R. Money, Power and Space. Blackwell, 1994.

111. Milanovic, Branco. Global inequality. The Belknap Press, 2016.

112. Milanovic, Branco. Global Inequality: A New Approach for the Age of Globalization. Belknap Press, 2018.

113. Milanovic, Branco. Capitalismo, nada más: El futuro del sistema que domina el mundo, Taurus, 2020.

114. Milanovic, Branco. Desigualdad mundial. Un nuevo enfoque para la era de la globalización. Fondo de Cultura Económica.

115. Obregón, Carlos. La Globalización: Visiones equivocadas. CreateSpace Independent Publishing Platform; 2018.

116. Ramonet, Ignacio (1998) "Introducción" en le Monde Diplomatique, Edición Española . "El pensamiento único Pensamiento crítico vs. pensamiento único". Madrid: Editorial Debate.

117. Sassen, S. (1996): Losing control? Sovereignty in an Age of Globalization New York: Columbia University Press.

118. -, (1998): In Globalization and Its Discontents. Essays on the new mobility of people and money. New York: The New Press.

119. -, (2000): Cities in a World Economy, 2.ª ed. Thousand Oaks: Pine Forges Press.

120. Sassen, Saskia. Los espectros de la globalización. Fondo de Cultura Económica; 2008.

121. Schumpeter, J.A. Capitalism, socialism and democracy. Harper & Bros. 1947.

122. Storper, M. The Regional world, Territorial Development in a Global Economy. Guilford Press, 1997.

123. Modis, Theodore. Conquering Uncertainty. McGraw Hill, 1998.

124. Naisbitt, John. Megatrends 2000. Avon books, 1996.

125. Mathews, Jessica, "Power Shift", Foreign Affairs, vol. 76, núm. 1, 1997.

126. McGrew, Anthony and Paul Lewis. Globalization and the Nations Sates. Cambridge, Polity Press, 1992.

127. Mohrman, Susan A. And Associates. Tomorrow's Organization. Josey-Blass Publishers, 1998.

128. North, Douglass. Institutions, Institutional Change and Economic Performance. Cambridge University Press, New York, 1990.

129. Ohmae, K. Triad Power: the coming shape of global competition. Free Press, New York, 1985.

130. Ohmae, K. The borderless World. Collins. London, 1990.

131. Ohmae, K. The rise of the region state. Foreign affairs. Spring, pp. 119-25, 1995.

132. Ohmae, K. El fin del estado-nación. Edit. Andrés Bello. Chile, 1997.

133. Ohmae, K. The Borderless World, rev ed: Power and Strategy in the Interlinked Economy. Harper Business, 1999.

134. Ostry, Sylvia. Governments & Corporations in a Shrinking World: Trade and Innovation Policies in the Unites States, Europe and Japan. Council on Foreign Relations Press, New York, 1990.

135. Patching, Alan and Dennis Waitley. The Future Proof Corporation. KHL Printing. Singapore, 1998.

136. Piketty, Thomas. Capital in the Twenty-First Century.

137. Piketty, Thomas. Capital and Ideology. Belknap Press: An Imprint of Harvard University Press, 2020.

138. Piketty, Thomas. Time for Socialism: Dispatches from a World on

Fire, 2016-2021. Yale University Press, 2021.

139. Posner, Richard A. The Economics of Justice. Harvard University Press. 1983.

140. Polanyi, Karl. The Great Transformation. Beacon Press, 2001.

141. Piketty, Thomas. Capital in the Twenty-firs Century. The Belknap Press. 2016

142. Robertson, R. Religion and Global Order. Paragon House, 1991.

143. Rodrick, Dani. The Globalization Paradox. W.W. Norton. 2011.

144. Royce. Edward. Poverty and Power: The Problem of Structural Inequality. Rowman & Littlefield Publishers; 2018.

145. Rowntree, Lester et all. Diversity amid Globalization: World Regions, Environment, Development. Prentice Hall, 2005.

146. Rowntree, Lester et all. Globalization and Diversity: Geography of a Changing World. Prentice Hall, 2004.

147. Rubli K., Federico y Benito Solís M. (Comps.) México Hacia la Globalización. Diana. México, 1992.

148. Schaeffer, Robert K. Understanding Globalization: The Social Consequences of Political, Economic, and Environmental Change. Rowman & Littlefield Publishers, Inc., 2002.

149. Slaughter, Anne-Marie, "The Real New World Order", Foreign Affairs, vol. 76, núm. 5.

150. Sorrells, Kathryn. Intercultural Communication: Globalization and Social Justice. SAGE Publications, 2021.

151. Stiglitz, Joseph E. Globalization and Its Discontents. Norton, 2003.

152. Stiglitz, Joseph E. The Price of inequality. Norton, 2013.

153. Stiglitz, Joseph E. People, Power, and Profits: Progressive Capitalism for an Age of Discontent. W. W. Norton & Company, 2019.

154. Stiglitz, Joseph E. The Price of Inequality: How Today's Divided Society Endangers Our Future. W. W. Norton & Company, 2013.

155. Stiglitz, Joseph E. Globalization and Its Discontents Revisited: Anti-Globalization in the Era of Trump. W. W. Norton & Company, 2017.

156. Storper, Michael. The Regional World: Territorial Development in a Global Economy. The Guilford Press, 1997.

157. Stubbs, Richard y Underhill, Geoffrey. Political Economy and the Changing Global Order. Oxford University Press, 1999.

158. Torres, A. C., (ed.) (2009). Education and Neoliberal Globalization. Nueva York: Routledge.

159. Trohler, D. (2009). Globalizing Globalization: The Neo-Institutional Concept of a World Culture. En Globalization and the Study of Education, ed. T. S.Popkewitz and F. Rizvi. Chicago: National Society for the Study of Education.

160. Ulrich, Beck, ¿Qué es la globalización? Falacias del globalismo, respuestas a la globalización. Paidós, Barcelona, 1998

161. Wallerstein, I. M. El moderno sistema mundial (1984) (5ª edición). México (Distrito Federal): Siglo XXI

162. -, (1992): Geopolitics and geoculture: Essays on the changing world system. Cambridge: Cambridge University Press

163. Weinstein, Michael M. Globalization: What's New? Columbia University Press, 2005.

164. Wallerstein, I. "A cultura como campo ideológico do sistema mundial moderno", en M. Featherstone, Cultura global, Petrópolis, 1994.

165. Wolf, Martin. Why Globalization Works. Yale University Press, 2004.

Nació en Guanajuato, México. Realizó estudios de licenciatura y dos maestrías en la
Universidad de Guanajuato. Obtuvo la maestría en Ciencias Sociales por la Southern
Oregon University, de OR, USA. Estudió el Doctorado en Problemas de la Sociedad
Industrial Contemporánea en España y obtuvo el PHD en Urbanismo en el UK. Ha
escrito más de 500 artículos de fondo.
Ha asistido e impartido conferencias y talleres en 35 países.
Ha escrito más 30 libros.

www.ingramcontent.com/pod-product-compliance
Lightning Source LLC
Chambersburg PA
CBHW030609220526
45463CB00004B/1224